ro
ro
ro

Wie argumentiere ich richtig? Wie treffe ich bessere Entscheidungen? Wie werde ich kreativer? Wie löse ich schneller Probleme und vermeide Denkblockaden? Thomas Vašek verbindet Hirntraining, Psychologie, Philosophie und Lebenshilfe zu einen spannenden, lebensnahen Sachbuch, das über die Funktionsweise unseres Gehirns ebenso aufklärt, wie es praktische Übungen für die Förderung unseres Denkorgans bereitstellt.

Thomas Vašek wurde 1968 in Wien geboren. Nach einer Station als Ressortleiter bei *Profil* war er Chefredakteur der *Technology Review*. Seit 2007 ist er Chefredakteur des «P.M.»-Magazins.

THOMAS VAŠEK

Ich denke, also bin ich

Das Denktraining fürs Gehirn

Rowohlt Taschenbuch Verlag

Meiner geliebten, tapferen Mutter

Originalausgabe
Veröffentlicht im Rowohlt Taschenbuch Verlag,
Reinbek bei Hamburg, September 2009
Copyright © 2009 by Rowohlt Verlag GmbH,
Reinbek bei Hamburg
Umschlaggestaltung ZERO Werbeagentur, München
(Illustration: FinePic®, München)
Satz Minion PostScript, InDesign, bei
Pinkuin Satz und Datentechnik, Berlin
Druck und Bindung CPI – Clausen & Bosse, Leck
Printed in Germany
ISBN 978 3 499 62540 4

Inhaltsverzeichnis

Vorwort 7
René Descartes 13

Rationales Denken 17
Immanuel Kant 19
Glauben 22
Denkfehler 42
Argumentieren 55
Probleme lösen 70
Entscheidungen treffen 92

Emotionales Denken 103
Blaise Pascal 105
Die unbewusste Intelligenz 108
Das Gedächtnis – Reisen in der Zeit 124
Moral – Ist Denken gut oder böse? 138

Soziales Denken 149
John Dewey 151
Netzwerk 154
Spielen 169
Geschichten erzählen 182
Kreativität 192

Spirituelles Denken 211
Baruch de Spinoza 213
Buddha – Die Macht des Denkens 216

Fokus   226
Prinzip   239
Der Weg zum Glück   252

Literaturverzeichnis   266

Vorwort

Was haben Sie eben gedacht?

Was Sie sich von diesem Buch erwarten? Was Sie heute noch erledigen müssen?

Oder etwas ganz anderes?

Ein Gedanke kann vieles sein – eine Erinnerung, eine Einsicht, eine Entscheidung. Manche Gedanken drängen sich auf, setzen sich in uns fest, treiben uns zum Handeln. Andere wieder huschen bloß durch unser Gehirn. Oft wissen wir nicht, woher sie kommen, wohin sie gehen, was sie wollen – und was sie überhaupt sollen.

Wir denken pausenlos. Denken ist wie Atmen: Wir können nicht einfach damit aufhören. Selbst wenn wir scheinbar gar nicht denken, verarbeitet unser Gehirn unbewusst Informationen. Und sogar wenn wir nachts träumen, denken wir.

Unser Denken ist grenzenlos. Wir können alles Mögliche denken. Gedanken können klug sein oder grenzenlos dumm, traurig oder fröhlich, alltäglich oder bizarr. Oft ist unser Denken ungeordnet und zügellos. Mitunter wissen wir gar nicht, was wir den ganzen Tag über gedacht haben. Oder wir denken etwas – und wenig später das genaue Gegenteil.

Unsere Gedanken leben in unseren Köpfen. Sie scheinen uns zu gehören, und niemand kann sie so leicht erraten. Und doch können wir sie mitteilen, ganz im Unterschied zu einer körperlichen Empfindung. Manche Gedanken gehören sogar der ganzen Welt. Denken wir an Hamlets «Sein oder Nichtsein» oder an den Lehrsatz von Pythagoras. «Gedanken sind nicht durchaus unwirklich, aber ihre Wirklichkeit ist von ganz anderer Art als die der Dinge», schrieb der Philosoph und Logiker Gottlob Frege.

Gedanken sind keine physischen Dinge, und doch entstehen sie in unserem Gehirn und haben realen Einfluss auf unser Leben. Ohne unser Denken können wir weder Entscheidungen treffen noch Probleme lösen. Die Welt käme uns chaotisch und sinnlos vor.

Dieses Buch handelt also vom Denken. Im Zentrum steht die Frage, wie wir durch das Denken unser Leben verbessern können. Dabei habe ich versucht, Themen aus Philosophie, Psychologie und Hirnforschung mit praktischen Übungen zu verbinden, die unseren Geist trainieren.

Ich bin weder Hirnforscher noch Philosoph, sondern ein Dilettant in Fragen des Denkens. Als Journalist begeistere ich mich einfach für Themen, von denen ich denke, dass sie auch andere interessieren.

Die meisten von uns wären gern klüger, geistige Fitness liegt im Trend, und Hirntrainingsbücher stecken voller Übungen, Tipps und Tricks für ein besseres Gedächtnis, kreative Ideen, räumliches Vorstellungsvermögen und vieles mehr. Mit Spielkonsolen kann man Zahlenreihen vervollständigen, das Erinnerungsvermögen oder die Reaktionsschnelligkeit trainieren. Andererseits beschäftigen sich neurowissenschaftliche und philosophische Bücher mit verschiedenen Aspekten unseres Geistes. Viele dieser Themen, von der Rolle des Unbewussten bis zu moralischen Entscheidungen, sind auch für unser alltägliches Denken relevant. Außerdem gibt es lebenspraktische Ratgeber, die Methoden für bessere Entscheidungen versprechen oder gar Anleitungen zum Glücklichsein.

Meine Idee war, diese unterschiedlichen Ansätze in einem Buch zusammenzubringen. Nach meiner Auffassung misst sich

Denken immer am Handeln. Die Frage nach dem richtigen Denken lässt sich daher nicht von der Frage nach dem richtigen Leben trennen. Dabei geht es um nichts weniger als um unser Selbst – und unseren Platz in einer dramatisch veränderten Welt.

Zum einen scheint die moderne Welt unser Denken zu überfordern. Unser Gehirn half zwar unseren Vorfahren beim Überleben, doch für das Internet-Zeitalter ist es nicht gemacht. Wir können nicht einmal eine längere Telefonnummer im Kurzzeitgedächtnis behalten – wie sollen wir dann mit der heutigen Informationsflut zurechtkommen?

Zudem nehmen uns die neuen Technologien immer mehr das Denken ab. Wir können das Web als gigantische Erweiterung unseres Gedächtnisses betrachten; was wir nicht wissen, finden wir per Suchmaschine. Und wir müssen uns keine Telefonnummern mehr merken, seit wir sie in unserem Handy gespeichert haben. Unser Denken muss vor dem Web-Zeitalter keineswegs kapitulieren. Unser formbares Gehirn kann lernen, mit der Komplexität unsere Welt zurechtzukommen.

Doch dafür brauchen wir mehr als bloß geistige Fitness. Hirntraining kann uns helfen, Dinge schneller und effizienter zu tun. Besseres Denken hilft uns, keine Zeit mit sinnlosen Dingen zu verschwenden.

Während der Arbeit an diesem Buch ist mir klargeworden: Wir müssen üben, auf eine neue, ganzheitliche Art zu denken, die unserer immer komplexeren Welt gerecht wird. Was uns von den Tieren unterscheidet, was uns menschlich macht, ist nicht das Denken an sich: Es ist unsere Fähigkeit, über unser eigenes Denken nachzudenken.

Einst bestimmten die Götter über unser Schicksal – heute ist es, so sagt man uns, die Neurobiologie. Über unsere Intelligenz entscheiden zu einem Gutteil die Gene, und unsere Persönlichkeit scheint weitgehend unveränderbar. Selbst unsere Disposition zum Glück hängt von unseren Hirnstrukturen ab. Unbewusste Prozesse steuern weitgehend unser Verhalten, und neuerdings ziehen einige Hirnforscher sogar unseren freien Willen in Zweifel.

Unser Denken kann uns helfen, diesen «neurogenetischen Determinismus» zu überwinden. Gene und Hirnstrukturen bestimmen unsere Verhaltensdispositionen, und unbewusste Emotionen mögen unsere Entscheidungen beeinflussen. Vielleicht wissen wir tatsächlich nicht, warum wir viele Dinge tun. Erst unser Denken gibt unserem Verhalten einen Sinn. Es verbindet uns mit der Wirklichkeit. Es schafft Ordnung, es bringt unser Leben, unsere Geschichte und unsere Zukunft in einen Zusammenhang. Erst durch unser Denken können wir uns als freie Personen begreifen.

Dieses Buch hat einen Anti-Helden: René Descartes. Er war einer der größten Philosophen des 17. Jahrhunderts und trennte strikt zwischen Körper und Geist, zwischen materieller und geistiger Realität. Der Mensch war für ihn ein «denkendes Ding» – ein Zuschauer, ein Spiegel der Welt. Denken hieß für Descartes bewusstes, rationales Denken. Emotionen hatten darin keinen Platz. Durch reines Denken, so glaubte er, können wir Gewissheit erlangen.

Ich denke, also bin ich.

Descartes hat sich wahrscheinlich in vielem geirrt. Seine dualistische Auffassung, so glauben heute die meisten Philosophen und Wissenschaftler, ist falsch. Geist und Körper existieren nicht getrennt voneinander; vielmehr wirken sie zusammen: Unser Denken entsteht aus neurobiologischen Prozessen in unserem Gehirn. Zugleich mehren sich die Hinweise, dass unser Denken umgekehrt unsere Hirnstrukturen verändert. Denken ist nicht gleich Bewusstsein, wie Descartes dachte. Die meiste Zeit über denken wir unbewusst. Emotionen beeinflussen unser rationales Denken. Wir stehen der Wirklichkeit auch nicht als unbeteiligte Zuschauer gegenüber. Unser Gehirn bildet die physische Welt nicht einfach ab, sondern konstruiert unsere Realität. Durch Introspektion allein können wir nichts erkennen. Erst in der Auseinandersetzung mit der Welt gewinnt unser Denken seine Kraft.

Ich habe mir erlaubt, Descartes' «Ich denke, also bin ich» für dieses Buch umzuinterpretieren: Durch unser Denken vergewissern wir uns nicht bloß, dass wir existieren. Das Denken sagt uns vielmehr, wer wir sind, wer wir waren und wer wir sein könnten.

Unser Denken hat viele Facetten und Temperaturen. Es kann kühl und logisch sein, metaphorisch, empathisch und sozial, spielerisch, weise oder spirituell.

Aus diesem Grund habe ich dieses Buch in vier Teile gegliedert. Jeder davon steht für einen bestimmten Zugang zum Denken. In jedem Teil tritt zu Beginn ein Philosoph auf, der gewissermaßen die gedankliche Richtung vorgibt. Jeder dieser Denker startet gleichsam einen neuen Angriff auf die Philosophie von René Descartes.

Der erste Teil dieses Buchs handelt vom rationalen Denken. Die Vernunft bringt uns in Kontakt mit der Realität; rational zu denken heißt, für einen Glauben Gründe zu verlangen.

Im zweiten Teil geht es um die dunkle, unbewusste Seite unseres Denkens. Emotionen und unbewusste Prozesse beeinflussen unsere Urteile und Entscheidungen.

Der dritte Teil beschäftigt sich mit der sozialen Dimension des Denkens. Die meiste Zeit denken wir nicht allein, sondern zusammen mit anderen. Wir kommunizieren und tauschen uns aus. Wir erzählen einander Geschichten.

Im vierten Teil geht es in einem weiten Sinn um das «spirituelle» Denken – also letztlich um die Frage nach dem Sinn.

Denken ist eine Tätigkeit. Ich habe deshalb zu den meisten Kapiteln kleine Übungen gesammelt, die Sie zum Denken anregen sollen. Mal sind es Rätsel, mal kleine Experimente, mal nützliche Denk-Werkzeuge. Alle diese Übungen sollen Ihnen helfen, Ihr Denken zu trainieren.

René Descartes

Ulm, in der Nacht vom 10. auf den 11. November 1619. René Descartes wälzt sich unruhig im Bett. Im Traum sieht er sich auf einem Weg, während ein heftiger Sturm tobt. Der Wind drückt so stark auf seine linke Seite, dass er kaum aufrecht gehen kann. Am Straßenrand sieht er eine Kirche, in der er sich in Sicherheit bringen will, doch die Sturmböen hindern ihn daran, das Gotteshaus zu erreichen. Da spricht ihn ein Unbekannter an und bietet ihm eine exotische Frucht an. Descartes wacht auf und spürt einen stechenden Schmerz in der linken Seite. Als er wieder einschläft, hat er einen weiteren Traum. Diesmal hört er Donnerkrachen. Er glaubt sprühende Funken zu sehen. In einem dritten Traum sieht er zwei Bücher auf einem Tisch, ein Wörterbuch und einen Gedichtband. Ein Unbekannter gibt ihm einen Zettel mit einem Gedicht, das mit den lateinischen Worten «Est et non» («Es ist und es ist nicht») beginnt.

Was hat das alles zu bedeuten?

Descartes bringt die Träume mit seinem bisherigen Leben in Verbindung. Den ersten Traum, in dem er die Kirche nicht erreichen kann, interpretiert er so, dass ihn irgendetwas von seiner Lebensaufgabe abhält. Die Frucht deutet er als «Verlockung der Einsamkeit», den Donner und die Funken als «Geist der Wahrheit», der ihn ergriffen habe. Das Wörterbuch steht für die Wissenschaften, der Gedichtband für die Philosophie. Und den mysteriösen Satz «Es ist und es ist nicht» sieht er als Formel für Wahrheit und Falschheit in der Wissenschaft. René Descartes (1596–1650) versteht seine Träume in jener Nacht als Warnung zur Umkehr.

Nach diesem Erlebnis beschließt der 23-Jährige, sein Leben zu ändern. Er gibt den Plan einer militärischen Laufbahn auf, um sich ganz den Wissenschaften zuzuwenden. Die Frage nach Wahrheit und Falschheit, das Thema seines dritten Traums, lässt ihn nicht mehr los.

«Der gesunde Verstand ist die bestverteilte Sache der Welt; denn jedermann glaubt, so wohl damit versehen zu sein, dass selbst einer, der in allen anderen Dingen nur sehr schwer zu befriedigen ist, für gewöhnlich nicht mehr davon wünscht, als er besitzt», wird er später schreiben. Doch wie Descartes erkennt, reicht es nicht, gesunde Geisteskräfte zu haben. Es kommt darauf an, wie wir unser Denken gebrauchen. Menschen irren sich laufend; immer wieder kommen wir vom Weg der Erkenntnis ab. Descartes beginnt, sich selbst zu hinterfragen. Von Kindheit an hat er eine profunde wissenschaftliche Ausbildung genossen. Besonders gefallen ihm die mathematischen Disziplinen «wegen der Sicherheit und Evidenz ihrer Beweisgründe».

Doch Descartes kommen Zweifel. Warum gibt es unter den Philosophen so viele verschiedene Meinungen über ein und dieselbe Sache? Wie können wir überhaupt das Wahre vom Falschen unterscheiden? Descartes erkennt, dass ihn seine Studien nicht weiterbringen. Er beschließt, sich zurückzuziehen – und alle seine bisherigen Auffassungen von Grund auf zu überdenken. Dabei will er sich auf seine Vernunft allein verlassen. «Schon vor Jahren bemerkte ich, wie viel Falsches ich von Jugend auf als wahr hingenommen habe und wie zweifelhaft alles sei, was ich später darauf gründete; darum war ich der Meinung, ich müsse einmal im Leben von Grund auf alles umstürzen und von den ersten Grundlagen an ganz neu anfangen, wenn ich später einmal etwas Bleibendes in den Wissenschaften errichten wollte.»

Aber wo beginnen? Auf welche Prinzipien kann sich unser

Denken gründen – wenn doch alles so unsicher und zweifelhaft scheint?

Dann muss ich eben genau mit dem Zweifel anfangen, denkt Descartes. Er beschließt, «niemals eine Sache als wahr anzuerkennen, von der ich nicht evidentermaßen erkenne, dass sie wahr ist». Als Regel setzt er fest, «dass alles das wahr ist, was ich ganz klar und deutlich auffasse».

Aber woher wissen wir, was wahr ist? Können uns nicht sogar unsere Sinneswahrnehmungen täuschen? Kann es nicht sein, dass wir alles bloß träumen – wie Descartes in jener Nacht in Ulm?

Descartes fühlt sich wie in einen «tiefen Strudel» hineingezogen. Plötzlich scheint ihm nichts mehr gewiss. «Ich nehme also an, alles was ich wahrnehme, sei falsch; ich glaube, dass nichts von alle dem jemals existiert habe, was mir mein trügerisches Gedächtnis vorführt. Ich habe überhaupt keine Sinne; Körper, Gestalt, Ausdehnung, Bewegung und Ort sind Chimären. Was soll da noch wahr sein? Vielleicht das eine, dass es nichts Gewisses gibt.»

Descartes macht ein Gedankenexperiment. Er stellt sich vor, dass uns irgendein Betrüger alles bloß vorgaukelt, «dass nichts, was mir jemals in den Kopf gekommen, wahrer wäre als die Trugbilder meiner Träume».

Am Ende bleibt nur eines übrig. «Zweifellos bin also auch ich, wenn er mich täuscht; mag er mich nun täuschen, so viel er kann, so wird er doch nie bewirken können, dass ich nicht sei, solange ich denke, ich sei etwas.» Genau das ist doch der Punkt, denkt Descartes – das unerschütterliche Prinzip, nach dem er sucht, auf dem er alles andere aufbauen will. «Nachdem ich so alles genug und übergenug erwogen habe, muss ich schließlich festhalten, dass der Satz ‹Ich bin, ich existiere›, sooft ich ihn ausspreche oder im Geiste auffasse, notwendig wahr sei.»

Cogito ergo sum – Ich denke, also bin ich.

Aber was ist dieses Ich? Descartes betrachtet sich selbst. Er hat Gesicht, Hände, Arme – diese ganze «Gliedermaschine», wie er meint. Doch eigentlich könnte ihm der große Betrüger das alles bloß vormachen. Der Körper könnte selbst eine Täuschung sein. Descartes will aber nichts gelten lassen, was nicht notwendig wahr ist. Also denkt er sich in seinem Studierzimmer alles weg, was mit dem Körper zusammenhängt. Das Gehen. Die Ernährung. Unsere Empfindungen. Da geht ihm ein Licht auf: «Und das Denken? Hier werde ich fündig: Das Denken ist es; es allein kann von mir nicht abgetrennt werden; ich bin, ich existiere, das ist gewiss.»

Der Mensch ist also nichts anderes als ein «denkendes Ding». Und dieses denkende Ding ist offenbar grundverschieden von der körperlichen Welt. Unser Geist blickt wie ein unbeteiligter Zuschauer auf die Wirklichkeit. Der Philosoph Richard Rorty packte das in das Bild vom «Spiegel der Natur».

Das ist Descartes' Dualismus – sein schwerstes Erbe.

Wie sollen Körper und Geist miteinander interagieren, wenn sie so grundverschieden sind? Descartes' eigene Antwort war, dass es im Gehirn eine Art Kontaktstelle gebe – die Zirbeldrüse. Es war nicht die einzige seiner Ideen, die für das Gespött der Nachwelt sorgte.

An Descartes ließ kaum einer der modernen Philosophen und Wissenschaftler ein gutes Haar. Der Philosoph Gilbert Ryle verspottete den Dualismus mit der Metapher vom «Gespenst in der Maschine». Sein Fachkollege John Searle sprach vom «größten Desaster der Philosophiegeschichte». Und der Hirnforscher Antonio Damasio prangerte in seinem gleichnamigen Buch *Descartes' Irrtum* an. Doch fast alle großen Philosophen, von Spinoza über Kant bis Dewey, arbeiteten sich an den Ideen des Franzosen ab.

RATIONALES DENKEN

Immanuel Kant

Immanuel Kant ist gespannt. Zehn Jahre lang hat er nachgedacht. Im Mai 1781 ist sein großes Werk endlich erschienen. Der Königsberger Gelehrte wartet auf die Reaktionen, doch das Echo bleibt bescheiden. In einem Fachblatt erscheint ein anonymer Verriss. Ein Königsberger Mathematikprofessor bedauert die Unverständlichkeit der Schrift, ja dass sie «selbst für den größten Teil des gelehrten Publikums ebenso viel ist, als ob sie aus lauter Hieroglyphen bestände».

Dabei hat sich Kant solche Mühe gegeben. Schon die Vorrede zur ersten Auflage seiner *Kritik der reinen Vernunft* beginnt dramatisch: «Die menschliche Vernunft hat das besondere Schicksal in einer Gattung ihrer Erkenntnisse: dass sie durch Fragen belästigt wird, die sie nicht abweisen kann, denn sie sind ihr durch die Natur der Vernunft selbst aufgegeben, die sie aber auch nicht beantworten kann, denn sie übersteigen alles Vermögen der menschlichen Vernunft.»

Was Kant meint, sind Fragen wie jene nach der Existenz Gottes, nach dem Anfang der Welt oder nach der Unsterblichkeit der Seele. Durch den Versuch, Erkenntnisse unabhängig von der Erfahrung zu gewinnen, habe sich die Vernunft in «Dunkelheit und Widersprüche» gestürzt, schreibt er: «Der Kampfplatz dieser endlosen Streitigkeiten heißt nun Metaphysik.»

Kant denkt an die großen Systeme des Rationalismus, an Descartes, Leibniz und Spinoza. Alle diese Denker versuchten, durch reines Denken zur Erkenntnis zu gelangen. Alle sind sie damit gescheitert, glaubt Kant. Doch es geht ihm nicht um eine Kritik der Bücher und Systeme, sondern um eine Kritik des Vernunftvermögens überhaupt: Wo liegen die Grenzen der menschlichen Erkenntnis? Was können wir überhaupt wissen?

Kant ist von der Bedeutung seines Werks überzeugt. Im Vorwort zur zweiten Auflage vergleicht er die revolutionäre Kraft seiner Gedanken mit jener von Kopernikus, und wenige Jahre später schlägt die Meinung unter seinen Kollegen um. Man entdeckt die Brisanz von Kants Werk. Bis heute gilt die *Kritik der reinen Vernunft* als wichtigster Einschnitt in der modernen Philosophiegeschichte.

Schon der englische Philosoph John Locke (1632–1704) bestritt, dass Erkenntnis «a priori», also ohne Erfahrung möglich sei. Doch vor allem das Werk des schottischen Philosophen David Hume reißt Kant aus seinem «dogmatischen Schlummer».

«Dass alle unsere Erkenntnis mit der Erfahrung anfange, daran ist gar kein Zweifel», schreibt Kant. Allerdings folgt daraus nicht, dass Erkenntnis nur auf der Erfahrung beruht. Nach Kant wirken zwei Arten des Erkennens zusammen – die Sinnlichkeit und der Verstand. Unter sinnlicher «Anschauung» versteht Kant, dass uns ein Gegenstand «gegeben» ist – wir können ihn sehen, hören, riechen, schmecken oder tasten. Unser Intellekt allein kann nichts erkennen. Wir sind auf die Sinne angewiesen. Aber auch die sinnliche Wahrnehmung allein reicht nicht. Wir könnten dann etwa einen Tisch zwar wahrnehmen, aber wir könnten nicht sagen, was ein Tisch ist. Ohne das Denken ist also ebenfalls keine Erkenntnis möglich. Kant formuliert es so: «Ohne Sinnlichkeit würde uns kein Gegenstand gegeben und ohne Verstand keiner gedacht werden. Gedanken ohne Inhalt sind leer, Anschauungen ohne Begriffe sind blind.»

Unsere Urteilskraft erlaubt es uns, reine Verstandesbegriffe auf Erscheinungen anzuwenden. Unsere Begriffe sind nichts anderes als Regeln, nach denen wir unsere ungeordneten Sinneseindrücke formen. Erst unser Denken schafft Ordnung und

Einheit. Der Begriff Tisch sagt uns, wie ein Gegenstand beschaffen sein muss, damit es ein Tisch ist – und nicht etwa ein Bett oder ein Fernseher. Doch diese Begriffe stammen nicht aus unserer Erfahrung, sagt Kant – vielmehr machen sie unsere Erfahrung erst möglich.

Kategorien und Anschauungsformen wurzeln nicht in den Gegenständen – sondern im erkennenden Subjekt. Aus diesem Grund hat unsere Erkenntnis keinen Zugang zu den Gegenständen und Sachverhalten, wie sie wirklich sind – zu den «Dingen an sich». Stattdessen müssen wir uns mit den Erscheinungen begnügen. Metaphysische Gegenstände wie Gott oder die Seele entziehen sich unserer Erkenntnis.

«Bisher nahm man an, alle unsere Erkenntnis müsse sich nach den Gegenständen richten», schreibt Kant. Doch alle Versuche, über sie etwas a priori herauszufinden, sind gescheitert. Stattdessen soll sich der Gegenstand nach unserer Erkenntnis richten. Unser Geist sitzt also nicht wie ein Spiegel vor der Welt, wie Descartes dachte.

Glauben

Wussten Sie, dass in meiner Garage ein feuerspeiender Drache wohnt? Riesengroß ist er, furchteinflößend, aber eigentlich ganz nett. Sie glauben mir nicht? Kommen Sie mich doch besuchen. Ich kann es Ihnen beweisen.

Wenn Sie meine Garage inspizieren, sehen Sie nichts als eine Leiter, ein paar Eimer und alles mögliche Zeugs. Von einem Drachen keine Spur. Ich merke, dass Sie irritiert sind. «Ich vergaß zu erwähnen, dass es sich um einen unsichtbaren Drachen handelt», sage ich. Als skeptischer Mensch fragen Sie nach Beweisen. Müsste der Drache nicht wenigstens Fußabdrücke hinterlassen? Man könnte Sand auf den Boden streuen, schlagen Sie vor.

«Mein Drache hat keinen Körper», antworte ich. «Er schwebt einfach durch den Raum.» Dann könne man doch versuchen, mit einem Infrarotsensor die Wärme des unsichtbaren Feuers aus seinem Schlund zu messen.

«Keine schlechte Idee. Das Problem ist nur: Dieses Feuer ist sehr speziell. Es strahlt keine Wärme ab.»

Welchen Test auch immer Sie vorschlagen: Jedes Mal erkläre ich Ihnen, warum die Methode bei meinem Drachen nicht funktioniert.

«Aber was ist der Unterschied zwischen einem unsichtbaren, körperlosen Drachen, der wärmeloses Feuer speit, und einem nicht existenten Drachen?», fragte der Astrophysiker Carl Sagan in seinem Buch *Science as a Candle in the Dark*. Zwar können Sie meine Behauptung, dass in meiner Garage ein Drache haust, nicht widerlegen. Aber es gibt auch keine Möglichkeit, meine

Behauptung zu beweisen. Ich verlange von Ihnen also, dass Sie mir die Geschichte abkaufen – ohne jeden Beweis, bloß weil ich es Ihnen sage.

Menschen glauben die unglaublichsten Dinge: dass sich die Erde um die Sonne bewegt, dass der Mensch vom Affen abstammt und das Universum vor 13 Milliarden Jahren aus einem gigantischen Feuerball entstand. Wir glauben an Wettervorhersagen, an steigende oder fallende Aktienkurse, an ärztliche Diagnosen. Wir glauben, was wir in den Nachrichten hören, was uns Freunde erzählen, was im Internet steht. Einige glauben an Begegnungen mit Außerirdischen, an übersinnliche Fähigkeiten und die Macht der Sterne über uns. Als der Physik-Nobelpreisträger Niels Bohr von einem Besucher gefragt wurde, warum in seinem Büro ein Hufeisen hänge, antwortete er scherzhaft: Natürlich sei er nicht abergläubisch – doch er habe gehört, Hufeisen brächten auch jenen Glück, die nicht an ihre Wirkung glaubten.

Ein Glaube kann wahr oder falsch sein, rational oder irrational. Er kann an Gewissheit grenzen, aber auch vage sein wie eine Ahnung. Wir glauben an Theorien und Fakten, an Wahrscheinlichkeiten, an Behauptungen, Absichten und Emotionen. Manchmal grübeln wir stundenlang, ehe wir etwas glauben. Dann wieder interpretiert unser Gehirn in Sekundenbruchteilen einen Gesichtsausdruck. Manche Überzeugungen verwerfen wir nach wenigen Augenblicken. Andere verteidigen wir wie einen Besitz, mitunter ein Leben lang.

Wir sind, was wir glauben. Das Glauben beherrscht weite Teile unseres Lebens, unserer Identität – von banalen Dingen des Alltags bis zu den großen Sinnfragen unserer Existenz. Jeder von uns glaubt an Myriaden von Dingen. Das meiste davon ist uns gar nicht bewusst – und doch sitzt der Glaube irgendwo in unserem Gehirn auf Abruf bereit.

Ohne die Fähigkeit zu glauben könnten wir nicht überleben. Wenn wir an allem zweifelten, kämen wir mit der Realität nicht zurecht. Wir könnten keine Entscheidungen treffen, könnten weder Pläne schmieden, noch sinnvoll mit anderen kommunizieren. Wir wären unfähig zu handeln.

Stellen Sie sich vor, wir könnten nichts und niemandem glauben. Alles erschiene uns fragwürdig und zweifelhaft. Draußen regnet es? Vielleicht trügen die Tropfen an der Fensterscheibe. Unser bester Freund erzählt uns eine Begebenheit aus seinem Leben? Womöglich frei erfunden. Ein Brief vom Finanzamt? Könnte eine Fälschung sein. Eine Verkehrsampel steht auf Rot? Wer weiß, vielleicht ein technischer Fehler. Wer sagt uns, dass morgen die Sonne wieder aufgeht? Dass die Welt morgen überhaupt noch existiert? Vielleicht existiert sie nicht mal heute!

Blinder Glaube kann uns auch in die Irre führen, in Tod und Verderben stürzen. Anleger verlieren ihr Geld, weil sie ihren Bankberatern glauben. Patienten vertrauen sich dubiosen Heilmethoden an. Selbstmordattentäter sprengen sich aus fanatischer Überzeugung in die Luft.

Was wir glauben, kann uns nicht gleichgültig sein. Irrige Überzeugungen haben Konsequenzen; sie verzerren unseren Blick auf die Wirklichkeit. Falscher Glaube entfremdet uns der Realität, und das Internet-Zeitalter bombardiert uns tagtäglich mit Informationen. Woher wissen wir, was wir glauben können? Stimmen die Informationen auf einer Gesundheits-Website? Können wir einem Weblog vertrauen? Stammt die E-Mail wirklich von meiner Bank – oder von skrupellosen Betrügern, die meine Kreditkartennummer ausspähen wollen?

Ohne die Fähigkeit zu glauben können wir nicht existieren, aber ohne kritisches Denken sind wir ebenso verloren in der

Welt. Wer unreflektiert durchs Leben geht, wer alles glaubt, wird falsch urteilen und schlechte Entscheidungen treffen.

Rationales Denken heißt, für einen Glauben Gründe zu verlangen. Dazu müssen wir Informationen, Behauptungen und Argumente bewerten und hinterfragen. Rationales Denken hat eine befreiende Kraft. Wenn wir es beherrschen, müssen wir nicht mehr alles akzeptieren, wovon uns andere überzeugen wollen. Kritisches Denken gibt uns Kontrolle über unser Leben zurück. Es bringt uns in Kontakt mit der Wirklichkeit.

Aktivität

1. Nennen Sie fünf Überzeugungen, die in Ihrem Leben eine wichtige Rolle spielen. Formulieren Sie möglichst präzise in ganzen Sätzen («Ich glaube, dass …»). Geben Sie Gründe an, die Sie zu diesen Überzeugungen geführt haben.
2. Beschreiben Sie eine Situation, in der Sie gezwungen waren, eine Überzeugung aufzugeben. Versuchen Sie Beispiele zu finden, in denen es sich um besonders tiefsitzende Überzeugungen handelte.

Unser Gehirn verarbeitet jeden Tag Abertausende Informationen, und ständig muss es entscheiden, was es glauben soll. Unablässig webe unser Geist an seinem «Glaubens-Netz», schrieb der Philosoph William V. O. Quine: «Unser Repertoire des Glaubens verändert sich praktisch in jedem wachen Augenblick. Jedes Zirpen eines Vogels, jedes ferne Motorengeräusch, das wir als solches erkennen, fügt unserem fluktuierenden Bestand einen neuen Glauben hinzu, wie trivial und flüchtig er auch sein mag.»

Glaube ist keine Tätigkeit wie Lesen, Schreiben oder Rechnen. Wir können schwerlich den Nachmittag damit zubringen, etwas zu glauben. Einen Glauben können wir nur «haben» – wie eine Haltung, eine Fähigkeit, eine Neigung. Ein Glaube sei die Disposition, auf bestimmte Weise auf etwas zu reagieren, meinte Quine: «Zu glauben, dass Hannibal die Alpen überquerte, heißt geneigt zu sein, mit Ja zu antworten, wenn man danach gefragt wird.»

Zu glauben ist «weniger» als Wissen. Ein Glaube kann falsch sein. Wissen können wir nur, was auch den Tatsachen entspricht. Aber nicht jeder wahre Glaube ist auch schon Wissen. Wir müssen außerdem Gründe haben, die unseren Glauben rechtfertigen. Wissen ist also «gerechtfertigter wahrer Glaube». Was wir wissen, das glauben wir. Wir können etwas aber auch glauben, ohne es zu wissen.

Zugleich ist Glaube «mehr» als bloße Phantasie. Vorstellen können wir uns alles Mögliche – dass Dinosaurier Städte bauen, dass Elvis noch lebt oder Einstein nie geboren wurde. Wir können phantastische Welten erfinden, in denen Einhörner ein aufregendes Leben führen. So betrachtet, kann jeder Gedanke in irgendeiner Welt «real» sein – in Romanen und Mythen, in Computerspielen oder einfach nur in unserem Kopf. Wenn wir sagen «Ich glaube, dass …», so meinen wir etwas anderes.

Zu glauben heißt, etwas für wahr zu halten. Wer glaubt, dass es draußen regnet, der nimmt an, dass dies wirklich der Fall ist – dass also die Aussage «Draußen regnet es» wahr ist. Und wenn jemand an Einhörner glaubt, so meint er damit, dass solche Wesen in unserer Wirklichkeit, also nicht bloß in seiner Phantasie, existieren.

Der schottische Philosoph David Hume sah das Glauben als «geistiges Erlebnis». Darunter verstand er die «Vorstellung eines Gegenstandes, die lebhafter, lebendiger, stärker, fester und beständiger ist als was die Einbildungskraft allein erreichen kann». Was wir glauben, sagt Hume, hat einfach mehr Gewicht, mehr Bedeutung für uns als eine bloße Phantasie. Ein Zauberschloss hat keinen direkten praktischen Einfluss auf unser Leben. An einem Glauben hingegen können wir unser Handeln orientieren.

Der Glaube sei unser «Realitätssinn», meinte der amerikanische Psychologe und Philosoph William James. Wenn wir einem Objekt reale Existenz zuschreiben, sagt James, stehen wir ihm nicht gleichgültig gegenüber, sondern aktiv und interessiert. Wir integrieren es gleichsam in unsere eigene Welt, machen es zu einem Teil unserer Wirklichkeit: «Unsere persönliche Realität ist der letzte Angelpunkt jedes Glaubens», schrieb James.

Das Glauben ist eines der großen Rätsel unseres Denkens. Bis heute können die Hirnforscher und Psychologen das Phänomen nicht genau erklären. Was wir glauben, beeinflusst unser tägliches Leben. Und doch sind wir uns unserer Überzeugungen meist gar nicht bewusst. Wir wissen gar nicht, was wir alles glauben. Das Glauben hängt eng mit unserer Erinnerung zusammen, glaubt etwa der Gedächtnisforscher Daniel Schacter: «So wie unsere Erinnerungen durch unseren Glauben geformt werden, beeinflussen umgekehrt unsere Erinnerungen, was wir glauben.»

Wie sich in Experimenten gezeigt hat, kann das bloße Wiederholen einer Behauptung unseren Glauben stärken, dass die Behauptung tatsächlich wahr ist. Ebenso beeinflussen frühere Erfahrungen unsere Urteile und Überzeugungen. Und doch ist Glauben anscheinend etwas anderes als bloßes Erinnern.

Wie können wir etwa wissen, dass jemand etwas glaubt? Indem er so handelt, als hätte er diesen Glauben, meint der Philosoph Daniel Dennett. Wir schreiben jemandem einen Glauben zu und sagen voraus, dass er sich nach diesem Glauben verhalten wird. Wenn unsere Vorhersage stimmt, dann sind wir berechtigt zu sagen, dass er diesen Glauben hat. Im Alltag nehmen wir Dennetts «intentionalen Standpunkt» ständig ein. Woher wissen wir, dass jemand glaubt, dass ein Unwetter kommt? Ganz einfach: Wenn wir der Person diesen Glauben zuschreiben, ergibt ihr Verhalten plötzlich einen Sinn – das Schließen der Türen und Fenster, das Wegräumen der Gartenmöbel, besorgte Telefonanrufe und so weiter.

Aber in welcher Beziehung steht das Glauben zur Realität? Woher wissen wir, dass Dinge auch wirklich so sind, wie wir glauben?

Der Bischof und Philosoph George Berkeley behauptete Anfang des 18. Jahrhunderts, dass keine vom Geist unabhängigen, materiellen Dinge existieren. Nach seiner Auffassung konstruieren wir die Welt durch unsere Wahrnehmung. Esse est percipi – zu sein heißt, wahrgenommen zu werden. Einerseits nehmen wir gewöhnliche Objekte wie Häuser oder Berge wahr. Zugleich aber beruht unsere Wahrnehmung auf Ideen, also auf geistigen Vorstellungen, die wir uns von den Dingen machen. Doch Ideen können nichts Materielles repräsentieren. Man kann Ideen nur mit anderen Ideen vergleichen, sagt Berkeley. Darüber hinaus hat unsere Erkenntnis keinen Zugang zur Realität. Descartes' Trennung zwischen materieller und geistiger Realität sei daher ebenso falsch wie der Materialismus.

Unsere Wahrnehmung, unser Geist, ist unsere Wirklichkeit.

Die moderne Hirnforschung bestätigt auf gewisse Weise Bischof Berkeleys Sicht. Wir nehmen die Welt nicht einfach wahr, wie sie tatsächlich ist; die Unterscheidung zwischen Geist und Köper ist falsch. Wir unterliegen einer «Illusion, die unser Gehirn geschaffen hat», schreibt der Hirnforscher Chris Frith,

Professor für Neuropsychologie am University College, London: «Alles, was wir wissen, sowohl über die physikalische wie über die geistige Welt, kommt durch unser Gehirn zu uns. Aber unser Gehirn hat zur Außenwelt keinen direkteren Zugang als zur mentalen Welt unserer Ideen.»

Unser Gehirn bildet die Außenwelt nicht einfach ab, wie Descartes dachte. Vielmehr entwirft es Modelle der Welt. Es trifft Vorhersagen, was «da draußen» ist – und was passiert, wenn wir in der Welt agieren. Dabei verknüpft es Informationen der Sinne mit früheren Erfahrungen und Erwartungen. Der Test dieser Vorhersagen ist unser Handeln. Unsere Wahrnehmungen, sagt Frith, seien gleichsam «Phantasien, die mit der Realität zusammenfallen». Und die Realität ist nicht so eindeutig, wie wir denken. Nehmen wir etwa unsere Farbwahrnehmung, sagt Frith. Wir können die Farbe von Objekten nur aufgrund des reflektierten Lichts erkennen. Die Wellenlänge des reflektierten Lichts bestimmt die Farbe. Nun hat die Retina in unserem Auge Rezeptoren, die auf verschiedene Wellenlängen reagieren. Sagen uns diese Rezeptoren also, dass eine Tomate rot ist? Das Problem liegt darin, dass die Farbe nicht in der Tomate ist – sondern im reflektierten Licht. Beleuchtet man sie mit weißem Licht, strahlt sie rotes Licht ab. Bestrahlt man sie aber mit blauem Licht, kann sie kein rotes Licht mehr reflektieren. Trotzdem nimmt sie unser Gehirn als «rot» wahr. Nicht die Wellenlänge des Lichts bestimmt also unsere Wahrnehmung – sondern die Vorhersage unseres Gehirns: Tomaten sind nun mal rot. Mit anderen Worten: Unser Gehirn konstruiert also seine eigene Wirklichkeit. Wir glauben nicht, was wir sehen, sondern wir sehen in gewissem Sinne, was wir glauben.

Manchmal schießt uns einfach nur ein Gedanke durch den Kopf. Oder wir hängen Tagträumen nach. Doch sobald wir über ein Problem oder eine Entscheidung nachdenken, zielen wir auf einen Glauben. Reflexives Denken sei die «aktive, hartnäckige und sorgfältige Erwägung eines Glaubens», schrieb der amerikanische Philosoph John Dewey.

Deweys Kollege Charles Sanders Peirce sah Glaube und Zweifel als zentrale Leitprinzipien des Denkens. Am Anfang steht ein Zweifel, eine Unsicherheit, ein Problem. Wir sind irritiert. Wir wissen nicht so recht: Wird es regnen? Sagt uns der Gesprächspartner die Wahrheit? Stimmt es, was in der Zeitung steht? Der Zweifel stimuliert uns zu einer geistigen Aktivität. Durch unseren Kopf schießen Erinnerungen. Emotionen kommen in uns hoch. Wir denken nach, ziehen Schlüsse. Erst wenn wir uns festgelegt haben, fühlen wir uns besser. Der Glaube schafft eine Art geistigen Ruhezustand. Er gibt uns eine Regel für unser Handeln: Wir wissen jetzt, was wir tun werden. Peirce nennt das die «Etablierung einer Gewohnheit». Aber worauf stützen wir unseren Glauben? Wie können wir ihn rechtfertigen?

Erstens können wir einfach glauben, was uns gefällt – und eisern daran festhalten. So bequem diese Methode sein mag – in der Praxis wird sie scheitern: Schließlich gibt es viele unterschiedliche Überzeugungen. Woher sollen wir wissen, dass ausgerechnet unsere eigene die richtige ist?

Zweitens können wir uns auf Autoritäten berufen, zum Beispiel auf mächtige Institutionen oder Personen. Ob es die Regierung ist, der Papst oder unser Chef: Wir glauben einfach unbesehen alles, was man uns sagt. Jahrhundertelang galt die Kirche als Garant der Wahrheit. Aber auch Institutionen können irren.

Die dritte Methode ist anspruchsvoller. Dabei versuchen wir, Überzeugungen a priori, also vor aller Erfahrung zu gewinnen – durch nichts als unser eigenes Denken. Wir schließen uns gleichsam in einem Zimmer ein und denken logisch über alles nach. Mit dieser Methode versuchten die Metaphysiker, die

Existenz Gottes oder die Unsterblichkeit der Seele zu beweisen. Doch auch diese Methode bleibt letztlich im Subjektiven befangen. Verschiedene Denker gehen von verschiedenen Voraussetzungen aus, und sie kommen zu unterschiedlichen Schlüssen. Woher sollen wir wissen, welche ihrer Theorien stimmt?

Nach Peirce sind alle drei Methoden unzulänglich, weil sie nicht auf Tatsachen basieren. Ohne den Bezug zur objektiven Realität können wir nicht wissen, ob wir auf dem richtigen Weg sind. Am Ende bleibt uns nur eine erfolgversprechende Methode, unseren Zweifel zu beseitigen. Für Peirce ist das die Methode der Wissenschaft. Im Unterschied zu den anderen drei Methoden stützt sie sich auf Tatsachen. In letzter Konsequenz erlauben uns nur die Tatsachen, einen wahren von einem falschen Glauben zu unterscheiden.

Glauben und Wirklichkeit sind untrennbar miteinander verbunden. Als rationale Menschen kommen wir nicht umhin, unseren Glauben mit der Realität, also mit den Tatsachen, zu konfrontieren.

Der Begriff der Tatsache ist eng an die Sprache gekoppelt. Eine Tatsache ist einfach eine wahre Aussage. Die Tatsache, dass es regnet, bedeutet, dass der Satz «Es regnet» wahr ist. Aber woran erkennen wir, ob eine Aussage wahr ist? Wie können wir einer Behauptung ansehen, dass sie auf Tatsachen beruht?

Nehmen wir einen Kriminalfall. Die Polizei hat einen konkreten Verdacht – sie glaubt, dass X der Täter ist. Dieser Glaube beruht unter anderem auf einem weiteren Glauben – nämlich jenem, dass der Mann am Tatort war. Dieser Glaube stützt sich wiederum auf den Glauben an einen kriminaltechnischen Laborbericht: Laut diesem Bericht handelt es sich bei einer sichergestellten DNA-Spur um die DNA des Verdächtigen. Das letzte Glied dieser Kette ist schließlich eine Beobachtung – nämlich jene, dass am Tatort eine DNA-Spur sichergestellt wurde, die mit der DNA des Verdächtigen übereinstimmt.

Beobachtungen, sagt der Philosoph Quine, sind die «Grenzbedingung jedes Glaubens». Damit wir eine Beobachtung als Tatsache akzeptieren können, muss sie von anderen nachvollzogen werden können. Wenn ich Ihnen sage «Das ist ein Tisch», werden Sie zu Recht verlangen, dass Sie in der gleichen Situation ebenfalls einen Tisch sehen – und nicht etwa einen Stuhl.

Um einen Glauben zu rechtfertigen, brauchen wir Tatsachen. Erst die Tatsachen verschaffen uns Gewissheit, dass sich etwas tatsächlich oder zumindest wahrscheinlich so verhält, wie wir glauben. «Ein kluger Mensch richtet sich in seinem Glauben deshalb nach der Evidenz», schrieb David Hume. Und je ungewöhnlicher eine Behauptung ist, desto stärker müssen die Beweise sein. David Hume erläuterte dieses Prinzip am Beispiel des Wunderglaubens. Zur Beurteilung einschlägiger Phänomene stellte er den Grundsatz auf, «dass kein Zeugnis genügt, um ein Wunder zu konstatieren, es sei denn, das Zeugnis sei solcher Art, dass seine Falschheit wunderbarer wäre als die Tatsache, die es zu konstatieren trachtet».

Immer wieder berichten Menschen, die knapp dem Tod entronnen sind, von sogenannten «Nahtoderfahrungen». Viele erinnern sich, sie hätten ein weißes Licht gesehen, seien durch einen Tunnel geglitten – oder hätten ihren eigenen Körper verlassen und sich selbst von der Decke aus beobachtet. Entscheidend dabei ist, dass diese Erlebnisse nach dem sogenannten Hirntod, also dem Erlöschen der Hirnaktivitäten aufgetreten sein sollen. Menschen mit spirituellen Neigungen sehen in diesen Berichten einen starken Hinweis auf ein Leben nach dem Tod. Welche Gründe könnten uns dazu bringen, diese wundersamen Berichte zu glauben?

Nach Humes Prinzip müssten die Beweise derart triftig sein, dass ihre Widerlegung ein größeres Wunder wären als das eigentliche Wunder selbst. Die Berichte der Betroffenen reichen nicht. Zwangsläufig können wir sie nicht überprüfen. Und dass die meisten Nahtoderfahrenen von ähnlichen Wahrnehmungen berichten, ist ebenfalls kein Beweis. Viele Forscher führen die Erlebnisse auf Sauerstoffmangel im Gehirn zurück, und heute lässt sich die Illusion einer außerkörperlichen Erfahrung sogar gezielt im Experiment herbeiführen. Doch vor einiger Zeit haben Forscher einen cleveren Versuch gestartet: Über einen OP-Tisch hängten sie einen Computermonitor an die Decke, der während Operationen zufällig ausgewählte Bilder zeigt. Würde die Behauptung von Nahtoderfahrenen, sie hätten ihren eigenen Körper von der Decke aus gesehen, stimmen, so müssten sie auch die Bilder auf diesem Monitor erkannt haben und könnten davon berichten. Das klingt zwar makaber – doch immerhin ist es ein Versuch, dem Hume'schen Kriterium zu entsprechen! Ergebnisse sind jedoch bislang nicht bekannt.

Aktivität

1. Stellen Sie eine Liste verschiedener Quellen zusammen, auf die Sie sich normalerweise verlassen (zum Beispiel Lexika, Fernsehnachrichten et cetera). Nennen Sie jeweils Gründe, warum Sie diesen Quellen vertrauen!
2. Beschreiben Sie Fälle, in denen Sie von scheinbar verlässlichen Quellen falsch informiert wurden. Welche Schlüsse haben Sie daraus gezogen? Und wie haben Sie festgestellt, dass die Informationen falsch waren?
3. Überlegen Sie, welche Beweise Sie als hinreichend für die

nachfolgenden Behauptungen akzeptieren würden. Fragen Sie sich dabei zuerst, welche Art von Beweisen Sie überhaupt benötigen würden, um die Behauptung zu glauben oder zu widerlegen. Fragen Sie sich anschließend, über welche Beweise Sie tatsächlich verfügen.

- Die Ursache der Wirtschaftskrise ist das Versagen des Finanzsystems.
- Männer sind von Natur aus aggressiver als Frauen.
- Es gibt übersinnliche Fähigkeiten.
- Menschen handeln vorwiegend aus egoistischen Interessen.
- Computerspiele machen dumm.

4. Stellen Sie eine Liste von Überzeugungen zusammen, die als Gemeinwissen akzeptiert sind. Nennen Sie Gründe, warum Sie diese Überzeugungen teilen (oder nicht). Geben Sie dann einige Überzeugungen an, die früher akzeptiert waren, aber heute abgelehnt werden.

Tatsächlich gibt es Aussagen, die logisch zwingend wahr, also «selbstevident» sind. Der Satz «Jedes weiße Auto ist ein Auto» ist selbstevident: Sofern wir der Sprache mächtig sind, müssen wir diese Aussage für wahr halten. Allerdings sagt sie uns nichts Neues. Wenn Sie glauben, dass jedes weiße Auto ein Auto ist, dann sind Sie zwar auf der sicheren Seite – die Aussage hat bloß keinen Erkenntniswert, sie ist völlig trivial.

Als Bastion der Gewissheit galt lange Zeit die Mathematik. Der Logiker Kurt Gödel lieferte jedoch den Beweis, dass es in der Zahlentheorie Theoreme gibt, deren Wahrheit sich nicht beweisen lässt. Nicht einmal in allen Bereichen der Mathematik herrscht also absolute Gewissheit.

Außerhalb der Logik und Mathematik sind wir auf Hypothesen angewiesen – auf Behauptungen, deren Wahrheitsgehalt noch nicht feststeht. In der Wissenschaft spielen Hypothesen eine zentrale Rolle für den Erkenntnisfortschritt. Forscher stellen Hypothesen auf, um Tatsachen zu erklären oder um Vorhersagen auf Basis früherer Beobachtungen zu machen.

Alexander Graham Bell stellte 1865 die Hypothese auf, dass Sprache über elektromagnetische Wellen übertragen werden kann. Durch Experimente stützte er seine Hypothese – und zehn Jahre später gelang ihm schließlich die Übertragung des ersten Telefonats.

Auch im alltäglichen Leben kommen wir nicht ohne Hypothesen aus. Neue Fakten können uns dazu bringen, einen Glauben aufzugeben. Aber um zu einem neuen Glauben zu kommen, müssen wir eine Hypothese aufstellen.

Eine Hypothese ist erst mal eine Vermutung. Wir geben einen Tipp ab. So betrachtet, könnten wir alle möglichen verrückten Hypothesen aufstellen – zum Beispiel dass alle rosaroten Tiger Philosophen sind. Doch nicht jede Hypothese ist plausibel. Einige Kriterien können uns helfen, die Plausibilität von Hypothesen zu bewerten. Das erste können wir laut Quine «Konservatismus» nennen: Je besser eine neue Hypothese zu unserem bisherigen Wissen passt, desto plausibler ist sie im Allgemeinen.

Das zweite ist «Falsifizierbarkeit»: Eine Hypothese, die sich prinzipiell nicht widerlegen lässt, ist sinnlos.

Ein drittes Kriterium ist «Einfachheit»: Wenn wir zwischen Hypothesen wählen müssen, sollten wir uns im Zweifel, wenn alles andere gleich bleibt, für die einfachere entscheiden.

Wenn nachts bei Ihnen das Telefon läutet und niemand dran ist, werden Sie eher vermuten, dass sich der Anrufer verwählt hat – und nicht, dass die russische Mafia hinter Ihnen her ist.

Angenommen, Sie kommen nach Hause und finden in Ihrer Wohnung ein heilloses Chaos vor. Alle Schranktüren stehen offen, auf dem Boden liegen Kleidungsstücke, eine Vase ist umgestürzt. «Ein Einbruch», schießt Ihnen durch den Kopf. Doch ehe Sie diese Hypothese tatsächlich aufstellen und die Polizei rufen, sehen Sie sich die Sache näher an. Tatsächlich, eine Fensterscheibe ist zerbrochen. Da kommt Ihnen ein Gedanke. Könnten nicht die Kinder wieder mal eine wilde Party gefeiert haben? Akribisch untersuchen Sie die Spuren, tragen Indiz um Indiz zusammen. Angenommen, das Chaos hätten tatsächlich die Kinder angerichtet: Würden Sie dann nicht entsprechende Spuren finden, die auf eine Party hindeuten? Leere Flaschen, Chipskrümel oder Zigarettenkippen? Nichts davon finden Sie. Andererseits fragen Sie sich: Wenn es tatsächlich ein Einbruch war – was wäre ein untrüglicher Beweis dafür? Schließlich öffnen Sie Ihren Wandtresor. Der Familienschmuck ist weg. Nun sind Sie sich endlich sicher – und rufen die Polizei, anstatt Ihre Kinder zur Rede zu stellen.

Unter den gegebenen Umständen ist die Hypothese «Es war ein Einbrecher» plausibel. Sie ist «konservativ», weil Einbrüche nun mal keine Seltenheit sind. Sie wäre auch falsifizierbar – schließlich könnte sich herausstellen, dass es doch die Kinder waren. Schließlich entspricht sie auch dem Kriterium der Einfachheit. Hingegen würde die Hypothese «Es war ein Einbrecher in Komplizenschaft mit zwei Poltergeistern» gegen das Prinzip der Einfachheit verstoßen.

Menschen suchen Gründe: Warum ist etwas so – und nicht anders? Was steckt dahinter? Mediziner suchen nach den Ursachen einer Krankheit. Astrophysiker wollen ergründen, wie das Universum entstanden ist. Wir alle suchen nach Erklärungen für Ereignisse oder Fakten.

«Warum bist du so spät nach Hause gekommen? Erklär mir das bitte!»

Eine Erklärung ist eine besondere Art von Hypothese. Sie gibt eine Begründung für etwas, das bereits als Tatsache akzeptiert ist.

Stellen wir uns ein Urvolk vor, sagt der Philosoph Quine, das vollkommen isoliert auf einer Insel lebt und keinerlei wissenschaftliche Kenntnisse besitzt. Den Menschen fällt auf, dass die Gezeiten offenbar mit der Position des Mondes zu tun haben. Doch das erklärt noch nicht, warum das so ist. Die Erklärung der Inselmenschen bedarf also einer weiteren Erklärung. Nun könnten wir uns weiter vorstellen, dass ein früher Newton unter den Inselmenschen eine Art Gravitationsgesetz entdeckt, das die Anziehung zwischen Mond und Erde erklärt. Doch selbst mit diesem Gesetz müssten sich unsere Stammesleute nicht zufriedengeben. Die Physiker unter ihnen könnten nach einer weiteren, allgemeineren Erklärung fragen, unter die sich wiederum das Gravitationsgesetz subsumieren lässt. Mit anderen Worten: Jede neue Erklärung wirft wiederum die Frage nach dem Warum auf.

Erklärungen können unser Wissen und unsere Fähigkeiten erweitern. Das Gravitationsgesetz sollte anfangs nur bestimmte Effekte erklären. Schließlich erwies es sich als allgemeingültiges Naturgesetz. Charles Darwins Hypothese der natürlichen Selektion erklärte die Entstehung der Arten. Wenn wir erklären können, warum unser Computer «spinnt», können wir den Fehler möglicherweise beheben. «Alle Tatsachen betreffenden Vernunfterwägungen scheinen auf der Beziehung von Ursache und Wirkung zu beruhen. Einzig mittels dieser Beziehung können wir über die Evidenz unseres Gedächtnisses und unserer Sinne hinausgehen», schrieb David Hume.

Eine Erklärung muss mehr Informationsgehalt bieten als das, was erklärt werden soll. Wenn wir erklären wollen, warum es regnet, werden wir uns nicht mit der Antwort «Weil Tropfen fallen» zufriedengeben. Bei Molière sagt der Arzt auf die Frage, warum Morphium Schlaf auslöse, es habe die «virtus dormitiva», also eine einschläfernde Wirkung.

Wenn wir ein Ereignis für die Ursache eines anderen Ereignisses halten, dann glauben wir, dass zwischen beiden eine kausale Beziehung besteht. Aber woraus schließen wir das? Schon David Hume erkannte, dass wir nicht durch reines Denken auf Ursache und Wirkung schließen können – sondern nur durch Erfahrung.

Dass Ereignis B auf Ereignis A folgt, reicht nicht. Das könnte auch Zufall sein. Angenommen, Sie werden müde, nachdem Sie ein Buch gelesen haben. Daraus können Sie nicht schließen, dass Bücherlesen müde macht. Schließlich könnte es viele andere Gründe geben, die für Ihre Müdigkeit verantwortlich sind. Das Lesen des Buches könnte Sie zwar müde gemacht haben; vielleicht hat Ihre Müdigkeit aber mit dem Bücherlesen überhaupt nichts zu tun. Um die Frage zu klären, müssen Sie nach Gründen fragen. Zunächst könnten Sie beobachten, dass Sie immer müde werden, wenn Sie Bücher lesen – unabhängig von der Uhrzeit oder davon, ob Sie zuvor gearbeitet haben. Zweitens könnten Sie eine Theorie aufstellen, warum Bücherlesen müde macht – etwa weil es mit geistiger Anstrengung verbunden ist.

Ereignisse können eine Vielzahl von Ursachen haben. Notwendige Bedingungen müssen erfüllt sein, um eine bestimmte Wirkung hervorzurufen. Ohne sie tritt der Effekt einfach nicht ein. Das bedeutet aber nicht, dass eine solche Bedingung ausreicht, um die Wirkung herbeizuführen. Beispielsweise ist HIV eine notwendige Bedingung für AIDS; die Krankheit AIDS kann nur bekommen, wer mit dem HI-Virus infiziert ist. Aber jemand kann HIV-positiv sein, ohne Aids zu haben.

Hinreichende Bedingungen hingegen führen immer zur Wirkung. Andererseits kann es aber auch andere Gründe geben, die den Effekt hervorrufen. Wenn Sie mit überhöhter Geschwindigkeit in die Radarfalle fahren, so ist das eine hinreichende Bedingung für ein Strafmandat. Es handelt sich aber um keine notwendige Bedingung: Das Strafmandat können Sie auch bekommen, wenn Sie mit überhöhter Geschwindigkeit von einer Polizeistreife angehalten werden.

Schließlich kann eine Bedingung notwendig und hinreichend zugleich sein. Wenn eine Zahl durch 9 teilbar ist, dann ist sie auch durch 3 teilbar. «Teilbarkeit durch 9» ist also eine hinreichende Bedingung für «Teilbarkeit durch 3». Natürlich ist das keine notwendige Bedingung. Die 3 ist nicht durch 9 teilbar. Da es sich um eine hinreichende Bedingung handelt, muss allerdings die Umkehrung eine notwendige Bedingung sein: Jede Zahl, die durch 9 teilbar ist, ist auch durch 3 teilbar. «Teilbarkeit durch 3» ist eine notwendige Bedingung für «Teilbarkeit durch 9».

Im Alltag gehen wir beim Erklären in der Regel nicht wissenschaftlich vor. Stattdessen legen wir uns oft rasch auf eine Erklärung fest, ohne mögliche Alternativen zu prüfen. Typischerweise machen wir dabei zwei Fehler. Erstens ziehen wir nur einen möglichen Grund in Betracht und akzeptieren ihn, ohne andere Möglichkeiten zu bedenken. Zweitens achten wir häufig nur auf einen Teil der Fakten, die eine mögliche Erklärung stützen.

Rationales Denken beruht auf Gründen. Die Realität als solche können wir nicht erkennen. Unser Gehirn konstruiert unsere Wirklichkeit, doch wir können unseren Glauben durch Tatsachen rechtfertigen. Hypothesen und Erklärungen erweitern unser Wissen.

Werkzeug

Mit folgender Checkliste können Sie mögliche Erklärungen für einen Sachverhalt auf ihre Plausibilität prüfen:

1. Was sind mögliche Erklärungen für diese Tatsache?
2. Welche Fakten sprechen für jede dieser Alternativen?
3. Gibt es Fakten, die eine oder mehrere Alternativen ausschließen?
4. Welche Erklärung ist die wahrscheinlichste?
5. Passt sie zu allem anderen, was wir wissen oder glauben?

Aktivität
  Kausalität

Mit unserem visuellen System nehmen wir nicht nur räumliche und zeitliche Strukturen wahr, sondern auch kausale Beziehungen. Wenn ein Glas zu Boden fällt und zerspringt, müssen wir über Ursache und Wirkung nicht erst bewusst nachdenken. Wir «sehen» einfach, was passiert ist. Wie unsere Wahrnehmung von Kausalität funktioniert, können Sie mit einem simplen Experiment testen. Basteln Sie sich dazu einfach ein Pendel, zum Beispiel aus einem Bindfaden und einer Büroklammer oder einer Schnur mit einem Schlüssel. Zusätzlich brauchen Sie einen anderen kleinen Gegenstand, zum Beispiel einen Kronkorken oder etwas Ähnliches. Lassen Sie Ihr Pendel von links nach rechts vor sich schwingen. Nun nehmen Sie den anderen Gegenstand in die andere Hand und führen Sie ihn neben dem Pendel her. Dabei wird Ihnen vermutlich alles ganz normal vorkommen. Nun versuchen Sie, den Kronkorken in einem festen Abstand möglichst synchron mit dem Pendel mitzuführen.

Dabei werden Sie nach einer gewissen Zeit den Eindruck bekommen, dass Ihre Bewegung des Kronkorkens das Schwingen des Pendels beeinflusst – dass zwischen beiden also eine kausale Beziehung besteht. Das Erstaunliche darin ist, dass Ihr Gehirn eigentlich weiß, dass zwischen beiden Bewegungen kein Zusammenhang besteht: Das Pendel schwingt frei, und Ihre Hand bewegt den Kronenkorken – eigentlich besteht zwischen Pendel und Korken keine direkte Verbindung. Trotzdem sehen Sie nicht nur, dass sich die beiden Gegenstände zusammen bewegen: Sie haben das Gefühl, dass eine kausale Beziehung zwischen beiden besteht!

Denkfehler

Stellen Sie sich vor, eine Münze wird sechsmal hintereinander geworfen. Betrachten Sie folgende mögliche Ergebnisse (K steht für Kopf, Z für Zahl)

1. KKKKKK
2. ZZZZZK
3. ZKKZZK

Welches Ergebnis halten Sie für das wahrscheinlichste? Die meisten Menschen würden auf das dritte Ergebnis tippen. In den ersten beiden Folgen scheint es eine Ordnung zu geben, sie wirken weniger zufällig als das dritte Ergebnis. Wir könnten überlegen, dass es mehr ungeordnete als geordnete Folgen gibt – und folglich die Wahrscheinlichkeit, eine ungeordnete Folge von Ergebnissen zu erwischen, größer ist. Das ist jedoch nicht der Fall. Wenn wir es mit einer «fairen» Münze zu tun haben, ist die Folge 3 nicht wahrscheinlicher als die beiden anderen.

«Wir haben die Tendenz, Ordnung, Muster und Bedeutung in der Welt zu sehen», meint der Sozialpsychologe Thomas Gilovich in seinem Buch *How We Know What Isn't So*. «Als Konsequenz neigen wir dazu, Ordnung zu sehen, wo es keine gibt – und wir erkennen bedeutungsvolle Muster, wo nur der Zufall am Werk ist.» Manche Menschen erkennen in der zerklüfteten Mondoberfläche ein Gesicht. Andere fanden angebliche Geheimcodes in der Bibel. Einige sahen in den Rauchwolken des eingestürzten World Trade Centers gar die Fratze des Satans. Wenn wir Muster finden, wo in Wahrheit Chaos und Zufall herrscht, glauben wir unwahre Dinge. Offenbar sind wir nicht immer in der Lage, zuverlässig zu erkennen, ob ein Phänomen wirklich real ist.

Unser Denken ist fehleranfällig. Oft vertrauen wir auf den ersten Eindruck. Oder wir glauben, was man uns erzählt. Und natürlich glauben wir ohnehin, was wir glauben wollen. Sozialpsychologe Gilovich versuchte, unseren Denkfehlern auf den Grund zu gehen. Verantwortlich für Irrglauben sei nicht Dummheit oder Inkompetenz. Experten sind vor fragwürdigen Überzeugungen ebenso wenig gefeit wie die Laien. Die Evolution habe uns «mächtige intellektuelle Werkzeuge» gegeben, meint Gilovich. Doch häufig wenden wir Denkstrategien, die im Allgemeinen effektiv sind, einfach falsch an. «Viele fragwürdige und irrige Überzeugungen haben rein kognitive Wurzeln, die auf Fehler bei der Verarbeitung von Informationen und beim Ziehen von Schlussfolgerungen zurückgehen.» Irrglaube sei nicht das Produkt von Irrationalität, sondern von «fehlerhafter Rationalität».

Die Welt sei nicht fair zu uns, sagt Gilovich. «Statt uns mit klaren Informationen zu versorgen, die uns erlauben, es besser zu wissen, konfrontiert sie uns mit lauter zufälligen, unvollständigen, unrepräsentativen, mehrdeutigen, inkonsistenten, unakzeptablen oder aus zweiter Hand stammenden Daten.»

Häufig haben wir einfach keine Zeit, die Dinge gründlich zu überdenken. Wir glauben die erstbeste Information, auf die wir stoßen. Wenn wir eine Person beurteilen, vertrauen wir dem «ersten Eindruck» – und geben ihr häufig nicht mal eine zweite Chance. Diesen Denkfehler nennen Psychologen «Verfügbarkeitsfehler» (availability error).

In einem Experiment legte man Probanden Listen mit Wörtern vor. Die Liste war für alle gleich. Nur einer Gruppe händigte man eine Liste aus, die positive Attribute wie «selbstbewusst», «unabhängig» oder «hartnäckig» enthielt. Eine zweite Gruppe bekam eine Liste mit negativen Attributen wie «rücksichtslos» oder «starrsinnig». Anschließend wurde den Probanden eine Geschichte über einen Mann mit verschiedenen gefährlichen Hobbys vorgelesen. Jene Versuchsteilnehmer, die sich zuvor die Liste mit den positiven Attributen eingeprägt hatten, beurteilten den Mann deutlich besser als die andere Gruppe. Offenbar färbten die Begriffe in ihrem Gedächtnis auf die Interpretation der Geschichte ab.

Erwartungen und Wünsche üben einen subtilen Einfluss auf unsere Bewertung von Fakten aus. So tendieren Menschen dazu, Informationen, die ihre bisherigen Überzeugungen bestätigen, unbesehen zu akzeptieren. Umgekehrt werden gegenläufige Informationen besonders kritisch geprüft.

In einer Studie konfrontierte man Anhänger und Gegner der Todesstrafe mit Studien, in denen deren abschreckende Wirkung untersucht wurde. Die Hälfte der Studien gab den Befürwortern der Todesstrafe recht, die andere den Gegnern. Am Ende sollten die Probanden die Qualität der Studien bewerten. Das Ergebnis: Die Probanden beurteilten nicht nur die Qualität jener Studien besser, die ihre eigene Meinung untermauerten. Zugleich kritisierten sie die Studien, die ihrer eigenen Position widersprachen, auf weit überzogene Weise. Das Erstaunliche daran war laut Gilovich, dass die Probanden die gegenläufigen Studien nicht einfach ignorierten oder abtaten – sondern derart großen intellektuellen Aufwand betrieben, um sie zu überprüfen.

Viele Denkfehler beruhen auf unserer Neigung, auf Basis von relativ oberflächlichen Ähnlichkeiten auf einen Zusammenhang zu schließen. Die Psychologen Daniel Kahneman und Amos Tversky haben dafür den Begriff «Repräsentativitäts-Fehler» geprägt. Wir nehmen an, dass ähnliche Dinge zusammengehören. So erwarten wir, dass Ursachen ihren Wirkungen ähneln – aus einer wirren Handschrift schließen wir auf die Persönlichkeit. Oder wir gehen davon aus, dass ein Bibliothekar auch so aussieht, wie wir uns den prototypischen Bibliothekar vorstellen. In vielen Fällen liegen wir damit auch richtig. Komplexe Wirkungen haben häufig tatsächlich auch komplexe Ursachen, und manche Klischees stimmen eben, doch das Repräsentativitäts-Prinzip kann zu schwerwiegenden Denkfehlern führen.

Der Repräsentativitäts-Fehler erklärt auch unsere Illusion im Beispiel des Münzwurfs. Eine faire Münze fällt in 50 Prozent der Fälle auf Kopf, in der anderen Hälfte auf Zahl. Daraus schließen wir unwillkürlich auf die Folge der Ergebnisse. Wenn das Ergebnis ungefähr 50 : 50 ist, halten wir es für zufällig – da zufällige Prozesse nun mal ein solches Ergebnis haben. Ein weniger ausgeglichenes Ergebnis zu akzeptieren, so Gilovich, fällt uns deutlich schwerer. Unser Glaube ist auch nicht völlig falsch – er gilt allerdings nur auf lange Sicht. Nach den Gesetzen der Statistik landet man nach einer großen Anzahl von Würfen tatsächlich nahe bei einem 50 : 50-Ergebnis. Bei einer geringen Anzahl von Würfen hingegen sind «unausgeglichene» Folgen durchaus wahrscheinlich.

In einem psychologischen Experiment legte man Versuchspersonen folgende Personenbeschreibung vor: «Linda ist 31 Jahre alt, Single, redegewandt und sehr intelligent. Sie hat Philosophie studiert. Als Studentin hat sie sich mit Fragen der Diskriminierung und sozialen Gerechtigkeit beschäftigt, außerdem nahm sie an Anti-Atomkraft-Demonstrationen teil.» Nun sollten die Versuchspersonen unter anderem folgende Aussagen nach dem Grad der Wahrscheinlichkeit ordnen:

1. Linda ist Bankangestellte
2. Linda ist in der Frauenbewegung aktiv
3. Linda ist Bankangestellte und in der Frauenbewegung aktiv

Welche Aussage trifft am ehesten zu? Die meisten Probanden hielten Antwort 2 («Linda ist in der Frauenbewegung aktiv») für wahrscheinlicher als Antwort 1 («Sie ist Bankangestellte»). So weit, so nachvollziehbar. Verblüffenderweise hielten die Versuchspersonen es allerdings auch für wahrscheinlicher, dass Linda Bankangestellte und in der Frauenbewegung aktiv ist, als dass sie einfach nur Bankangestellte ist. Offenkundig gibt es weit mehr weibliche Bankangestellte als feministische Bankangestellte – folglich kann es sich nur um einen Trugschluss handeln. Interessant ist, dass selbst Menschen mit statistischer Ausbildung, wenn man sie mit der Frage konfrontiert, den gleichen Denkfehler begehen.

Menschen neigen dazu, an ihrem Glauben festzuhalten. So suchen wir meist eher nach bestätigenden Informationen als nach Fakten, die unseren Glauben widerlegen könnten. Dadurch laufen wir Gefahr, aus den Fakten auf subtile Weise ein Muster zu wählen, das uns weiter in einem falschen Glauben bestärkt.

Angenommen man legt ihnen folgende einfache Zahlenreihe vor: 2, 4, 6. Diese Folge, so sagt Ihnen der Versuchsleiter, gehorcht einer Regel. Nun können Sie weitere Zahlenfolgen ausprobieren. Der Versuchsleiter sagt Ihnen, ob sie der gleichen Regel folgen. Wenn Sie meinen, dass Sie die Regel erkannt haben, können Sie sie nennen und erfahren dann, ob es die richtige Regel ist oder nicht.

Viele geben erst mal Folgen wie 6, 8, 10 oder 56, 58, 60 an. Dahinter steckt die Annahme, die gesuchte Regel laute «Drei gerade Zahlen, die um zwei ansteigen». Jedes Mal sagt Ihnen der Versuchsleiter, dass Ihre Beispielfolgen der gesuchten Regel entsprechen. Also fühlen Sie sich ermutigt und platzen irgendwann mit Ihrer Vermutung heraus. Doch nun hören Sie, dass Sie falsch liegen – die Regel lautet nicht «Drei gerade Zahlen, die um zwei ansteigen». Nun stellen Sie eine weitere Hypothese auf: «Drei beliebige Zahlen, die um zwei ansteigen». Die Beispielfolgen könnten 15, 17, 19 oder 451, 453, 455 lauten. Wieder bekommen Sie positives Feedback, und nachdem Sie etliche weitere Beispiele nach der gleichen Regel gebracht haben, versuchen Sie es wieder. Leider wieder falsch. Nur wenige finden schließlich die richtige Regel: «Es sind einfach beliebige drei Zahlen in aufsteigender Reihenfolge».

Was ist so schwierig daran, diese simple Regel zu erkennen? Die erste Folge 2, 4, 6 suggeriert natürlich ein Muster. Es legt Ihnen die Hypothese nahe, dass es drei gerade Zahlen im Abstand von 2 sind. Der Denkfehler liegt nun im Versuch, die eigenen Annahmen zu beweisen – statt sie zu «falsifizieren». Statt für die Hypothese «Drei Zahlen, die um zwei ansteigen» immer bloß entsprechende Beispiele anzugeben, wäre es zielführender, es mit einer Folge wie 8, 11, 17 zu probieren: Bestätigt der Versuchsleiter diese Folge als korrekt, so ist die eigene Hypothese widerlegt – und man könnte sie abhaken. Stattdessen werden Sie immer weiter darin bestärkt, Ihren falschen Glauben für richtig zu halten.

Der Psychologe Peter Wason präsentierte seinen Probanden auf einem Tisch folgende Karten:

A   D   3   7

Wason erklärte den Teilnehmern, jede Karte habe auf der einen Seite einen Buchstaben, auf der anderen eine Zahl. Nun sollten die Probanden überlegen, welche Karten sie aufdecken würden, um folgende Regel zu überprüfen: «Jede Karte mit einem A auf der einen Seite hat eine 3 auf der anderen». Die meisten Probanden entschieden sich für A und 3.

Karte A aufzudecken ist durchaus vernünftig. Wenn sie keine 3 auf der Rückseite hat, ist die Regel widerlegt. Eine 3 auf der Rückseite bestätigt die Regel. Die Karte D aufzudecken, bringt klarerweise keinen Informationsgewinn: Was immer auf der Rückseite ist, spielt keine Rolle – die Regel bezieht sich schlicht nicht auf die Karte. Die Wahl der 3 ist naheliegend. Und doch führt sie in die Irre. Ein A auf der Rückseite würde die Regel zwar bestätigen. Aber die Regel könnte auch stimmen, wenn auf der Rückseite ein beliebiger Buchstabe stünde. Die Regel sagt ja, dass jedes A auf der anderen Seite eine 3 haben muss – nicht hingegen, dass jede 3 auf der anderen Seite ein A haben muss! Richtig wäre es, stattdessen die 7 aufzudecken: Befindet sich auf der Rückseite ein A, dann ist die Regel widerlegt. Andernfalls ist sie offensichtlich richtig.

Interessanterweise wird die Aufgabe leichter, wenn man sie in einen realistischen Kontext setzt. Angenommen die Regel lautet «Jeder der Alkohol trinkt, ist älter als 21». Die vier Karten wären nun «Bier», «Cola», «25 Jahre alt» und «16 Jahre alt». Die meisten decken korrekterweise die Karten «Bier» und «16 Jahre» auf.

«Glaube ist wie ein Besitz», meint der Psychologe Roger Abelson. Materielle Güter erwerben wir, weil sie uns Nutzen bringen. Nicht anders ist es mit dem Glauben: Wir neigen dazu, Dinge zu glauben, die uns ein gutes Gefühl vermitteln. Wie wir einen Besitz verteidigen, so verteidigen wir auch unseren Glauben gegen Kritik. Wer unsere Überzeugungen nicht teilt, mit dem möchten wir auf die Dauer nichts zu tun haben. Wie beim Besitz herrsche auch beim Glauben ein Spannungsverhältnis zwischen unseren Wünschen und unseren Einschränkungen, meint Thomas Gilovich. Nicht jedes Traumauto können wir uns leisten.

Nicht jedes Möbelstück passt in unsere Wohnung. Analoges gilt auch für das Glauben: «Wir spüren eine starke Versuchung, manche Dinge zu glauben. Doch der Preis an Rationalität und kognitiver Konsistenz wäre einfach zu hoch. Also lassen wir den Glauben. Aber wenn wir die Beweise da und dort ein wenig verändern würden, wenn wir unseren Glauben im Sonderangebot bekommen könnten – dann würden wir ihn ‹kaufen›.»

Stellen Sie sich vor, Sie stehen in einer Schlange mit 35 anderen Menschen. Wie hoch ist die Wahrscheinlichkeit, dass zwei Leute in der Schlange am gleichen Tag Geburtstag haben?

Viele halten die Wahrscheinlichkeit für gering. Bei 36 Menschen und 365 möglichen Geburtstagen scheint die Chance bei rund 10 Prozent zu liegen. Oder? Doch dabei unterliegen wir einem aufschlussreichen Denkfehler. In Wahrheit liegt die Wahrscheinlichkeit bei 80 Prozent! Diese überraschende Tatsache ist auch als Geburtstagsparadox bekannt. Der Grund für die Fehleinschätzung liegt darin, dass wir von uns selbst ausgehen. Tatsächlich würde die Wahrscheinlichkeit, dass eine andere Person am gleichen Tag Geburtstag hat wie wir selbst, bei 10 Prozent liegen. In Wirklichkeit müssen wir aber alle möglichen Geburtstags-Paarungen in Betracht ziehen. Bei drei Personen A, B und C können A und B, A und C sowie B und C am gleichen Tag Geburtstag haben. Die Zahl der Vergleichsmöglichkeiten wächst sehr rasch. Bei 36 Menschen sind es schon über 600 mögliche Geburtstagspaare.

Viele Menschen haben Probleme, Statistiken richtig zu interpretieren. Bei einer Umfrage sollten 1000 Deutsche erklären, was «40 Prozent» bedeutet. Zur Auswahl standen:

1. ein Viertel

2. 4 von 10

3. jeder Vierzigste

Rund ein Drittel der Befragten gab die falsche Antwort. Der US-Mathematiker John Allen Paulos erzählt in seinem Buch *Innumeracy*, was so viel wie «Zahlenblindheit» bedeutet, folgende Geschichte: Im Wetterbericht eines US-Fernsehsenders wurde die Regenwahrscheinlichkeit für Samstag mit 50 Prozent angegeben, die für Sonntag ebenfalls mit 50 Prozent. Daraufhin erklärte der Meteorologe dem Publikum, die Regenwahrscheinlichkeit für das Wochenende betrage 100 Prozent.

Einer der Gründe für solche Fehlschlüsse liegt darin, dass Wahrscheinlichkeiten sehr abstrakt sind. Die Aussage, dass 40 Prozent der Männer übergewichtig sind, bedeutet nichts anderes als zu sagen: «Von 100 Männern sind im Schnitt 40 übergewichtig.» Solche «Häufigkeiten» sind für unser Gehirn leichter zu erfassen als Wahrscheinlichkeitsangaben. «Wenn man über Risiken nachdenkt oder spricht, sollte man nicht Wahrscheinlichkeiten, sondern Häufigkeiten verwenden», schreibt der Psychologe Gerd Gigerenzer in seinem Buch *Das Einmaleins der Skepsis*.

Angenommen, die Menschen in Ihrer Stadt haben ein Risiko von 1 Prozent, an einer bestimmten Virusinfektion zu erkranken. Jeder Einwohner soll sich daher einem Labortest unterziehen, der eine Zuverlässigkeit von 90 Prozent besitzt. Das bedeutet, dass der Test die Krankheit bei 90 Prozent der tatsächlich Kranken erkennt, bei 1 Prozent der Gesunden liefert er ein falsch positives Resultat. Stellen Sie sich vor, Sie unterziehen sich dem Test – und werden positiv getestet. Wie hoch ist die Wahrscheinlichkeit, dass Sie die Infektion tatsächlich haben?

Die Wahrscheinlichkeit, dass Sie die Krankheit haben, beträgt 50 Prozent. Von 100 getesteten Menschen hat nur einer (nämlich 1 Prozent) tatsächlich die Krankheit. Bei ihm wird der Test höchstwahrscheinlich positiv ausfallen. Bei den restlichen 99 Menschen, die eigentlich gesund sind, wird einer trotzdem falsch positiv diagnostiziert. Insgesamt erhalten also zwei Personen (der tatsächlich Kranke und der «Falsch-Positive») einen positiven Befund. Die Wahrscheinlichkeit, dass Sie trotz eines positiven Befundes die Krankheit nicht haben, beträgt also immerhin 50 Prozent. Die Häufigkeits-Darstellung macht es leichter, die Statistik richtig zu interpretieren. Rein intuitiv würden die meisten die Wahrscheinlichkeit einer Erkrankung wesentlich höher einschätzen. Man ist versucht, der 90-prozentigen Zuverlässigkeit des Tests mehr Gewicht zu geben als der Tatsache, dass insgesamt nur 1 Prozent der Bevölkerung die Krankheit tatsächlich hat.

Aktivität
Statistik

Angenommen, ich werfe nacheinander zwei Münzen. Ich verspreche Ihnen: Wenn mindestens eine davon auf «Adler» fällt, sage ich es Ihnen. Nun werfe ich die Münzen und beteuere, dass mindestens eine davon tatsächlich auf «Adler» gelandet ist. Wie hoch ist die Wahrscheinlichkeit, dass die andere ebenfalls auf «Adler» gefallen ist?

Antwort: Eine naheliegende Antwort lautet «50 zu 50». Das Argument könnte lauten: «Wir wissen, dass eine der Münzen auf Adler gefallen ist. Also kommt es auf den zweiten Münzwurf an. Und die Wahrscheinlichkeit, dass die Münze auf ‹Adler› fällt, ist eben 50 zu 50.» Überlegen Sie zuerst, wie viele mögliche Ergebnisse es gibt, die alle gleich wahrscheinlich sind (K = Kopf, A = Adler). Die möglichen Ergebnisse lauten KK, AA, KA und AK. Die Variante KK habe ich durch meine Erklärung, dass mindestens eine der Münzen auf Adler gelandet ist, ausgeschlossen. Von den übrigen drei möglichen Ergebnissen liegt bei nur einem ein zweiter «Adler» vor (AA). Die gesuchte Wahrscheinlichkeit beträgt also nicht 50 zu 50, wie viele glauben – sondern ein Drittel.

Aktivität

Angenommen, Sie kaufen eine Aktie für 600 Euro und verkaufen sie für 700 Euro. Dann kaufen Sie die Aktie für 800 Euro zurück und verkaufen sie wieder für 900 Euro. Wie viel Geld haben Sie mit der Aktie verdient?

Lösung: Sie verdienen 200 Euro mit der Aktie. Viele glauben allerdings, der Gewinn mache nur 100 Euro aus. Um die richtige Antwort einzusehen, müssen Sie nur die Transaktionen Kauf und Verkauf separat betrachten. Insgesamt bezahlen Sie 1400 Euro für die Aktie. Im Gegenzug nehmen Sie 1600 Euro ein. Die Differenz von 200 Euro ist Ihr Gewinn.

Aktivität
Das Ziegen-Problem

Stellen Sie sich vor, Sie sind in einer Fernsehshow und sollen zwischen drei Türen wählen. Hinter einer der Türen befindet sich ein Auto – der Gewinn. Hinter den beiden anderen stehen Ziegen. Nun wählen Sie eine der Türen, zum Beispiel Tür 1. Doch bevor Sie die Tür öffnen, bittet Sie der Showmaster einen Moment zu warten. Dann öffnet er Tür 3 – dahinter steht eine Ziege. Nun fragt er Sie: «Wollen Sie vielleicht zu Tür 2 wechseln?» Sollten Sie in dieser Situation tatsächlich von Tür 1 auf Tür wechseln? Oder macht es keinen Unterschied?

Lösung: Als Marylin vos Savant in ihrer Kolumne in der US-Zeitschrift *Parade* behauptete, es sei besser, die Tür zu wechseln, brach eine Lawine von Protestbriefen über sie herein. Tausende Leser widersprachen der Kolumnistin entschieden. Selbst berühmte Mathematiker hielten die Antwort für falsch. Die meisten Menschen, die das Problem noch nicht kennen, glauben, dass es keinen Unterschied macht, die Tür zu wechseln. Schließlich bleiben nach der Intervention des Showmasters zwei Türen übrig. Hinter einer ist das Auto, hinter der anderen eine Ziege. Also muss die Wahrscheinlichkeit 50 zu 50 betragen, dass man vor der richtigen Tür steht. Oder? Überlegen Sie Folgendes: Die Wahrscheinlichkeit, dass Sie sich ursprünglich für die richtige Tür entschieden hatten, beträgt ein Drittel. Mit einer Wahrscheinlichkeit von zwei Drittel stehen Sie also vor der falschen Tür. Nun hilft Ihnen aber der Showmaster, indem er eine der Ziegen-Türen öffnet. Nun stehen Sie aber immer noch mit einer Wahrscheinlichkeit von zwei Drittel vor der falschen Tür (beziehungsweise mit einer Wahrscheinlichkeit von einem Drittel vor der richtigen). Folglich ist die andere ungeöffnete Tür mit einer Wahrscheinlichkeit von zwei Drittel die richtige – jene, hinter der das Auto wartet. Also ist es besser zu wechseln. Wenn Sie diese Argumentation nicht glauben (was wahrscheinlich ist), können Sie die Spielsituation und alle möglichen Varianten einfach aufzeichnen und durchspielen. Mehr als 70 000 Menschen spielten eine Computersimulation des Monty-Hall-Problems im Internet durch. Tatsächlich gewannen nur 33 Prozent jener, die bei der ursprünglich gewählten Tür blieben – von den «Wechslern» hingegen gewannen rund 66 Prozent.

Über das Problem wurden ganze Bücher geschrieben. Es ist interessant, weil es mit unserem Verständnis von Wahrscheinlichkeiten zu tun hat. Ein Weg zur richtigen Lösung besteht darin zu fragen, in wie vielen Fällen sich das Wechseln lohnt – also nach Häufigkeiten. So betrachtet sind drei Fälle möglich: Erstens, Sie stehen vor einer Tür mit einer Ziege. Zweitens, Sie stehen vor der Tür mit dem Auto. Drittens, Sie haben die andere Tür mit der Ziege gewählt. Wenn Sie nicht wechseln, gewinnen Sie nur in einem dieser drei Fälle.

Argumentieren

Anselm von Canterbury tüftelte lange an seinem Beweis. Schließlich stand er vor seinem geistigen Auge – glasklar, schön und scheinbar unwiderlegbar.

Denken wir uns Gott als schlechthin vollkommenes Wesen – als Wesen, über das hinaus nichts Größeres gedacht werden kann. Wenn Gott aber vollkommen ist, also alle erdenklichen guten Eigenschaften besitzt, dann muss er auch real existieren – sonst wäre er nicht vollkommen. Man könnte sich andernfalls nämlich eine Steigerung denken, ein Wesen, zu dessen Eigenschaften auch das wirkliche Dasein gehört. Und das wäre ein Widerspruch zur Annahme, dass Gott vollkommen ist.

Folglich muss Gott existieren.

Der Benediktinermönch und Bischof Anselm von Canterbury (1033–1109) war einer der größten mittelalterlichen Denker. Er gilt als einer der Begründer der Scholastik, jener Lehre, die den christlichen Glauben auf eine strenge logische Grundlage zu stellen versuchte. Sein berühmter Gottesbeweis beschäftigte die Philosophen jahrhundertelang. Noch René Descartes benutzte eine Variante von Anselms Beweis als tragende Säule seiner Erkenntnistheorie.

In seiner *Kritik der reinen Vernunft* zertrümmerte Immanuel Kant das Argument. Wir können uns Gott zwar gedanklich als vollkommenes Wesen vorstellen, sagt Kant. Doch «Existenz» ist keine Eigenschaft. Durch bloßes Denken können wir die Frage, ob Gott existiert, daher nicht beantworten.

Argumente sind das Herzstück unseres rationalen Denkens. Politiker argumentieren, um ihre Vorschläge durchzusetzen.

Rechtsanwälte argumentieren für die Unschuld ihres Mandanten. Jeder mathematische Beweis, jede neue wissenschaftliche Theorie beruht auf Argumenten. Zu argumentieren heißt, jemanden von einer Behauptung, von einem Glauben zu überzeugen. Argumente sind nicht einfach Meinungen oder Vorurteile. Behaupten können wir viel: dass Steuerhöhungen gut oder schlecht sind, dass es keinen freien Willen gibt – oder dass Computerspiele verboten werden müssen. Zu argumentieren bedeutet, für eine Behauptung Gründe zu geben. Ein Argument sagt uns, warum wir etwas glauben sollen.

Manche denken, dass Argumente nichts weiter sind als Rhetorik. Wer besser reden kann, setzt sich eben durch. Doch diese Sicht ist falsch. Erst das Argumentieren erlaubt uns, Behauptungen und Meinungen miteinander zu vergleichen. Nicht alle Sichtweisen sind gleich gut oder richtig. Manche Schlussfolgerungen sind so stark, ja zwingend, dass wir sie akzeptieren müssen. Andere wiederum brechen bei näherem Hinsehen wie ein Kartenhaus in sich zusammen. Argumente sind eine Art Forschungsinstrument: Sie helfen uns dabei, Lügen zu entlarven. Durch sie können wir aber auch zu neuen Erkenntnissen, zu neuem Wissen gelangen. Mit anderen Worten: Argumentieren ist ein kreativer Prozess.

Viele Jahrhunderte lang glaubte man, die Erde sei eine Scheibe. Doch einige Leute machten eine merkwürdige Beobachtung: Wenn sich Schiffe vom Ufer entfernen, scheinen sie nicht bloß kleiner zu werden, sondern auch immer tiefer im Meer zu versinken. Wie kann das sein, wenn die Erde flach ist?

Auf dieser Beobachtung basierte ein gutes Argument: «Schiffe scheinen zu versinken, wenn sie wegfahren. Daher kann die Erde nicht flach sein.» Heute wissen wir, dass dieses Argument richtig ist. Doch die Anhänger der Theorie, die Erde sei eine

Scheibe, ließen sich davon nicht überzeugen. Heute sieht die Beweislage bekanntlich anders aus. Wir wissen, dass ein Schiff zum Ausgangspunkt zurückkommt, wenn es immer nur in eine Richtung fährt. Satellitenfotos zeigen die Krümmung der Erdoberfläche. Aus all diesen Fakten ziehen wir den Schluss, dass die Erde eben nicht flach sein kann.

Argumentieren erfordert logisches Denken. Eine naheliegende Gefahr liegt darin, dass wir uns selbst widersprechen. Logisch inkonsistente Behauptungen sind sinnlos. Sie unterminieren jede Kommunikation. Wenn ich Ihnen sage, dass in meiner Garage ein Drache wohnt und zugleich kein Drache wohnt, dann werden Sie nicht verstehen, was ich meine. Meine Aussage hat keinerlei Informationsgehalt; sie ist einfach Nonsens.

Wenn wir argumentieren, wollen wir jemanden von etwas überzeugen. Während eine Erklärung ein Faktum erklärt, das bereits als solches feststeht, liefert ein Argument Gründe, eine Behauptung zu glauben, die noch nicht als Tatsache akzeptiert ist.

Jedes Argument besteht aus einer Konklusion (Schlussfolgerung) und aus Prämissen (Voraussetzungen), die diese Schlussfolgerung unterstützen sollen. Ein Beispiel: «CO_2-Ausstoß ist schuld am Klimawandel. Wir müssen etwas gegen den Klimawandel tun, also müssen wir den CO_2-Ausstoß reduzieren.» Dieses Argument hat zwei Prämissen («Der CO_2-Ausstoß ist schuld am Klimawandel» und «Wir müssen etwas gegen den Klimawandel tun») und eine Schlussfolgerung («Also müssen wir den CO_2-Ausstoß reduzieren»). Ob wir ein Argument überzeugend finden, hängt von zwei Fragen ab. Erstens: Sind die Prämissen akzeptabel? Zweitens: Ist der Gedankengang, der zur Schlussfolgerung führt, richtig?

Logisch gültig oder valide ist ein Argument unter folgenden Umständen: Wenn die Prämissen wahr sind, dann muss auch die Schlussfolgerung zwingend wahr sein. Ein Argument kann logisch gültig sein – und trotzdem zu einer unsinnigen Folgerung führen. Aus der Prämisse «Der Mond besteht aus Schimmelkäse» folgt zwingend, dass der Mond einen hohen Proteingehalt besitzt. Ich muss Sie jedoch nicht davon überzeugen, dass die Prämisse zum Himmel stinkt.

In vielen Fällen führen Argumente nicht zu einer zwingenden Schlussfolgerung.

«Wenn unsere Galaxie Tausende bewohnbare Planeten hat, dann ist es wahrscheinlich, dass nicht nur auf der Erde Leben entstanden ist. Unsere Galaxie hat Tausende bewohnbare Planeten. Also ist es wahrscheinlich, dass auf einem davon Leben entstanden ist.»

Dieses Argument ist schlüssig, sofern die Prämisse stimmt. In komplizierteren Argumenten können Wahrscheinlichkeiten allerdings leicht zu Fehlschlüssen führen. Nehmen wir folgendes Argument: «Die meisten Computernutzer spielen Computerspiele. Die meisten Computerspiele sind Gewaltspiele. Also spielen die meisten Computernutzer Gewaltspiele.» Überlegen wir nun, unter welchen Umständen die Prämissen wahr sind. «Die meisten Computernutzer» sind auch nur etwas mehr als die Hälfte. Ebenso genügt es, dass etwas mehr als die Hälfte der Computerspiele gewalttätig sind. Folglich muss das Argument keineswegs schlüssig sein.

Oft machen Argumente versteckte Annahmen. Oder sie enthalten zu wenige Informationen, um eine Schlussfolgerung zu rechtfertigen. Wenn uns die Bedeutung von Aussagen unklar ist, werden wir ein Argument nicht verstehen. Und wenn jemand eine offensichtlich wahre Aussage bestreitet, dann hat er offenbar ihre Bedeutung nicht verstanden. Manchmal sind Formulierungen oder Begriffe absichtlich oder unabsichtlich so vage gehalten, dass sie viele Deutungen zulassen.

In vielen Fällen ist Vagheit einfach notwendig. Wenn Sie nicht über genügend Informationen verfügen, um eine präzise Behauptung aufzustellen, können Sie erst mal mit einer vagen Formulierung beginnen – und dann sehen, wie weit Sie damit kommen.

Angenommen, Sie werden als Zeuge einvernommen. Nun erinnern Sie sich, dass Sie einen «großen Mann» gesehen haben. Die genaue Größe können Sie nicht angeben. Was heißt nun «groß»? Ist 1 Meter 80 groß? Oder eher 1 Meter 90? Schwierig zu sagen. Am besten können Sie sich damit behelfen, dass Sie einen Kontrast herstellen – indem Sie die Größe des Mannes mit der Größe anderer vergleichen.

Das Problem von Vagheit liegt darin, dass sie unser rationales Denken unterminieren kann. Vage Behauptungen sind häufig zwar wahr – aber eben so ungenau, dass wir nichts damit anfangen können. Wahre Aussagen zu treffen ist nicht schwierig. Zum Beispiel könnten Sie sagen: «Entweder es gibt Aliens, oder es gibt sie nicht.» Die Aussage ist zweifellos wahr, doch ihr Informationsgehalt ist gleich null. Genauso gut hätten Sie den Satz auch nicht sagen können.

Vagheit kann zu gefährlichen und manipulativen Fehlschlüssen führen. Zum Beispiel könnte jemand versuchen, Sie davon zu überzeugen, dass es gerechtfertigt sei, Verdächtige bei Verhören zu foltern. Er könnte argumentieren, dass die Grenze zwischen physischer und psychischer Folter ohnehin unscharf sei. Wenn wir anstrengende Verhöre zulassen – warum dann nicht auch Folter?

Solche Argumente nennt man unter anderem «Slippery Slope»-Argumente. Ihre Heimtücke liegt darin, dass sie oft nicht leicht zu widerlegen sind. Die Prämissen scheinen zu stimmen, die Folgerung auch – und doch führen sie zu seinem unannehmbaren Schluss.

Nehmen Sie einen Mann mit Glatze. Er hat kein einziges Haar auf dem Kopf. Folglich sagen wir zu Recht, dass er eine Glatze hat. Nun nehmen Sie an, der Mann hätte ein einziges Haar. Natürlich würden wir sagen, dass er noch immer eine Glatze hat. Hat er auch noch eine Glatze, wenn er zwei Haare besitzt? Bestimmt. Wie ist es bei drei Haaren? Und bei vier? Ein einzelnes Haar mehr würde keinen Unterschied machen. Er hätte immer noch eine Glatze. Das Problem liegt darin, dass wir nicht wissen, wo wir eine Grenze ziehen sollen. Am Ende kommen wir bei diesem Gedankengang zum Schluss, dass es keinen Unterschied zwischen «Glatze» und «Nichtglatze» gibt. Und das ist absurd. Nach der gleichen Logik gibt es keinen Unterschied zwischen groß und klein. Ein Haufen Sandkörner würde immer ein «Haufen» bleiben – auch wenn am Ende nur mehr ein einziges Korn übrig bleibt. Letztlich wäre alles irgendwie gleich. Folglich müssen wir Argumente dieser Art ablehnen.

Ein regelrechter Fehlschluss liegt dann vor, wenn eine der Prämissen bereits die Wahrheit der Schlussfolgerung voraussetzt. Ein klassisches Beispiel: «Gott existiert, weil es in der Bibel steht. Was in der Bibel steht, ist wahr.» Warum? «Weil die Bibel von Gott stammt!»

Der Trugschluss hier ist leicht zu durchschauen. Die Prämisse «Die Bibel stammt von Gott» setzt schon die Existenz Gottes voraus. Unabhängig davon, ob die Prämisse wahr ist, handelt es sich daher um einen Zirkelschluss.

Aus der Prämisse «Es gibt keine Beweise, dass Außerirdische existieren» folgt nicht, dass Außerirdische tatsächlich nicht existieren. Schließlich könnten diese Beweise ja jederzeit auftauchen – etwa wenn ein UFO in der Lüneburger Heide landet. Andererseits können wir aus der Tatsache, dass es keine Beweise für die Nichtexistenz von Ufos gibt, nicht auf deren Existenz schließen. Beides sind logische Fehlschlüsse. Das heißt natürlich nicht, dass wir den Glauben an UFOs für gleich plausibel halten müssen wie die Ansicht der Skeptiker.

Betrachten Sie folgendes Argument: «Alle Italiener sind römisch-katholisch. Einige Katholiken sind Künstler. Also sind einige Italiener Künstler.»

Auch dieses Argument ist natürlich falsch (sehen Sie, warum?). Man kann es mit einer logischen Analogie eindrucksvoll widerlegen: «Das wäre ja so, als würde man behaupten: Alle Päpste sind römisch-katholisch. Einige Katholiken sind Kinder. Folglich sind einige Päpste Kinder!»

Meister des Arguments sind Logiker und Mathematiker. Auf neue Theoreme kommen Mathematiker zwar häufig durch Intuition. Das indische Genie Srnivasa Ramanujan beispielsweise entdeckte komplizierteste Formeln, ohne dafür jeglichen Beweis zu geben. Doch das Gebäude der Mathematik beruht letztlich darauf, dass Theoreme lückenlos logisch «bewiesen» werden. Ein Beweis ist im Grunde nichts anderes als ein mathematisches Argument – mit der Besonderheit allerdings, dass ein gültiger mathematischer Beweis zwingend wahr ist.

Wahrscheinlich haben Sie schon vom Begriff der Primzahl gehört. Primzahlen sind natürliche Zahlen, die nur durch 1 und sich selbst teilbar sind. Also Zahlen wie 2, 3, 5, 7, 11 und so weiter. Einige der großen ungelösten Rätsel der Mathematik handeln von Primzahlen.

Ich würde Sie gerne davon überzeugen, ein paar Behauptungen über Primzahlen zu glauben. Zum Beispiel könnten wir eine einfache Beobachtung machen: Wenn wir zwei Primzahlen, zum Beispiel 5 und 7 oder 7 und 11, addieren, ist das Ergebnis eine gerade Zahl. Das ist natürlich noch kein Beweis. Wie könnten Sie argumentieren? Zunächst könnten wir die Beobachtung machen, dass Primzahlen offenbar (mit Ausnahme von 2) ungerade sind. Das kann man sehr einfach beweisen. Alle Primzahlen sind nur durch 1 und sich selbst teilbar. Folglich sind sie nicht durch 2 teilbar (wieder mit Ausnahme der 2). Gerade Zahlen sind aber dadurch definiert, dass sie durch 2 teilbar sind. Also sind alle Primzahlen mit Ausnahme der 2 ungerade. Nun muss ich Sie noch davon überzeugen, dass die Summe von zwei ungeraden Zahlen immer gerade ist. Dazu müssen wir uns überlegen, wie sich der Umstand, dass eine Zahl ungerade ist, allgemein darstellen lässt. Die naheliegende Überlegung wäre, dass jede ungerade Zahl auf eine gerade Zahl folgt. Eine gerade Zahl könnten wir allgemein als $2t$ darstellen, wobei t eine beliebige natürliche Zahl sein kann. Dann können wir aber eine ungerade Zahl, also zum Beispiel jede Primzahl außer 2, in der Form $2t + 1$ darstellen. Die Summe von zwei ungeraden Zahlen ließe sich dann als $(2t + 1) + (2t + 1)$ aufschreiben. Das können wir leicht ausrechnen. Die Summe ergibt $4t + 2 = 2(2t + 1)$. Aufgrund des Multiplikationsfaktors 2 ist diese Summe gerade. Die Summe von zwei ungeraden Zahlen ist also eine gerade Zahl. Da alle Primzahlen (außer 2) ungerade sind, ist daher auch die Summe von zwei Primzahlen eine gerade Zahl. Also ganz simpel. Interessanterweise ist die umgekehrte Frage, ob nämlich jede gerade Zahl sich als die Summe von zwei Primzahlen darstellen lässt, bis heute ungelöst. Diese sogenannte «Goldbach-Vermutung» hat sich zwar mit Computerhilfe bislang für astronomisch hohe Zahlen bestätigt. Aber noch fehlt eben der Beweis.

Glauben Sie mir, dass es unendlich viele Primzahlen gibt? Also nicht 135, 2 784 945 oder 9 393 485 737 Primzahlen – sondern unendlich viele. Der griechische Mathematiker Euklid lieferte dafür einen der berühmtesten Beweise der Mathematik-Geschichte.

Stellen Sie sich eine Liste von Primzahlen vor: 2, 3, 5, 7 und so weiter. Nun behaupten wir, dass sich diese Liste immer weiter fortsetzen lässt. Wir kommen einfach zu keinem Ende.

Euklid benutzte die Methode des «indirekten» Beweises. Dabei nimmt man an, dass die Behauptung A, die man eigentlich beweisen möchte, falsch ist. Nennen wir diese Annahme Ā. Im weiteren Gedankengang versucht man zu zeigen, dass diese Annahme zu einem Widerspruch führt. Daraus folgt, dass die Annahme Ā falsch sein muss. Dann ist die Annahme A aber richtig.

Euklid nahm also zunächst an, es gebe nur endlich viele Primzahlen. Das könnten vielleicht ein paar Milliarden oder Billionen sein. Nennen wir diese Zahl einfach n. Wir könnten uns nun eine Liste aller dieser Primzahlen P_1, P_2, ... P_n vorstellen. Also ist jede Zahl, die nicht in dieser Liste vorkommt, eine zusammengesetzte Zahl, also das Produkt von zwei Primzahlen, und folglich durch mindestens eine der Primzahlen aus der Liste teilbar. Nun kommt der entscheidende Schritt: Euklid konstruiert eine Zahl $Z = P_1 \cdot P_2 \cdot (\ldots) P_n + 1$. Die Zahl Z ist also gleich dem Produkt aller Primzahlen plus 1. Der Witz liegt nun in Folgendem: Z kann erstens keine Primzahl aus der Liste sein, da sie ja größer ist. Also muss Z eine zusammengesetzte Zahl, also das Produkt von Primzahlen sein. Andererseits ist sie auch nicht durch eine Primzahl aus der Liste teilbar, da bei jeder Division ein Rest von 1 bleiben würde. Daraus folgt aber, dass Z keine zusammengesetzte Zahl ist. Das ist der gesuchte logische Widerspruch: Z kann nicht gleichzeitig zusammengesetzt und nicht zusammengesetzt sein. Die Annahme, dass es nur endlich viele Primzahlen gibt, führt also zu Unsinn. Folglich muss es unendlich viele Primzahlen geben. Dieses Maß an Gewissheit würden wir uns in der realen Welt manchmal wünschen. Tatsächlich regiert in der Wirklichkeit aber die Ungewissheit.

Angenommen, Sie werden Mitglied in einem Fitnessstudio. Am Empfangstresen bekommen Sie ein blaues Handtuch. Als Sie das nächste Mal wiederkommen, gibt man Ihnen wieder ein blaues Handtuch. Irgendwann werden Sie den Schluss ziehen, dass Sie in Ihrem Studio immer blaue Handtücher bekommen. Das ist das Prinzip der Induktion. Aus einzelnen Beobachtungen schließen Sie auf ein allgemeines Prinzip. Natürlich können Sie auf diese Weise nie sicher sein, dass das Studio nicht eines Tages von blauen Handtüchern auf rosa Handtücher umsteigt. Selbst wenn Sie zwei Jahre lang jedes Mal immer nur blaue Handtücher bekommen würden, wäre das kein Beweis für Ihre Hypothese, dass es in diesem Fitnessstudio nur blaue Handtücher gibt. Andererseits könnte Ihnen der Manager Ihres Studios erklären, dass es aus irgendwelchen Gründen nur blaue Handtücher gibt. Nun könnten Sie davon ausgehen, dass Sie jedes Mal auch tatsächlich ein blaues Handtuch bekommen. Aus dem allgemeinen Prinzip schließen Sie auf den Einzelfall – das ist deduktives Denken.

Häufig müssen wir Induktion und Deduktion miteinander verbinden, um zu verlässlichen Schlussfolgerungen zu kommen.

Angenommen, Sie sind ein Fan von Filmregisseur Steven Spielberg. Nachdem Sie *E.T.*, *Jurassic Park* und *Schindlers Liste* gesehen haben, ziehen Sie den induktiven Schluss, Spielberg sei ein großartiger Regisseur. Wenn nun der nächste Film von Spielberg herauskommt, können Sie deduktiv darauf schließen, dass es sich wahrscheinlich um einen guten Film handeln wird.

Das Prinzip der Induktion benutzen wir im Grunde ständig. Wir ziehen Schlüsse aus unseren Erfahrungen. Wir erwarten, dass sich ähnliche Dinge auch weiterhin ähnlich verhalten. Vieles glauben wir aus reiner Gewohnheit: Die Zahnpaste wird auch morgen noch aus der Tube kommen. Was in der Vergangenheit grün war, wird auch in Zukunft grün sein.

Das Induktionsprinzip hat allerdings Tücken. Überlegen Sie Folgendes: Angenommen, wir haben den 2. September 2009. Dann hat jeder bisherige Moment in Ihrem Leben die Eigenschaft, dass er vor diesem Tag stattfand. Könnten Sie nun induktiv darauf schließen, dass jeder Moment in Ihrem Leben vor dem 2. September 2009 liegt? Daraus würde folgen, dass der 2. September 2009 der letzte Tag in Ihrem Leben wäre!

Ein anderes Beispiel stammt von dem amerikanischen Philosophen Nelson Goodman. Gehen Sie davon aus, dass man mit einem speziellen chemischen Farbtest viele Smaragde untersucht hat. Bislang waren alle grün. Also würden wir erwarten, dass auch der nächste untersuchte Smaragd grün ist. Nun erfinden wir eine neue Eigenschaft, nämlich «grot». Etwas ist «grot», wenn es vor Mitternacht untersucht wurde und grün ist sowie wenn es nicht vor Mitternacht untersucht wurde und rot ist. Alle bisherigen Smaragde wurden vor Mitternacht untersucht und sind grün. Zugleich sind sie nach unserer Definition «grot». Also würden wir annehmen, dass auch der nächste Smaragd sowohl grün als auch «grot» ist. Nun nehmen wir an, dass der nächste Smaragd nicht vor Mitternacht untersucht wurde. Also muss er rot sein, wenn er «grot» sein soll. Damit stehen wir vor einem Dilemma: Einerseits erwarten wir, dass der Smaragd genauso grün ist wie alle bisherigen. Andererseits gehen wir davon aus, dass er «grot» ist, weil alle bisherigen Smaragde «grot» waren. Um «grot» zu sein, muss er allerdings rot sein.

Natürlich haben wir keinen Grund anzunehmen, dass ein Smaragd plötzlich rot ist, nachdem alle bisherigen grün waren. Aber warum soll dieser Schluss nicht gerechtfertigt sein, während es andererseits legitim ist, einen grünen Smaragd zu erwarten? Wahrscheinlich ist Ihr Gehirn jetzt auch «grot»!

Der Witz an dem verwirrenden Gedankenexperiment ist, dass sich eben nicht alle Eigenschaften per Induktion aus der Vergangenheit in die Zukunft «projizieren» lassen. Dass etwas heute «grot» ist, sagt nichts darüber aus, ob es in Zukunft grün oder rot ist. Beim Wort «grün» wissen wir genau, was gemeint ist. Das Merkmal «grot» können wir hingegen nicht beobachten. Die Schwierigkeit hat mit einer zentralen Eigenschaft unseres Denkens zu tun – mit unserem Sinn für Ähnlichkeit. Grüne Dinge nehmen wir als ähnlich wahr. «Grote» Dinge nicht. Ohne unser Verständnis für Ähnlichkeiten könnten wir nicht lernen. Wir wären nicht in der Lage, kausale Beziehungen zu erkennen – also sinnvoll zu denken.

Werkzeug

Die folgende «Checkliste» kann Ihnen bei der Bewertung komplizierterer Argumente helfen:
1. Was ist die Schlussfolgerung?
2. Was sind die Gründe beziehungsweise Prämissen?
3. Auf welchen (impliziten) Annahmen basiert das Argument?
4. Was bedeuten die Begriffe beziehungsweise Behauptungen?
5. Sind die Gründe akzeptabel?
6. Ist die Schlussfolgerung gerechtfertigt? Gibt es andere relevante Überlegungen bzw. Gegenbeispiele, die das Argument stärken oder schwächen können?
7. Wie überzeugend ist das gesamte Argument?

Aktivität

In Begriffen denken

Ohne Begriffe können wir nicht denken. Unter einem Begriff versteht man den Bedeutungsinhalt eines Wortes. Wenn wir etwa den Begriff «Tisch» nicht hätten, könnten wir uns nicht darüber verständigen, was ein Tisch ist. Doch häufig verwenden wir Begriffe vage und ungenau. Im Alltag bereitet uns das zwar meist keine Probleme, doch in komplexeren Situationen führen vage Begriffe zu gedanklicher Unklarheit und falschen Schlüssen. Wenn wir nicht wissen, was der Begriff «Internet» bedeutet, können wir auch nicht über die gesellschaftlichen Auswirkungen des Internets diskutieren.

Versuchen Sie, folgende Begriffe zunächst mit eigenen Worten zu definieren: Baum, Internet, Auto, Erkenntnistheorie, Quantenphysik.

Suchen Sie anschließend nach einer Definition in einem Wörterbuch oder in einem Lexikon. Vergleichen Sie Ihre eigene Definition damit. Stellen Sie Kontraste und Ähnlichkeiten zwischen verschiedenen Begriffen her. Was unterscheidet zum Beispiel den Begriff «Tisch» vom Begriff «Stuhl»? Welche Ähnlichkeiten gibt es zwischen «Baum» und «Internet»?

Aktivität

Ein Politiker argumentiert einmal, weil die meisten Heroinsüchtigen früher Haschisch geraucht hätten, würden die meisten Haschischraucher auch zu Heroinsüchtigen. Was ist falsch an diesem Argument?

Aktivität: Juristisch argumentieren (I)
Der «gefährliche» Überfall

A geht in ein Wiener Wettbüro und zückt eine täuschend echt aussehende Waffe und fordert den Inhaber mit den Worten «Geld oder Leben» zur Aushändigung der Tageslosung auf. Der verängstigte Inhaber fürchtet sich vor der «Waffe», die in Wahrheit nur eine täuschend echte Attrappe ist, und händigt, dem Räuber das Geld aus. Später wird der Räuber verhaftet, und der Richter muss sich in der Verhandlung mit folgender Norm beschäftigen: «Wer einen Raub unter Verwendung einer Waffe verübt, ist mit Freiheitsstrafe von 5 bis 15 Jahren zu bestrafen» (Verkürzung des § 143 Österreichisches StGB). Der Verteidiger argumentiert, dass schon begriffslogisch dieser Tatbestand nicht erfüllt ist, da sein Mandant keine Waffe, sondern bloß eine ungefährliche Spielzeugpistole verwendet hat. Daher ist diese Bestimmung nicht einschlägig. Der Staatsanwalt bezieht sich auf das Opfer der Straftat und bringt vor, dass dieses nur aufgrund der Vorstellung, mit einer realen Waffe bedroht zu werden, die Tageslosung übergab. Zudem kommt es auf den Schein der Tathandlung an, da alle Beteiligten (außer der Täter) von der Existenz einer lebensbedrohenden Waffe ausgehen mussten. Der Effekt ist der Gleiche wie bei einer echten Waffe. Die Rechtsprechung in Österreich tendiert dazu, bei bloßen Spielzeugpistolen die Waffeneigenschaft zu verneinen (keine Waffe im begrifflichen Sinn). Diese Ansicht wird aber von Strafrechtswissenschaftlern angezweifelt, welche die Opferperspektive betonen.

Wie würden Sie in diesem Fall argumentieren?

Aktivität: Juristisch Argumentieren (II)
Die «gottlose» Beleidigung

Im Ortskern einer bayrischen Kleinstadt stellt ein Künstler ein lebensechtes Kruzifix mit der entblößten Gestalt von Jesus Christus auf. Der Künstler will damit auf die Bedeutung der Freikörperkultur sowie auf deren Unterdrückung durch das christliche Abendland hinweisen. Das Kreuz wird durch eine staatliche Behörde abmontiert, da es die gläubigen Menschen dieser Stadt schockiert und auch sonst unannehmbar ist. Das Verfassungsgericht muss nun folgende Bestimmungen bei der Lösung dieser Frage beachten:

«Die Freiheit des Glaubens, des Gewissens und die Freiheit des religiösen und weltanschaulichen Bekenntnisses sind unverletzlich» (Art. 4 Abs. 1 GG).

«Die ungestörte Religionsausübung wird gewährleistet» (Art. 4 Abs. 2 GG).

«Kunst und Wissenschaft, Forschung und Lehre sind frei» (Art. 5 Abs. 3 GG).

Der Künstler argumentiert, dass die Freiheit der Kunst auch provokante Darstellungen schützt, da gerade diese das Wesen moderner Kunst ausmachen. Zudem habe er nie beabsichtigt, einzelne Gläubige in ihrer Religionsfreiheit zu beeinträchtigen. Sie könnten ja weiterhin ihrem Glauben anhängen. Die Gegenseite bringt vor, dass eine ungestörte Religionsausübung sehr erschwert wird, wenn auf öffentlichen Plätzen zentrale Glaubensgestalten herabgewürdigt werden. Es komme zu einer inneren Beeinträchtigung ihrer Glaubensfreiheit, da eine grundlose und schwere Kränkung ihrer religiösen Gefühle vorliegt. Argumentieren Sie selbst, welche Lösung die richtige ist. Gibt es die eine «richtige» Lösung?

Probleme lösen

Ein Frühsommertag im Jahr 1786. In der Katherinen-Volksschule in Braunschweig beginnt die Mathematikstunde. Die Schüler drängen in den Klassenraum.

Der Lehrer stellt eine knifflige Aufgabe. Die Jungen sollen alle Zahlen von 1 bis 100 zusammenzählen. Also $1 + 2 + 3 + 4 + \ldots$ und so weiter. Bis 100 eben. Damit wird die Meute eine Zeitlang beschäftigt sein, denkt er vielleicht.

Die Jungen schwitzen über ihren Rechnungen. Nur einer schaut bloß in die Luft. Nach wenigen Minuten schreibt er die Zahl 5050 auf seine Tafel und legt sie dem Lehrer auf den Tisch. Lehrer Büttner ist fassungslos. Das Ergebnis stimmt, doch er selbst hätte das Resultat niemals in so kurzer Zeit gefunden. Er fragt den Jungen, wie er die Berechnung durchgeführt habe – noch dazu im Kopf. «Das ist doch einfach», sagt der neunjährige Carl Friedrich Gauß. Er habe einfach die Summe aus der ersten und der letzten Zahl gebildet $(1 + 100)$, die Summe der zweiten und der vorletzten $(2 + 99)$, der dritten und der vorvorletzten $(3 + 98)$ und so weiter, von außen nach innen – bis zum letzten Paar 50 und 51. Dadurch ergeben sich 50 Paare mit der gleichen Summe 101. Also habe er nur 50 mit 101 multiplizieren müssen, was eben 5050 ergebe. Eigentlich eine ziemlich einfache Sache.

Jener Tag im Jahr 1786 sollte in die Geschichte der Mathematik eingehen. Die Anekdote gilt heute als Beweis für die außergewöhnliche Frühreife eines Genies: Carl Friedrich Gauß wurde später berühmt als einer der größten Mathematiker aller Zeiten.

Niemand weiß zwar genau, ob sich die Schulstunde wirklich

so zugetragen hat. Tatsächlich wurde die Formel auch schon früher entdeckt, doch die meisten Mathematiker trauen dem kleinen Gauß zu, dass er das Problem tatsächlich auf diese kreative Weise gelöst hat. Aber wie gelangte der Junge zu seiner Einsicht? Was sah er in dieser trockenen Zahlenreihe $1 + 2 + 3 + \dots + 100$, was andere nicht sahen?

Ein Problem ist eine Situation, die Schwierigkeiten bereitet. Irgendeine Frage ist ungeklärt. Wir suchen nach einer Antwort. Ein Problem kann eine Rechenaufgabe oder ein verbales Rätsel sein, eine wissenschaftliche Frage, eine Entscheidung. Oft stehen wir aber auch im alltäglichen Leben vor Problemen – ob wir einen Wasserhahn reparieren oder uns für einen neuen Job entscheiden. In gewisser Weise bedeutet Leben Probleme lösen, wie der Philosoph Karl Popper einmal bemerkte.

Überlegen Sie einmal, welche komplexe Abfolge von Handlungen Sie durchführen müssen, um ein Streichholz anzuzünden. Erst müssen sie die Schachtel finden und öffnen. Dann nehmen Sie ein Streichholz heraus, halten es am nackten Ende und reiben das andere an der richtigen Seite der Schachtel. Wenn man wollte, könnte man den Prozess in noch kleinere Schritte zerlegen.

Das Lösen von Problemen erfordert also eine bestimmte, geordnete Abfolge von Schritten – einen Plan, eine Strategie. Wir können das Streichholz zum Beispiel nicht herausnehmen, bevor wir die Schachtel geöffnet haben. Nun wissen Sie natürlich, wie man ein Streichholz anzündet. Wir können die Handlung ganz automatisch ausführen, ohne darüber nachzudenken. Aber stellen Sie sich vor, wir müssten die Lösung erst herausfinden. Wenn Sie noch nie ein Streichholz angezündet hätten, müssten Sie ein paar Überlegungen anstellen.

Stellen Sie sich vor, Sie kommen in einer unbekannten Gegend an eine Weggabelung – und haben keine Ahnung, welcher Weg der richtige ist. Was können Sie tun? Nach einem Beispiel des Philosophen John Dewey gibt es zwei Alternativen: Entweder Sie vertrauen auf Ihr Glück und entscheiden sich für einen der beiden Wege. Die andere Möglichkeit besteht darin, nach Informationen zu suchen, aus denen Sie schließen können, welcher Weg tatsächlich der richtige ist. Um das Problem zu lösen, müssen Sie andere Fakten einbeziehen. Vielleicht klettern Sie auf einen Baum, um sich einen besseren Überblick zu verschaffen. Oder Sie versuchen, sich am Stand der Sonne zu orientieren. Alles, was Sie tun, ist nur auf ein Ziel gerichtet – auf die Lösung Ihres Problems. «Das Problem legt den Zweck des Denkens fest, und der Zweck steuert den Denkprozess», sagt Dewey.

Angenommen, Sie können mal wieder Ihre Wohnungsschlüssel nicht finden. Die Schlüssel zu finden ist ein Problem. Welche Strategien stehen Ihnen offen? Nach einer Methode könnten Sie zunächst an «wahrscheinlicheren» Orten mit Ihrer Suche beginnen – also eher in Ihren Manteltaschen als im Kühlschrank. Wenn diese Methode nicht funktioniert, können Sie systematischer vorgehen. So könnten Sie sich fragen, was Sie getan haben, nachdem Sie das letzte Mal nach Hause kamen. Schließlich bleibt Ihnen noch die Möglichkeit, einfach die gesamte Wohnung abzusuchen – bis Ihre Schlüssel schließlich wieder auftauchen.

Wie entscheidend der richtige «Blick» auf ein Problem ist, verdeutlicht die folgende Aufgabe:

Ein Laden hat Socken im Sonderangebot. Ein Paar kostet vier Euro. Wenn Sie zwei Paar nehmen, zahlen Sie für das zweite Paar nur die Hälfte. Der Laden macht den gleichen Gewinn, egal ob er ein Paar verkauft oder zwei. Was bezahlt der Laden für ein Paar Socken beim Großhändler?

Natürlich können Sie erst einmal raten. Wenn der Laden drei Euro pro Paar bezahlen müsste, wäre der Gewinn bei einem verkauften Paar ein Euro. Das würde aber bedeuten, dass zwei Paar beim Großhändler sechs Euro kosten, der Sonderangebots-Verkaufspreis wäre ebenfalls sechs Euro – der Gewinn wäre bei zwei verkauften Paar Socken also null. Das kann nicht stimmen – schließlich macht der Laden ja den gleichen Gewinn, egal ob er ein Paar oder zwei Paar verkauft. Nun könnten Sie die Schätzung verfeinern – sagen wir auf einen Großhandelspreis von 2,50 Euro pro Paar. Also kosten zwei Paar beim Großhändler fünf Euro. Dann betrüge der Gewinn 1,50 Euro bei einem verkauften Paar. Der Gewinn wäre bei zwei verkauften Paar folglich ein Euro – also schon dichter dran an dem Gewinn von 1,50 bei einem verkauften Paar. So könnten Sie weiter fortfahren, bis Sie schließlich auf die richtige Lösung stoßen.

Es gibt aber eine andere, ganz simple Lösung. Dazu müssen Sie nur genau über die angegebenen Informationen nachdenken. Der Laden macht mit zwei Paar Socken den gleichen Gewinn wie mit einem Paar. Das heißt nichts anderes, als dass er mit dem zweiten Paar überhaupt keinen Gewinn macht. Folglich ist der Sonderangebots-Preis für das zweite Paar Socken gleich dem Preis, den der Laden beim Großhändler dafür bezahlt hat – nämlich zwei Euro.

Der gebürtige Ungar George Polya (1887–1985) war einer der größten Mathematiker seiner Zeit. Er galt auch als ausgezeichneter Lehrer. Doch an der Universität merkte er bald, dass den meisten Studenten genau das fehlte, was einer so blind beherrschte: John von Neumann. George Polya erinnerte sich lange an den jungen Mann. «Er war der einzige Student, vor dem ich jemals Angst hatte.» Einmal hielt Polya ein Mathematik-Seminar für fortgeschrittene Studenten in Zürich ab. Unter den Teilnehmern war auch jener John von Neumann, der später als einer der Väter des Computers berühmt wurde. In seinem Vortrag erwähnte Polya ein bestimmtes Theorem und fügte hinzu, dass es noch nicht bewiesen sei. «Von Neumann sagte erst nichts. Nach fünf Minuten hob er die Hand. Als ich ihn aufrief, ging er einfach zur Tafel und schrieb den Beweis hin. Danach hatte ich Angst vor ihm.»

Polyas andere Studenten konnten keine Probleme lösen. Die Schwierigkeit lag weniger darin, dass ihnen die mathematischen Kenntnisse fehlten. Offenbar wussten sie einfach nicht, wie sie die Aufgaben anpacken sollten – ihnen fehlte die Strategie. Polya begann, sich näher mit der Frage zu beschäftigen.

In seinem 1945 erschienenen Buch *How To Solve It* beschrieb er in populärer, verständlicher Form Methoden und Strategien, um mathematische Probleme besser zu lösen. Das Buch wurde zum Millionenbestseller – und zum Klassiker. Polyas Ansatz geht darin von vier Faustregeln, sogenannten Heuristiken, aus.

Erstens: Verstehen Sie das Problem!

Zweitens: Entwickeln Sie einen Plan!

Drittens: Führen Sie den Plan aus!

Und schließlich viertens: Prüfen Sie, ob Sie Ihre Antwort wirklich glauben!

Zuerst müssen wir also erkennen, welche Informationen für die Lösung überhaupt relevant und welche völlig irrelevant sind. Danach müssen wir eine Strategie entwickeln, um die relevanten Informationen so miteinander zu kombinieren, dass sich daraus eine neue Information ergibt.

Kognitionspsychologen haben eine Reihe von Theorien über Intelligenz aufgestellt – und sind dabei auf große Schwierigkeiten gestoßen. Bereits an der Frage, wie Intelligenz zu definieren ist, scheiden sich die Geister. Eines der umfassendsten neueren

Modelle stammt von Robert Sternberg, Psychologieprofessor an der Tufts University.

Die Theorie beruht auf der Annahme, dass intelligentes Verhalten auf bestimmten Mechanismen der Informationsverarbeitung im Gehirn beruht. Eine zentrale Rolle spielen dabei sogenannte «Metakomponenten», das sind Prozesse, die mit dem Planen, Beobachten und Bewerten von Denkvorgängen zu tun haben. Die bloße Denkgeschwindigkeit zum Beispiel ist beim Lösen von Problemen nicht immer wichtig. Entscheidend ist vielmehr, wie selektiv wir unsere Ressourcen einsetzen, wie gut wir also planen.

Einige von uns kennen das Problem: Wir müssen zum Flughafen – doch es geht alles schief. Erst haben wir verschlafen. Hektisch packen wir den Koffer. Das Taxi kommt spät. Dann stehen wir auch noch im Stau. Am Ende verpassen wir den Flug. Dabei wäre der Stress mit besserer Planung leicht zu vermeiden gewesen. Wir hätten schon am Vorabend packen und den Wecker stellen können. Hätten wir das Taxi vorbestellt, wäre es wahrscheinlich auch pünktlich gekommen. Und wären wir mit der S-Bahn gefahren, hätten wir auch dem Stau entgehen können.

Aus ähnlichen Gründen scheitern wir an vielen Problemen. Statt uns eine Strategie zu überlegen, stürzen wir uns einfach in die Aufgabe – bis wir schließlich hoffnungslos ins Stocken geraten. Intelligentes Planen beginnt damit, erst mal zu erkennen, worin das Problem eigentlich besteht. Das klingt banal. Aber wenn wir eine Fragestellung missverstehen, können wir das Problem höchstwahrscheinlich nicht lösen. Einige klassische Rätsel fallen uns deshalb so schwer, weil wir dazu neigen, fälschlicherweise das Offensichtliche anzunehmen.

In der folgenden Aufgabe sollen Sie alle neun Punkte mit geraden Linien verbinden. Dabei dürfen Sie Ihren Bleistift nicht absetzen, und Sie dürfen nicht mehr als vier Liniensegmente verwenden. Wie stellen Sie das an?

• • •

• • •

• • •

Das Problem ist lösbar, doch viele scheitern daran. Der Grund liegt darin, dass die meisten glauben, sie dürften die Linien nur innerhalb des Quadrates ziehen. Die Einschränkung wird in der Formulierung des Problems aber nicht gemacht. Wenn wir innerhalb des Quadrates bleiben, können wir das Problem tatsächlich nicht lösen – wir stecken «im Stau». Das heißt nicht, dass uns die Lösung sofort ins Auge springt, wenn wir das Problem richtig sehen, also uns nicht auf das Quadrat beschränken. Aber die falsche Problemdefinition macht die Sache unlösbar.

So sieht die Lösung aus:

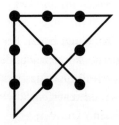

Erst wenn wir das Problem richtig verstanden haben, können wir eine Strategie entwickeln – eine Abfolge von Schritten, die uns der Lösung näher bringen. Viele Menschen entscheiden sich für die erstbeste Strategie, die ihnen einfällt. Im täglichen Leben spielt das meist keine Rolle, doch beim Problemlösen kann uns die voreilige Festlegung auf eine Strategie auf Abwege führen. Versuchen Sie deshalb immer, mehrere alternative Strategien zu entwickeln. Im nächsten Schritt müssen Sie eine Abfolge von Schritten festlegen, die Sie Ihrem Ziel näher bringt. Dabei darf kein Schritt Informationen voraussetzen, die Sie zu diesem Zeitpunkt noch gar nicht haben.

Angenommen, Sie sollen drei Liter Wasser aus einem Brunnen schöpfen. Dummerweise haben Sie nur einen Sieben-Liter-Krug und einen Vier-Liter-Krug. Wie können Sie trotzdem exakt drei Liter schöpfen, wenn Sie sonst keine Hilfsmittel zur Verfügung haben?

Auf die richtige Reihenfolge kommt es an. Um das Problem zu lösen, müssen Sie erstens den Sieben-Liter-Krug füllen und das Wasser in den Vier-Liter-Krug umfüllen – damit bleiben Ihnen genau drei Liter im anderen Krug übrig.

Probleme lassen sich oft auf verschiedene Arten lösen – zum Beispiel verbal oder visuell. Oft hängt es von der Art der mentalen «Repräsentation» ab, ob und wie rasch wir die Lösung finden.

Ein Mönch sucht Ruhe und Kontemplation auf einem Berg. Er beginnt seinen Aufstieg um 7 Uhr morgens und erreicht den Gipfel um 17 Uhr. Dabei geht er in unterschiedlichen Geschwindigkeiten und legt eine Pause ein. Den Abend verbringt er mit Meditation. Am nächsten Tag beginnt er um 7 Uhr den Abstieg über den gleichen Weg. Da er sich etwas Zeit lässt, braucht er für die Strecke genauso lang wie für den Aufstieg – er kommt also um 17 Uhr unten an. Gibt es einen Punkt auf dem Weg, den der Mönch beim Abstieg genau zur gleichen Zeit passiert wie tags zuvor beim Aufstieg?

Die Antwort ist Ja – einen solchen Punkt gibt es. Aber wenn Sie versuchen, das Problem in der vorgegebenen Darstellung zu lösen, werden Sie wahrscheinlich Schwierigkeiten haben. Die Aufgabe lässt sich allerdings umformulieren. Nehmen wir an, dass es nicht bloß einen Mönch gibt, sondern zwei Mönche. Während der eine aufsteigt, steigt der andere ab. Natürlich ist das die gleiche Situation, wie wenn ein Mönch an einem Tag auf- und am nächsten absteigt. In der neuen Formulierung springt uns die Lösung förmlich ins Auge: Natürlich müssen sich die beiden Mönche irgendwo auf ihrem Weg treffen – mit anderen Worten, es gibt den gesuchten Punkt. Doch der entscheidende gedankliche Sprung von einem Mönch zu zwei Mönchen fällt den meisten Menschen schwer.

Der Kognitionsforscher Gilles Fauconnier sieht das Mönch-Rätsel als Beispiel für einen komplexen Denkvorgang, den er «konzeptuellen Mix» nennt.

Wenn wir ein Problem lösen, geht unser Denken über das schon Bekannte hinaus: «Es vollzieht einen Sprung vom sicher Gewussten zu etwas anderem, das wir auf dessen Grundlage als gerechtfertigt akzeptieren», schreibt John Dewey. Diesen «Sprung» machen wir, indem wir Schlüsse ziehen. Dabei stellen wir Beziehungen zwischen Objekten oder Ereignissen her. Wir hören, dass ein Freund im Krankenhaus liegt. Daraus schließen wir, dass er krank oder verletzt ist – auch wenn wir das nicht sicher wissen.

Es gibt viele Arten solcher Beziehungen. Dinge können einander ähnlich sein (zum Beispiel Fahrrad und Moped). Etwas ist Teil von einem Ganzen (Finger und Hand). Die Beziehung kann auch auf einem Gegensatz beruhen (groß vs. klein). Beim Lösen von Problemen müssen wir ständig solche Beziehungen herstellen. Ein Beispiel ist das Bilden von Analogien. Dabei geht es darum, eine Beziehung zwischen Beziehungen zu finden. Nehmen Sie die Relation «Auto – Straße» und die Relation «Zug – Schienen». Welche Beziehung besteht zwischen beiden Relationen? Natürlich geht es um die Art des Transports: Ein Auto fährt auf der Straße, ein Zug auf Schienen. Oft müssen wir erst auf eine Relation schließen und diese dann auf das Problem abbilden. Ein typisches Beispiel: Ägypten – Pharao. Rom – ?

Die erste Relation ist in diesem Fall Land: Herrscher. Folglich ist «Kaiser» das gesuchte Wort (wenn wir davon ausgehen, dass vom Rom der Kaiserzeit die Rede ist!).

Ein typisches Problem bei Intelligenztests ist das Vervollständigen von Reihen. Nehmen wir zum Beispiel die Zahlenreihe 2, 3, 5, 7. Wie lautet die nächste Zahl?

Erst müssen wir das Problem verstehen, also die relevanten Informationen herausfiltern. Es handelt sich um fünf natürliche Zahlen. Das ist aber nicht die relevante Information. Um welche Zahlen handelt es sich? Es handelt sich allesamt um Primzahlen. In welcher Relation stehen sie zueinander? Ihre Reihenfolge ist aufsteigend. Diese Relation können wir nun auf das Problem anwenden. Gesucht ist offenbar die nächsthöhere Primzahl, also 11. Ganz ähnlich löst man Probleme, bei denen es darum geht, Begriffe zu klassifizieren – also Gemeinsamkeiten oder Unterschiede zu finden.

Einen zentralen Denkvorgang beim Problemlösen nennt Psychologe Sternberg «selektive Kodierung». Um zu einer Einsicht zu gelangen, müssen wir relevante von irrelevanten Informationen unterscheiden.

Ein Kriminalbeamter, der einen Mordfall untersucht, muss aus Tausenden Fakten jene auswählen, die für die Aufklärung relevant sind. Wenn er stattdessen irrelevanten Fakten Bedeutung zumisst, wird er schlimmstenfalls eine falsche Spur verfolgen.

Sehen Sie sich folgendes Beispiel an.

Ein Lehrer hat 23 Schüler in seiner Klasse. Alle außer sieben sind auf einer Sportveranstaltung. Wie viele sind noch in Klasse?

Instinktiv neigt man dazu, einfach die 7 von 23 zu subtrahieren. Das ergibt aber die falsche Antwort. In Wirklichkeit ist die Zahl 23 bedeutungslos. Auf das Wort «außer» kommt es an: Es verbleiben eben sieben Schüler in der Klasse – gleichgültig wie viele es insgesamt waren!

Bei vielen Problemen geht es darum, Informationen auf neue Weise miteinander zu verbinden – wie ein Arzt, der alle relevanten Befunde schließlich zu einer Diagnose verknüpft («Selektive Kombination»).

Sternberg illustriert das mit folgendem Beispiel.

Bei einer Konferenz treffen sich hundert Politiker. Jeder Politiker ist entweder ehrlich oder unehrlich. Zwei Fakten sind bekannt: Erstens, mindestens einer der Politiker ist ehrlich. Zweitens, von jeweils zwei Politikern ist mindestens einer unehrlich. Wie viele der Politiker sind ehrlich und wie viele sind unehrlich?

Das «Kodieren» der Informationen ist in diesem Fall einfach. Die Fakten sind klar. Die Frage ist nur, wie man sie zielführend miteinander kombiniert. Wir wissen, dass mindestens ein Politiker ehrlich ist (Faktum 2). Wenn wir diese Information mit dem Umstand, dass es ingesamt 100 Politiker sind (Faktum 1) kombinieren, können wir schließen, dass es bis zu 99 unehrliche Politiker geben kann – aber natürlich können es auch viel weniger sein. Weiters wissen wir, dass von zwei Politikern mindestens einer unehrlich ist (Faktum 3) – es könnten also auch beide unehrlich sein. Im nächsten Schritt können wir Faktum 2 heranziehen («Mindestens ein Politiker ist ehrlich»). Nun können wir diesen einen Politiker, von dem wir wissen, dass er ehrlich ist, gedanklich mit irgendeinem anderen von den 99 Politikern paaren. Aufgrund von Faktum 2 wissen wir, dass von jeweils zwei Politikern mindestens einer unehrlich ist. Da wir ja wissen, dass einer der beiden ehrlich ist, muss der andere unehrlich sein. Das gilt aber für jedes Paar, das wir aus unserem ehrlichen Politiker und einem der 99 anderen bilden. Folglich gibt es eben nur einen ehrlichen Politiker – und 99 unehrliche!

Beim «selektiven Vergleichen» müssen wir neue Informationen zu bereits bekannten Fakten in Beziehung setzen. Viele Analogien beruhen auf bereits bekannten Fakten. Doch man kann auch Analogien bilden, die auf unrealistischen Annahmen beruhen.

ZIEGEN sind Roboter.
HUHN verhält sich zu GESCHLÜPFT wie ZIEGE zu
GEBOREN   FARM   GEBAUT   FABRIK

Die richtige Antwort lautet «gebaut». Der erste Satz «Ziegen sind Roboter» ist natürlich Unsinn. Darauf kommt es aber nicht an. Die Analogie «HUHN zu GESCHLÜPFT» legt eine Beziehung zwischen einem Objekt beziehungsweise Tier und seiner «Geburt» nahe. Hühner schlüpfen eben. Und Roboter werden gebaut.

Selektive Vergleiche können beim Lösen von Problemen entscheidende Einsichten vermitteln. Und dass man mit dem Bilden neuartiger Analogien sogar reich werden kann, zeigt die Erfolgsstory von Google: Die Kernidee hinter der Suchmaschine beruht auf der Idee, Webseiten nach ihrer Popularität zu ordnen. Dabei zogen die Google-Erfinder Larry Page und Sergei Brin eine Analogie zum Zitiersystem in akademischen Publikationen. So wie die Qualität akademischer Publikationen nach der Anzahl der Verweise in anderen Publikationen beurteilt wird, benutzt der Google-Algorithmus die Anzahl der Links von anderen Webseiten als Indikator für die Relevanz einer Webseite! Viele Probleme lassen sich nur lösen, wenn wir sie auf kreative Weise neu definieren. Angenommen, Sie sollen vier Samenkörner so in die Erde pflanzen, dass alle vier den gleichen Abstand voneinander haben.

Spontan denken wir zunächst mal an ein Quadrat. Aber das ist natürlich nicht die gesuchte Lösung. Die Diagonalen im Quadrat sind ja viel länger als die Außenkanten. Nun könnten wir es mit einer Teillösung versuchen. Drei Samen lassen sich in einem gleichseitigen Dreieck anordnen – dabei haben alle drei den gleichen Abstand. Das sieht gut aus. Nun bietet sich an, das vierte Korn genau in der Mitte des Dreiecks zu platzieren. Doch diese Lösung ist falsch. Dabei ist die Idee mit dem gleichseitigen Dreieck durchaus produktiv. Wenn wir jetzt gleich wieder völlig andere Ansätze ausprobieren, laufen wir Gefahr, uns zu verzetteln. Die Idee der Anordnung in einem gleichseitigen Dreieck hat uns der Lösung nähergebracht. Nur müssen alle Dreierkombinationen von Samen ein gleichseitiges Dreieck bilden. Wenn Sie über das Problem nachdenken, wird Ihnen vielleicht auffallen, dass dies in der Ebene nicht möglich ist – wohl aber, wenn Sie den vierten Samen auf einer Erhebung oder in einer Mulde im Zentrum des bereits gebildeten Dreiecks pflanzen.

Problemlösen lässt sich systematisch trainieren, und nicht immer kommt es dabei auf besonders kreative Ideen oder auf Intuition an. Strategien und Heuristiken können dabei helfen. Problemlösen ist eine praktische Tätigkeit: Je mehr Erfahrung wir darin haben, umso leichter fällt es uns.

Aktivität

Marylin vos Savant stellte in ihrer Kolumne im amerikanischen Magazin *Parade* einmal folgendes Rätsel.

Ein Mann blickt auf ein Porträtbild an der Wand und sagt: «Ich habe weder Brüder noch Schwestern, aber der Vater dieses Mannes ist meines Vaters Sohn.»

Wer ist auf dem Bild zu sehen?

Viele Menschen würden tippen, dass auf dem Bild der Mann selbst zu sehen ist. Die Lösung lautet aber, dass es der Sohn des Mannes ist. Nach vos Savants eigenem Bekunden hat diese Lösung wahre Entrüstungsstürme unter ihren Lesern hervorgerufen. Die meisten weigerten sich einfach, die Lösung zu akzeptieren.

Die Schwierigkeit des Problems liegt darin, die Informationen über die verwandtschaftlichen Beziehungen miteinander in Verbindung zu bringen. Man tut sich bei der Aufgabe leichter, wenn man das Problem etwas umformuliert. Nennen wir den Sprecher «Karl» und den Mann auf dem Bild «X». Dann sagt Karl nichts anderes als: «Ich bin ein Einzelkind, und der Vater von X ist der Sohn meines Vaters.» Der Sohn von Karls Vater kann folglich nur Karl selbst sein, da Karl ja ein Einzelkind ist. Der Vater von X ist also Karl. Daraus folgt natürlich, dass es sich bei X um Karls Sohn handelt.

Aktivität

Angenommen, in Ihrer Waschmaschine befinden sich schwarze und blaue Socken, wobei Sie wissen, dass 4/5 der Socken schwarz sind. Wie viele Socken müssen Sie (blind) aus der Maschine ziehen, um sicher zu sein, dass Sie ein Paar der gleichen Farbe haben?

Viele Menschen lassen sich von der Proportionsangabe verwirren und versuchen, das Problem mit Hilfe von Wahrscheinlichkeiten zu lösen – ohne Ergebnis. In Wahrheit ist die Information, dass 4/5 der Socken schwarz sind, völlig irrelevant. Die richtige Antwort lautet natürlich «drei». Überlegen Sie: Wenn die erste Socke blau und die zweite ebenfalls blau ist, haben Sie bereits Ihr Paar. Das Gleiche gilt natürlich, wenn die erste Socke schwarz und die zweite ebenfalls schwarz ist. Schlimmstenfalls ist die erste Socke schwarz und die zweite blau oder umgekehrt. Dann müssen Sie eine dritte Socke ziehen, um sicher zu sein, dass Sie ein Paar haben.

Aktivität
4-Hüte-Problem

Stellen Sie sich vor, vier Männer sind bis zum Nacken im Sand eingebuddelt. Jeder Mann kann nur sehen, wer sich unmittelbar vor ihm befindet. Die Mauer verstellt die Sicht auf die andere Seite. Nun bekommt jeder einen Hut aufgesetzt. Zwei davon sind schwarz, zwei weiß. Keiner der Männer kann die Farbe seines eigenen Hutes sehen. Nun bekommen die Männer eine Aufgabe: Innerhalb von drei Minuten soll einer der Männer die Farbe seines eigenen Hutes sagen. Wenn er die richtige Antwort findet, kommen alle frei. Nach zwei Minuten nennt der erste Gefangene die korrekte Farbe seines Huts. Welcher der Häftlinge ist das – und wie kam er auf die Antwort?

Lösung: Der Mann, der die richtige Antwort gibt, ist Sancho, der zweite von rechts. Er hat folgende Überlegung angestellt: Zunächst kann er sehen, dass Pedros Hut vor ihm schwarz ist. Daraus schließt er, dass nur einer der anderen Hüte (die er nicht sieht) schwarz sein kann. Seinen eigenen Hut kann er nicht sehen. Wenn sein eigener Hut allerdings schwarz wäre, dann würde Carlos zwei schwarze Hüte vor sich sehen – und wüsste daher mit Sicherheit, dass sein eigener Hut weiß sein muss. Dann hätte er sich aber sofort melden müssen, was er jedoch nicht getan hat. Daraus kann Sancho wiederum schließen, dass Carlos offenbar einen schwarzen und einen weißen Hut vor sich sieht. Folglich muss sein eigener Hut weiß sein.

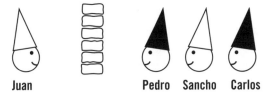

Juan　　　　　　　　Pedro　Sancho　Carlos

Aktivität

Schon der Entwicklungspsychologe Jean Piaget benutzte sogenannte «Permutations-Probleme», bei denen es auf die systematische Abfolge von Schritten ankommt, als Kriterium für formales Denkvermögen.

Gegeben sind die vier Buchstaben A, B, C, D. Erstellen Sie eine Liste von allen möglichen Permutationen (Abfolgen), in die man diese vier Buchstaben bringen kann (z. B. A, C, B, D oder D, C, B, A).

Wie leicht Sie die Lösung finden, hängt von Ihrer Strategie ab. Wenn Sie einfach drauflos «permutieren», werden Sie Schwierigkeiten bekommen. Vor allem können Sie nicht so einfach feststellen, ob Sie tatsächlich alle Permutationen gefunden haben. Um das Problem effizient zu lösen, müssen Sie systematisch vorgehen. Dazu ist es hilfreich zu wissen, wie viele Permutationen es überhaupt gibt. Aus der Schulmathematik kennen Sie vielleicht den Begriff der «Faktoriellen». 4! gibt die Anzahl der möglichen Permutationen von vier Elementen an. Den Wert berechnet man, indem man die Zahl mit den darunterliegenden natürlichen Zahlen bis 1 multipliziert. Im Fall von 4! multipliziert man also $4 \times 3 \times 2 \times 1$, was 24 Permutationen ergibt.

Im nächsten Schritt müssen wir die Permutationen in eine möglichst systematische Ordnung bringen. Das geht am einfachsten, indem wir einen Buchstaben jeweils konstant halten. Im nächsten Schritt müssen Sie nur die verbleibenden drei Buchstaben permutieren. Die Idee ist, jeweils die letzten beiden Buchstaben zu vertauschen, dann den zweiten und dritten.

Im Fall des Buchstaben A ergeben sich dann folgende Permutationen:

A	B	C	D
A	B	D	C
A	C	B	D
A	C	D	B
A	D	B	C
A	D	C	B

Analog können Sie nun die Buchstaben B, C und D konstant halten. Wieder ergeben sich jeweils sechs Permutationen.

Aktivität

Frage im Kopf

Welche Frage beschäftigt Sie gerade? Was auch immer es ist – probieren Sie folgende Technik: Was auch immer in der nächsten Stunden passiert – versuchen Sie, Ihre Frage vor Ihrem geistigen Auge zu behalten. Egal was Sie tun – Ihre Frage sollte dabei immer eine Rolle spielen. Angenommen, die Frage lautet: «Soll ich meinen Job wechseln?» Das Entscheidende ist, dass Sie nicht aktiv über die Frage nachgrübeln. Schließlich haben Sie ja vermutlich noch andere Dinge zu tun. Vielmehr geht es darum, für mögliche Antworten oder Anregungen, die mit Ihrer Frage zu tun haben, empfänglich zu bleiben. Diese Ideen könnten von überall her kommen. Wir müssen nur bereit sein, sie aufzunehmen.

Wenn Sie abends auf eine Party gehen: Können Sie Ihren Gesprächen irgendetwas entnehmen, was mit Ihrer Frage zu tun hat?

Aktivität

5-Minuten-Denken

Eine sehr simple Methode kann Ihnen helfen, Ihr Denken besser zu fokussieren. Dabei geben Sie sich einen zeitlichen Rahmen von fünf Minuten und eine formale Struktur vor, um über eine Sache intensiv nachzudenken: Dabei kann es um eine konkrete Entscheidung oder ein Problem gehen, aber auch darum, Informationen zu sammeln beziehungsweise zu bewerten – etwa wenn Sie vor der Frage stehen, ob Sie eine Behauptung glauben sollen oder nicht.

In der ersten Minute legen Sie Ihr Ziel fest. Welches Ergebnis wollen Sie durch Ihre Reflexion erreichen? Müssen Sie eine Entscheidung treffen? Ein Problem lösen? Versuchen Sie, Ihr Ziel so spezifisch und klar wie möglich zu definieren.

Zwei Minuten haben Sie Zeit, die verschiedenen Dimensionen des Problems zu erforschen. Das ist Ihre Erkundungsphase. Dabei legen Sie sich noch nicht fest. Stattdessen versuchen Sie, möglichst viele alternative Blickwinkel zu gewinnen.

Die letzten zwei Minuten bleiben Ihnen, um die möglichen Optionen einzugrenzen und zu bewerten. In dieser Phase steuern Sie auf den Abschluss zu – auf Ihr zuvor definiertes Ziel.

Natürlich ist die Zeit knapp bemessen. In fünf Minuten werden Sie nicht, sagen wir, alle Aspekte eines geplanten Hauskaufs beleuchten oder das Problem des freien Willens lösen können. Darum geht es aber auch nicht. Der Witz der Methode besteht darin, dass Sie Ihr Denken unglaublich disziplinieren müssen – am besten mit der Stoppuhr in der Hand. In diesen fünf Minuten konzentrierten Nachdenkens können Sie sich keine einzige Abschweifung erlauben. Und sobald Sie unproduktiv ins Grübeln verfallen, haben Sie schon «verloren» – jedenfalls im Kampf gegen die Zeit.

Aktivität

Das folgende Problem, vorgestellt von Marylin vos Savant in ihrem Buch *Brainbuilding*, verdeutlicht auf verblüffende Weise, wie irreführend eine Problemstellung sein kann.

Drei Männer wollen sich eine Restaurantrechnung teilen. Der Betrag macht 120 Euro aus. Jeder der drei gibt dem Kellner 40 Euro. Später bemerkt der Kellner, dass er sich geirrt hat – in Wirklichkeit kostet das Essen nur 100 Euro. Eigentlich müsste er den Männern 20 Euro zurückgeben. Stattdessen gibt er jedem vier Euro und behält die restlichen acht für sich. Jeder der Männer hat also 36 Euro für das Essen bezahlt, alle drei zusammen 108 Euro. Der Kellner hat acht Euro eingesteckt, das macht zusammen 116 Euro. Was ist mit den restlichen vier Euro passiert?

Lösung: Die «restlichen vier Euro» gab es nie. Tatsächlich macht die Rechnung eben nur 100 Euro aus. Dafür hat jeder der drei Männer jeweils 36 Euro bezahlt, in Summe also 108. Die acht Euro «Überschuss» hat der Kellner eingesteckt – wohl aus Verärgerung, dass ihm die Männer nicht von sich aus Trinkgeld gegeben haben. Die «restlichen vier Euro» sind eine Illusion, die durch den Zwischenschritt von 120 Euro auf 100 Euro erzeugt wird.

Werkzeug
Die Phoenix-Checkliste der CIA

Die folgende Checkliste verteilt der amerikanische Geheimdienst CIA Berichten zufolge an seine Agenten. Sie soll helfen, Probleme aller Art systematisch zu lösen.

Das Problem
- Warum ist es notwendig, das Problem zu lösen?
- Was ist die Unbekannte?

- Welche Vorteile bringt es Ihnen, wenn Sie das Problem lösen?
- Was verstehen Sie noch nicht?
- Welche Informationen haben Sie bereits?
- Worin besteht das Problem nicht?
- Reicht die Information aus, um das Problem zu lösen?
- Sind die Informationen widersprüchlich oder redundant?
- Könnte es helfen, zu dem Problem ein Bild zu zeichnen?
- Welche Randbedingungen hat das Problem?
- Können Sie das Problem in Einzelteile zerlegen? In welcher Beziehung stehen diese Teile?
- Was sind die Konstanten des Problems – also Dinge, die Sie nicht ändern können?
- Haben Sie dieses oder ein ähnliches Problem schon zuvor gesehen?
- Könnten Sie die Lösungsmethode für ein ähnliches Problem auch für Ihr Problem verwenden?
- Können Sie Ihr Problem neu formulieren? Auch welche Weise?
- Was sind die besten, schlechtesten und wahrscheinlichsten Fälle?

Der Plan
- Können Sie das ganze Problem lösen? Einen Teil davon?
- Wie soll die Lösung aussehen?
- Was können Sie aus den Informationen ableiten?
- Haben Sie alle Informationen verwendet?
- Können Sie die Problemlösung in einzelne Schritte unterteilen?
- Auf wie viele Arten haben Sie versucht, das Problem zu lösen?
- Haben Sie eine Intuition, wie die Lösung aussehen könnte?

- Was sollte getan werden?
- Wann sollte es getan werden?
- Wer sollte es tun?
- Was müssen Sie jetzt tun?
- Wer ist für was verantwortlich?
- Können Sie das Problem verwenden, um andere Probleme zu lösen?
- Welche Besonderheiten machen Ihr Problem einzigartig?
- An welchen «Meilensteinen» können Sie Ihren Fortschritt am besten messen?
- Wie wissen Sie, ob Sie erfolgreich sind?

Entscheidungen treffen

Entscheidungen bestimmen unser Leben. Wir entscheiden zwischen Fernsehprogrammen und Produkten im Supermarkt, zwischen Handymodellen, Automarken, Wohnungsangeboten, Lebensversicherungen oder Behandlungsmethoden. Wir entscheiden uns für einen Job, für eine Beziehung – oder dafür, eine Beziehung zu beenden.

Manche Entscheidungen treffen wir bewusst, andere ganz unbewusst. Einige erweisen sich als goldrichtig. Andere bringen uns in fürchterlichen Schlamassel. Von unseren Entscheidungen hängt es ab, wie wir uns in unserem Leben und in der Gesellschaft behaupten, ob wir erfolgreich und zufrieden sind oder zeitlebens verpassten Gelegenheiten nachtrauern.

Noch nie hatten wir so viele Optionen wie heute. Unsere Wahlmöglichkeiten sind ein wesentlicher Teil unserer Freiheit, unserer Autonomie. Als Konsumenten profitieren wir von der Vielfalt der Produkte: Je mehr Auswahl, je mehr Informationen wir haben, desto besser für uns. So scheint es jedenfalls.

Doch die Vielfalt hat auch Schattenseiten. Das riesige Angebot beginnt uns zu überfordern. Wie sollen wir noch Hunderte Handymodelle mit all ihren technischen Details überblicken? Wer braucht wirklich 60 Fernsehsender in allen möglichen Sprachen? Und wie können wir aus Abermillionen Internetseiten eine sinnvolle Auswahl treffen?

Der US-Psychologe Barry Schwarz spricht von der «Tyrannei der Wahl». Das Übermaß an Wahlmöglichkeiten, so seine These, macht es uns immer schwerer, überhaupt Entscheidungen zu treffen. Niemand hat mehr die Zeit, alle Optionen zu durchdenken. Die Folgen sind Fehlentscheidungen, Stress und Unzufriedenheit – bis hin zur Depression.

Die Fülle der Möglichkeiten, so Schwartz, macht uns von souveränen «Entscheidern» zu hilflosen «Pflückern». Ein Entscheider denkt aktiv darüber nach, was ihm wirklich wichtig ist – und welche Bedeutung eine Entscheidung für sein Leben hat. Der Pflücker hingegen greift einfach zu und hofft, dass er sich richtig entschieden hat.

Angenommen, Sie wollen sich einen neuen Pullover kaufen. Im ersten Laden finden Sie einen Baumwoll-Pullover, der Ihnen auf Anhieb gefällt. Der Preis ist auch in Ordnung. Aber drei Straßen weiter gibt es einen weiteren Laden, der gerade Ausverkauf hat. Kaufen Sie den Baumwoll-Pullover im ersten Laden? Oder gehören Sie zu den Leuten, die sich den Pullover zurücklegen lassen, um anschließend die ganze Gegend nach einer Alternative abzugrasen?

In letzterem Fall sind Sie vermutlich ein «Maximierer». Das ist jener Entscheidungstyp, der sich grundsätzlich nur mit dem Besten zufriedengibt. Ein Maximierer braucht die Gewissheit, die optimale Wahl getroffen zu haben. Dazu muss er alle möglichen Alternativen in Betracht ziehen. Das ist der Typ Neuwagenkäufer, der Dutzende Tests in Autozeitschriften liest, wochenlang über der Farbfrage brütet – und dem Verkäufer schließlich drei Tage nach der Bestellung mitteilt, dass er den Wagen doch lieber in Silbergrau statt Schwarz hätte. Mit anderen Worten: Ein Maximierer ist ein Perfektionist.

Im ersten Fall hingegen gehören Sie zur Gruppe der «Satisficer». Dieser Entscheidungstyp akzeptiert auch eine suboptimale Wahl, sofern sie nur «gut genug» ist. Ein Satisficer macht sich keine Gedanken darüber, ob er nicht doch einen besseren, billigeren Pullover hätte finden können. Er sucht einfach ein Produkt, das seinen Vorstellungen ungefähr entspricht.

Im Grunde ist Entscheiden eine Art von Problemlösen. Wir stehen vor verschiedenen Optionen: Was sollen wir tun? Erstens verfolgen wir beim Entscheiden bestimmte Ziele. Zweitens müssen wir an die möglichen Konsequenzen unserer Entscheidungen denken. Schon Benjamin Franklin erfand den Klassiker unter den Entscheidungsstrategien – die Pro/Kontra-Liste. Die Idee ist sehr simpel: Man schreibt alle Gründe, die für beziehungsweise gegen eine bestimmte Option sprechen, in eine Liste. Anschließend gewichtet man die einzelnen Gründe. Wiegt ein Pro-Argument gleich «schwer» wie ein Kontra-Argument, dann kürzen sich die beiden gewissermaßen weg. Für viele einfache Entscheidungen ist das immer noch eine vernünftige Methode.

Moderne Entscheidungsmethoden, vor allem in der Wirtschaft, beziehen quantitative Modelle und Ungewissheit in die Analyse ein. Doch der Grundansatz bleibt der gleiche: Man vergleicht verschiedene gewichtete Optionen miteinander – und entscheidet sich letztlich für die beste.

Wäre unser Gehirn ein unbegrenzt leistungsfähiger Supercomputer, so könnten wir getrost auf rationale Entscheidungsstrategien vertrauen – wie Mr. Spock in Raumschiff Enterprise. Unser Geist könnte einfach Myriaden von Informationen gleichzeitig verarbeiten, alle möglichen Optionen systematisch analysieren, bis er irgendwann die optimale Lösung findet. Die Evolution hat uns mit phantastischen analytischen Fähigkeiten ausgestattet, doch heute sind wir in vielen Situationen mit der Informationsflut überfordert. So kann unser Kurzzeitgedächtnis gar nicht mehr als sieben Informationseinheiten gleichzeitig erfassen – das reicht nicht einmal für eine Telefonnummer.

Der Kognitionspsychologe Gary Klein wollte den Entscheidungsprozessen bei der amerikanischen Feuerwehr auf die Spur kommen. Der Forscher vermutete, die Feuerwehrleute würden in kritischen Situationen einfach zwei Optionen gegeneinander abwägen. Doch zu seiner Verblüffung stellte er fest: Die meisten überlegten gar nicht, sondern handelten einfach. Irgendwie wussten sie, was sie tun mussten. Vor allem Feuerwehrleute mit langjähriger Berufserfahrung ließen sich ganz von ihrer Intuition leiten.

Intuition erscheint uns bisweilen wie pure Magie. Blitzartig taucht eine Ahnung in unserem Bewusstsein auf. Statt lange zu überlegen, hören wir «auf unseren Bauch». Wir «wissen» einfach, was zu tun ist. Und nicht selten liegen wir damit richtig – kein Wunder, dass bis heute viele an übersinnliche Fähigkeiten glauben.

Zahllose Ratgeber preisen die Intuition als Alternative zum rationalen Denken. Hat nicht jeder von uns unentdeckte intuitive Fähigkeiten? Sollten wir nicht alle lieber der «Weisheit der Gefühle» vertrauen statt der kühlen, herzlosen Vernunft?

Wie Intuition genau funktioniert, können die Hirnforscher bis heute nicht erklären. Doch eins scheint sicher: Intuition beruht nicht auf metaphysischer Eingebung, sondern auf der Wiedererkennung von Mustern. Irgendetwas sagt uns, dass uns eine Sache vertraut vorkommt. Irgendeine Beobachtung, ein Wort, eine Geste – oder einfach nur ein komisches Gefühl im Bauch. Plötzlich macht es «klick». Wir sehen ein Muster. Blitzartig führt unser Gehirn einen Abgleich mit Informationen in unserem Gedächtnis durch – haben wir diese Situation nicht schon einmal erlebt?

Wenn wir das Muster erkannt haben, können wir die Situation plötzlich beurteilen. Wir wissen, worauf wir achten müssen, was wahrscheinlich als Nächstes passieren wird, welche Fehler wir vermeiden müssen. Nach Kleins Modell aktiviert ein solches Muster ein «Handlungsskript» in unserem Gehirn – also eine mögliche Aktion. Daraufhin führt unser Denken eine mentale Simulation durch, um das «Handlungsskript» einzuschätzen: Was wird passieren, wenn ich diesem Skript folge? Erst nach einer positiven Einschätzung führen wir das «Skript» tatsächlich durch.

Experten greifen auf die Erfahrung in ihrem Fachgebiet zurück. Ihr Wissen ist viel besser organisiert als das von Anfängern – und vor allem können sie effizienter darauf zugreifen. Anders gesagt: Sie sehen die Muster, auf die es ankommt.

Medizinstudenten erkennen vielleicht die typischen Symptome verschiedener Krankheiten; erfahrene Ärzte sehen auch die Querverbindungen.

Schach-Großmeister rechnen nicht Hunderte Varianten durch, ehe sie einen Zug machen. Vielmehr nutzen sie zunächst ihre Intuition, um die Optionen auf einige wenige spielbare Züge einzuschränken. Dabei greifen sie auf ihre Erfahrung zurück – auf Abertausende von Stellungsmustern, die in ihrem Gehirn gespeichert sind. Dann erst fangen sie an zu «rechnen».

In manchen Fällen sind wir mit einer sorgfältigen Analyse besser beraten. Wenn uns die Expertise fehlt, kann uns die Intuition leicht in die Irre führen. Bei rein quantitativen Problemen haben selbst Experten Mühe, rein intuitiv Muster zu erkennen.

In anderen Situationen ist es laut Gary Klein besser, intuitiv zu entscheiden. Unter Zeitdruck oder in Situationen, die sich rasch verändern, können wir nicht alle Optionen abwägen. Wenn die Ziele schwammig sind, kommen wir mit Analyse ebenso wenig weiter: Wir müssen auf unsere Intuition zurückgreifen.

In einem Experiment des niederländischen Psychologen Ap Dijksterhuis sollten sich Versuchspersonen zwischen vier hypothetischen Automodellen entscheiden. Dazu bekam jeder Proband eine Beschreibung von vier Merkmalen des jeweiligen

Modells (zum Beispiel Motorleistung oder Ausstattung) – und vier Minuten Zeit, über die Entscheidung in Ruhe nachzudenken. In dieser Situation wählte mehr als die Hälfte der Probanden tatsächlich das beste Auto. Eine zweite Gruppe bekam die gleichen Informationen. Diesmal aber wurden die Probanden durch eine andere Aufgabe abgelenkt, sodass sie nicht bewusst über die Entscheidung nachdenken konnten. Das erwartbare Ergebnis: Die abgelenkte Gruppe schnitt deutlich schlechter ab als die andere Gruppe. Nun wiederholte Dijksterhuis das gleiche Experiment, diesmal allerdings enthielt die Beschreibung der Autos zwölf statt bloß vier Merkmale. Nun geschah etwas höchst Erstaunliches: Die Gruppe, die bewusst nachdenken konnte, wählte nur in 25 Prozent der Fälle das beste Auto. Die abgelenkten Probanden hingegen hatten eine Trefferquote von 60 Prozent. In der einfacheren Entscheidungssituation (mit weniger Informationen) «gewann» also das bewusste Nachdenken, in der komplexeren Situation die Intuition!

Das Muster bestätigte sich in weiteren Studien. Unter anderem befragte man Konsumenten, die bei IKEA Möbel gekauft hatten. Je länger die Probanden über die Entscheidung nachgedacht hatten, desto unzufriedener waren sie später mit ihrer Kaufentscheidung.

In komplexeren Entscheidungssituationen ist unser Verstand überfordert – vor allem unter Zeitdruck. Dann kann es sich auszahlen, den Verstand ruhen zu lassen und schließlich intuitiv zu entscheiden. «Stellen Sie sich vor, Sie sind auf einer Kunstauktion in Paris», sagt Dijksterhuis. «Zum Verkauf steht ein Monet für 100 Millionen und ein van Gogh für 125 Millionen. Wie wollen wir diese Entscheidung treffen? Die beste Strategie könnte sein: Sie schauen sich beide Bilder genau an. Dann verlassen Sie die Auktion und lenken sich eine Zeit lang ab. Dann entscheiden Sie.»

Stellen Sie sich vor, Sie nehmen an einer Quizshow im Fernsehen teil. Schließlich stehen Sie vor der Eine-Million-Euro-Frage: Welche Stadt hat mehr Einwohner – Detroit oder Milwaukee? Lassen Sie uns annehmen, dass Sie von Geographie keine Ahnung haben. Zu Detroit fällt Ihnen gerade mal die riesige Automobilindustrie ein, von Milwaukee wissen Sie rein gar nichts.

Als der Psychologe Gerd Gigerenzer die Frage amerikanischen Studenten stellte, entschieden sich 60 Prozent für Detroit, die richtige Antwort, der Rest für Milwaukee. Die Forscher führten den gleichen Test bei deutschen Studenten durch. Das erstaunliche Ergebnis: Fast alle entschieden sich für Detroit. Wie ist das möglich? Nach Gigerenzer benutzten die deutschen Probanden eine simple Faustregel, die sogenannte Rekognitionsheuristik, die auf einem Wiedererkennungseffekt beruht: Aus Unwissen nannten sie einfach jenen Städtenamen, mit dem sie mehr anfangen konnten – und schlossen daraus, dass die «wiedererkannte» Stadt auch die größere sein müsste. Die amerikanischen Studenten hingegen konnten auf diese Heuristik nicht zurückgreifen: Ihr Faktenwissen über amerikanische Großstädte behinderte sie dabei, die richtige Antwort zu finden. Weitere Experimente zeigten, dass die Rekognitionsheuristik offenbar auch bei Investitionsentscheidungen funktionieren kann. Von Laien zusammengestellte Aktienportfolios, die auf dem bloßen Wiedererkennen der Firmennamen basierten, schnitten nicht schlechter ab als jene von Finanzexperten.

Nach der Auffassung von Gerd Gigerenzer beruhen unsere Bauchgefühle auf einfachen Faustregeln, sogenannten Heuristiken, die sich evolvierte Fähigkeiten unseres Gehirns zunutze machen. Unser Gehirn kann einfach nicht alle Informationen verarbeiten, mit denen es konfrontiert ist. Es stellt daher ständig unbewusst Vermutungen an, um seine Informationslücken auszufüllen. Gigerenzer: «Unser Gehirn kann nicht umhin, Schlüsse über die Welt anzustellen. Ohne sie würden wir nur Einzelheiten sehen, aber keine Strukturen.»

Gigerenzer glaubt, dass unsere Bauchgefühle ähnlich funktionieren: «Wenn die Informationen nicht ausreichen, denkt sich das Gehirn etwas aus, das auf Annahmen über die Welt beruht.» Das Ergebnis scheint paradox: Unter bestimmten Umständen kann weniger Information, weniger Auswahl, weniger Zeit zu einer besseren Entscheidung führen. «Ihre Qualität gewinnt die Intuition aus der Intelligenz des Unbewussten: der Fähigkeit, ohne Nachdenken zu erkennen, auf welche Regeln wir uns in welcher Situation zu verlassen haben», meint Gigerenzer.

Immer wieder sind wir mit Situationen konfrontiert, in denen wir in irgendeiner Weise entscheiden müssen. Wir können nicht einfach gar nichts tun. Wir müssen handeln.

Nach dem Modell des Psychologen Robert Sternberg können wir zwischen drei Optionen wählen.

Erstens: Wir versuchen uns an die Situation anzupassen.

Zweitens: Wir versuchen die Situation nach unseren Bedürfnissen zu verändern.

Drittens: Wir brechen aus der Situation aus – und schaffen uns eine neue.

Manchmal müssen wir nicht nur kluge, sondern auch weise Entscheidungen treffen – oft sind das Entscheidungen, die nicht nur uns selbst, sondern auch die Interessen anderer betreffen.

Intelligenz und Kreativität sind Voraussetzungen für Weisheit. Von besonderer Bedeutung ist nach Sternberg «unausgesprochenes» oder implizites Wissen – ein Wissen, das auf unserer Erfahrung beruht. «Jemand kann ein wandelndes Lexikon sein und trotzdem wenig oder keine Weisheit besitzen, weil man das Wissen, das man braucht, um weise zu werden, eben nicht in Enzyklopädien oder in Schulen findet», sagt Stern-

99

berg. Auch weise Menschen müssen Probleme definieren oder nach Lösungsstrategien suchen. Doch ihr Ziel ist ein anderes. Weisheit geht über das bloße Eigeninteresse hinaus: Weise Menschen suchen den Ausgleich von Interessen. Dabei balancieren sie kurz- und langfristige Ziele und die Anforderungen ihrer Umwelt.

Der Klassiker einer weisen Entscheidung stammt aus der Bibel: Zwei Frauen treten vor König Salomons Thron. Ein Säugling wird gebracht. Beide behaupten, das Baby sei ihr Sohn. Salomon befiehlt daraufhin, das Kind mit einem Schwert in zwei Teile zu teilen. Daraufhin wirft sich eine der Frauen schützend über das Kind und fleht Salomon an, er solle das Kind der anderen Frau geben. Daraufhin entscheidet Salomon, dass nur diese Frau die Mutter des Kindes sein kann: denn lieber hätte sie das Kind der anderen Frau überlassen, als es sterben zu sehen.

Beispiel

Das Kantinenessen in Ihrem Büro ist grauenhaft. Alle Mitarbeiter sind sich darüber einig, aber niemand hat eine Lösung.

Würden Sie:

- eine Petition für einen neuen Kantinenbetreiber einbringen?
- auswärts mittagessen?
- in der Kantine nur Fertiggerichte essen?

Werkzeug

Checkliste: Entscheidungen

- Warum ist die Entscheidung notwendig? Was sind die Ziele?
- Welche Optionen oder Alternativen habe ich?
- Was sind die möglichen Konsequenzen der einzelnen Optionen?
- Wie wahrscheinlich sind diese?
- Wie wichtig sind diese Konsequenzen für alle Beteiligten?
- Was ist das schlimmstmögliche Ergebnis?

Bewusstes Entscheiden

Nach Barry Schwartz können wir die «Tyrannei der Auswahl» nur bewältigen, wenn wir neue, bewusstere Entscheidungsstrategien entwickeln.

Überprüfen Sie Ihre Entscheidungen. Gehen Sie Entscheidungen der jüngsten Vergangenheit nochmals Schritt für Schritt durch. Rufen Sie sich in Erinnerung, wie Sie sich dabei gefühlt haben.

Versuchen Sie, sich vom Maximierer zum Satisficer zu entwickeln.

Bleiben Sie beim Bewährten. Je mehr Sie über mögliche Alternativen nachgrübeln, desto größer ist die Gefahr, dass Sie mit Ihrer tatsächlichen Entscheidung unzufrieden sind.

Machen Sie Ihre Entscheidungen irreversibel. Wenn Sie Ihre Entscheidung nicht rückgängig machen können, werden Sie hinterher weniger damit hadern.

Stellen Sie Regeln auf. Das Aufstellen von Regeln entlastet Sie davon, immer wieder aufs Neue entscheiden zu müssen. Wenn Ihre Regel z. B. lautet, niemals mehr als zwei Gläser Wein an einem Abend zu trinken, kommen Sie nie in Entscheidungsnot.

EMOTIONALES DENKEN

Blaise Pascal

Am 23. September 1647 trifft René Descartes um zehn Uhr morgens in der Rue Brisemiche in Paris ein. Der berühmte Philosoph ist auf der Durchreise. Schon öfter hat er von einem hochbegabten jungen Mann gehört. Das Wunderkind soll unter anderem eine geheimnisvolle Rechenmaschine erfunden haben. Descartes ist neugierig: Wer ist dieser Mann?

Blaise Pascal (1623–1662) empfängt ihn im Bett. Anwesend sind seine Nichte Jacqueline und ein befreundeter Physiker. Erst fragt ihn Descartes über seine Krankheit aus. Der Philosoph rühmt sich seiner medizinischen Kenntnisse, empfiehlt dem Patienten Ruhe und Suppe. Pascal sagt zunächst kein Wort. Dann zeigt er dem Besucher seine Rechenmaschine – und eine Luftpumpe, mit der sich angeblich ein Vakuum erzeugen lässt. Die Möglichkeit eines Vakuums ist zu dieser Zeit heftig umstritten. Descartes hat sein Thema gefunden: Wortreich erläutert der Meister, warum es keine Leere geben könne. Doch Pascal ist müde. Er lässt Descartes reden. Seine eigenen Experimente haben ihn längst von der Existenz des Vakuums überzeugt. Nach drei Stunden endet das Treffen.

Es war die frostige Begegnung zwischen zwei großen Denkern des 17. Jahrhunderts. Beide waren geniale Mathematiker und Physiker. Beide schwärmten für die moderne Naturwissenschaft. Beide waren Franzosen. Und doch konnten die Charaktere kaum unterschiedlicher sein.

Descartes ist ein Vernunftmensch. Wahr ist für ihn nur das, was wir «klar und deutlich» auffassen. Der Mensch ist ein «denkendes Ding». Nur die rationale Selbstreflexion verschafft uns unbezweifelbare Gewissheit. Die Vernunft allein führt zur Erkenntnis.

Diese Philosophie ist Pascal zuwider. Descartes' System hält er für realitätsfremd. «Überflüssig und unschlüssig» nennt er Descartes an einer Stelle. Oder er vergleicht seine Philosophie mit der Traumwelt von Don Quichote. Können wir wirklich nur durch die Vernunft Gewissheit erlangen? Wissen wir nicht vieles rein intuitiv, ohne es rational begründen zu können? «Wir erkennen die Wahrheit nicht nur durch die Vernunft, sondern auch durch das Herz (…) Wir wissen, dass wir nicht träumen, wie unfähig auch immer wir sein mögen, das durch Vernunftgründe zu beweisen», schreibt er in seinen *Pensées*. Das Herz ist für Pascal die nichtrationale, intuitive Seite des Denkens. Vernunft und Herz – das sind für ihn zwei grundverschiedene Arten des Erkennens: «Das Herz hat seine Ordnung, der Geist hat seine, die besteht in Grundsätzen und Beweisen. Das Herz hat eine andere.»

Die Logik unseres Herzens, sagt Pascal, können wir uns oft selbst nicht erklären: «Unser Herz hat Gründe, von denen die Vernunft nichts weiß.»

Der Mensch ist für Pascal keine kühle Abstraktion, kein «denkendes Ding» wie für Descartes – sondern ein konkretes Wesen, gefangen in seiner Lage in der Welt. «Nichts ist für den Menschen wichtiger als die Lage, in der er sich befindet», sagt Pascal. Und in der Realität verhalten wir uns eben nicht so wie Descartes' Vernunftmaschinen. Vielmehr ist der Mensch ein beschränktes, von Widersprüchen zerrissenes Wesen – «fähig zu wenig und zu viel, zu allem und zu nichts: Er ist weder Engel noch Tier, sondern Mensch.»

Nur scheinbar sind wir streng rationale Wesen. Pascal blickt um sich – und sieht lauter Menschen, die sich geistlosen Zerstreuungen hingeben, die ihren Impulsen oder ihrem Ehrgeiz folgen, statt über ihr Leben, über Gott und über die Welt nachzudenken. Keine Rede von rationaler Selbstreflexion. «Ich denke, also bin ich» – was für eine weltfremde Kopfgeburt! Pascal hat für den Rationalismus eines Descartes nur Spott übrig: «Der Mensch ist offenbar zum Denken geschaffen, das ist seine ganze Würde und sein ganzes Verdienst; und es ist seine ganze Pflicht, richtig zu denken. Nun, woran denken die Menschen? Daran nie, sondern an Tanzen, Laute spielen, Singen, Dichten, Ringe stechen und so weiter und daran, sich zu schlagen, sich zum König zu machen, ohne nachzudenken, was es ist, König zu sein, und was es ist, Mensch zu sein.»

Genau darin liegt für Pascal das große Rätsel. Was heißt es, Mensch zu sein? Wir bestehen aus Körper und Geist. Doch die Verbindung zwischen beidem bleibt uns unbegreiflich. «Der Mensch ist sich selbst das rätselhafteste Ding der Natur, denn er kann nicht begreifen, was Körper und noch weniger was Geist ist und am wenigsten von allem, wie ein Körper mit einem Geist vereint sein könnte.»

Die Beschränktheit, das Widersprüchliche macht den Menschen aus. Wir wissen zwar mehr als nichts – aber nichts wissen wir gewiss, sagt Pascal. Wir sind etwas, aber wir sind nicht alles. «Was also ist zum Schluss der Mensch in der Natur? Ein Nichts vor dem Unendlichen, ein All gegenüber dem Nichts, eine Mitte zwischen Nichts und All.»

Die unbewusste Intelligenz

Der Neurobiologe Antonio Damasio von der University of Iowa war überzeugt, dass rationale Entscheidungen einen kühlen Kopf verlangen – bis er einem Mann namens Elliot begegnete.

Elliot war ein erfolgreicher Geschäftsmann und Familienvater. Doch eines Tages begann er unter Kopfschmerzen zu leiden. Die Ärzte diagnostizierten einen orangengroßen Tumor im Stirnhirn. Bei der Operation entfernte man die Geschwulst und beschädigtes Hirngewebe. Elliot erholte sich wieder, und seine intellektuellen und sprachlichen Fähigkeiten waren intakt geblieben. Und doch war er nicht mehr der gleiche Mensch.

Im Job hatte Elliot plötzlich Schwierigkeiten, seine Termine einzuhalten. Auf den einst so gewissenhaften Geschäftsmann war kein Verlass mehr. Er ließ sich leicht ablenken, konnte Tätigkeiten nicht mehr konzentriert zu Ende führen. Statt Dokumente einfach abzuheften, fing er an, sie zu lesen. Oder er brütete stundenlang über der Frage, welches Restaurant er wählen sollte. Elliot konnte sich einfach nicht entscheiden. Elliot bekam nichts mehr auf die Reihe und verlor schließlich seinen Job. Danach verzettelte er sich in zahllosen Projekten. Elliot tat sich mit einem dubiosen Partner zusammen, entgegen allen Warnungen der Familie – und machte am Ende Bankrott.

Die Neurologen standen vor einem Rätsel. Elliots Intelligenz, sein Gedächtnis und andere kognitive Fähigkeiten waren intakt. Doch bei einem Persönlichkeitstest trat Elliots wahres Defizit zutage. Als ihm die Wissenschaftler Bilder von Schwerverletzten und brennenden Häusern zeigte, reagierte er kühl und teilnahmslos. Die Operation hatte die emotionalen Zentren in Elliots Gehirn beschädigt. Er fühlte nichts mehr.

Damasio und seine Forscherkollegen haben seither über 50 Patienten mit ähnlichen Hirnschäden untersucht. Immer wieder stießen sie auf das gleiche Muster: Menschen mit schweren emotionalen Defiziten haben häufig Probleme, vernünftige Entscheidungen zu treffen. Ausgerechnet ein «kühler Kopf» kann zu irrationalem Verhalten führen. Offenbar fehlt solchen Menschen eine zentrale Fähigkeit – jenes «Bauchgefühl», das so viele unserer Entscheidungen steuert.

Heute sind die Neurowissenschaftler und Psychologen überzeugt: Viele unserer Entscheidungen beruhen nicht auf rationalem Denken, sondern auf einer unbewussten Intelligenz tief in unserem Gehirn. Eine zentrale Rolle dabei spielen unsere Emotionen. Sie beeinflussen unser Urteil, unsere Entscheidungen, unser Handeln.

Jahrhundertelang trennten die Philosophen strikt zwischen Denken und Fühlen. Nur die Vernunft, so dachten sie, führt uns zu Erkenntnis, Tugend und Glück. Für die Emotionen hatten die meisten wenig übrig.

Platon sah die Seele als geflügeltes Wagengespann. Der Lenker, die Vernunft, will das Gespann in die lichten Höhen des Geistes führen. Das eine der Pferde ist sanftmütig und friedlich. Doch das andere lässt sich kaum bändigen und droht, das ganze Gespann in den Abgrund zu reißen.

René Descartes setzte Denken und Bewusstsein gleich. Die Emotionen sah er als dunkle «Leidenschaften der Seele». Und auch für Kant waren die Emotionen nichts mehr als Irritationen: Im kühlen Urteil der reinen Vernunft hatten sie nichts zu suchen.

Das Unbewusste galt als dunkles, unerklärliches Schattenreich der Seele. Noch im 19. Jahrhundert warnte Nietzsche:

«Wehe der verhängnisvollen Neubegier, die durch eine Spalte einmal aus dem Bewusstseinszimmer heraus- und hinabzusehen vermochte.»

Auch Sigmund Freund sah das Unbewusste als Sitz des Bösen. Nach seiner Auffassung gärten darin verdrängte Triebe, sexuelle Konflikte und Traumata. Freuds Theorie stößt unter Hirnforschern heute wieder auf Interesse. Zwar gelten zentrale Elemente der Psychoanalyse heute als umstritten, doch zumindest in einer Hinsicht bestätigt die Hirnforschung Freuds Theorie: Nicht die lichte Vernunft regiert unser Denken und Handeln, sondern die Macht des Unbewussten.

Wir sind nicht immer die Herren über unsere Entscheidungen. Stattdessen zieht eine rätselhafte Instanz die Fäden, die unserer rationalen Kontrolle weitgehend entzogen ist.

Häufig wissen wir einfach nicht, warum wir etwas tun.

Die Hirnforscher orten das Unbewusste heute in den evolutionsgeschichtlich ältesten Teilen des Gehirns, etwa im limbischen System, das mit der Verarbeitung von Emotionen zu tun hat. Hier vermuten die Forscher ein gewaltiges Reservoir überlebenswichtiger Fähigkeiten und Instinkte, die bis heute unser Verhalten beeinflussen.

Unbewusste Prozesse steuern den Großteil unseres Lebens. Die meisten Handlungen haben wir derart automatisiert, dass wir nicht eine Sekunde lang nachdenken müssen. Unser Gehirn schaltet denn auf Autopilot – und wir agieren gleichsam wie Roboter, die einfach nur ihr Programm abspulen: Wenn wir morgens aufstehen, planen wir nicht den Bewegungsablauf. Beim Autofahren denken wir nicht bewusst über Schaltvorgänge nach. In einem Gespräch wägen wir nicht jedes Wort ab, sondern die Sätze sprudeln einfach aus uns heraus. Bewusstes Nachdenken kann sogar ausgesprochen hinderlich sein: Ein

Skifahrer, der jeden Schwung analysiert, wird wahrscheinlich stürzen.

In jedem Augenblick, so haben Hirnforscher ausgerechnet, nimmt unser Gehirn elf Millionen Bits Informationen auf. Diese Zahl ergibt sich aus der Anzahl der Rezeptorzellen in unseren Sinnesorganen. Davon leiten unsere Augen allein zehn Millionen Signale an das Gehirn weiter. Doch von dieser ungeheuren Informationsmenge kann unser Gehirn nur rund 40 Bits Information pro Sekunde bewusst verarbeiten. Was für ein winziger Bruchteil: 40 Bits von elf Millionen Bits!

Unter dem Unbewussten verstehen die Hirnforscher heute geistige Prozesse, die unserem Bewusstsein unzugänglich sind, aber unsere Urteile und unser Verhalten steuern. Diese Prozesse entscheiden nicht nur, welche Informationen sie unserem bewussten Denken zugänglich machen. Vielmehr interpretieren sie pausenlos Informationen, ohne dass wir etwas davon mitbekommen. Unser Unbewusstes spielt etwa eine zentrale Rolle bei Lern- und Bewertungsvorgängen oder beim Setzen von Zielen. Der Verlust dieser Fähigkeiten hat verheerende Folgen.

Die unbewusste Informationsverarbeitung entlastet unser Gehirn. Die Automatismen halten uns gleichsam den Kopf frei für die wirklich wichtigen Dinge. Wenn wir über jede Kleinigkeit bewusst nachdenken müssten, wäre unser Gehirn permanent überfordert. Der Philosoph Alfred North Whitehead bemerkte schon im Jahr 1911: «Die Kultur entwickelt sich weiter mit der Anzahl der Tätigkeiten, die wir durchführen können, ohne über sie nachzudenken.»

Es scheint, als verfügten wir über «zwei Arten des Denkens», wie der Psychologe Timothy D. Wilson von der University of Virginia glaubt. Bewusst und planvoll arbeitet die eine, unbewusst, intuitiv und automatisch die andere.

Jahrzehntelang dominierte in den Wirtschaftswissenschaften die Theorie der rationalen Entscheidung. Der «Homo œconomicus» versucht, seinen Nutzen zu maximieren. Dazu wägt er die Optionen nach gewichteten Kriterien gegeneinander ab und entscheidet sich schließlich für die optimale Alternative. Doch diese Theorie erweist sich immer mehr als falsch.

In einem Experiment veranstalteten Verhaltensökonomen des Massachusetts Institute of Technology eine Auktion für Doktoratsstudenten. Zum Verkauf angeboten wurden alle möglichen Gegenstände. Doch bevor die Probanden bieten konnten, mussten sie die letzten zwei Ziffern ihrer Sozialversicherungsnummer auf einen Zettel schreiben. Danach sollten sie sagen, ob sie den entsprechenden Betrag für eines der Lose bezahlen würden (also zum Beispiel 55 Dollar, wenn die letzten zwei Ziffern 55 waren). Am Ende sollten die Studenten den Maximalbetrag nennen, den sie für die einzelnen Lose zu zahlen bereit waren. Bei rationalen Individuen sollte man annehmen, dass sie sich bei einer Kaufentscheidung nicht von zwei Ziffern ihrer Sozialversicherungsnummer beeinflussen lassen. Doch genau das war der Fall. Im Schnitt waren Studenten mit höheren Endziffern bereit, weit mehr zu bezahlen als jene mit niedrigen Endziffern. Psychologen bezeichnen dieses Phänomen als Anker-Effekt.

Die Psychologen kennen heute eine Vielzahl von Effekten, die unser rationales Entscheidungsverhalten unterminieren. Zum Beispiel sind wir eher bereit, auf einen Gewinn von 20 Euro zu verzichten, als einen Verlust in der gleichen Höhe einzugehen. Genau aus diesem Grund neigen Investoren dazu, gewinnbringende Aktien zu verkaufen – während sie die Nieten bis zum bitteren Ende behalten. Was wir einmal haben, wollen wir nicht mehr wieder hergeben. Unser Haus wollen wir behalten, auch wenn wir eigentlich wissen, dass der Kauf eine falsche

Entscheidung war. Ebenso neigen Unternehmen dazu, an verlustbringenden Investitionen und Projekten festzuhalten – oft mit der irrationalen Begründung, dass man «schon so viel Geld für die Sache» ausgegeben habe.

Kann eine kleine Gedächtnisübung Ihr Essverhalten beeinflussen? Wohl kaum, denken Sie vielleicht. Doch genau das haben Forscher herausgefunden. Stellen Sie sich vor, Sie nehmen an einem angeblichen Gedächtnisexperiment teil. Ein Forscher nennt Ihnen eine siebenstellige Zahl, die Sie im Kopf behalten sollen, während Sie zum Testraum gehen. Auf dem Weg kommen Sie an einem Tisch vorbei, wo Sie zwischen Schokoladenkuchen und Fruchtsalat wählen können. Das gleiche Experiment wird mit anderen Personen wiederholt. Diesmal müssen sich die Probanden nur eine Zahl mit zwei Stellen merken. In Wahrheit ging es bei dem Experiment nicht darum, das Kurzzeitgedächtnis zu testen – sondern die Fähigkeit zur Selbstkontrolle. Das verblüffende Ergebnis: 59 Prozent der Probanden, die sich die lange Zahl merken mussten, griffen zum Schokokuchen – hingegen nur 37 Prozent der anderen Gruppe. Fünf zusätzliche Ziffern reichten, um die Selbstbeherrschung zu unterminieren. Die Forscher der Stanford-Universität haben für den Effekt folgende Erklärung: Das Memorieren der siebenstelligen Zahl beanspruchte offenbar Hirnregionen, die auch für die Impulskontrolle wichtig sind. Wenn unser Gehirn derart intensiv mit dem Erinnern beschäftigt ist, kann es eben nicht gleichzeitig unsere Impulse zügeln – schon gar nicht bei einem Schokoladenkuchen.

Stellen Sie sich vor, Sie spielen folgendes Spiel: Ihr Gegenspieler hat zehn Euro, Sie haben nichts. Ihr Gegenspieler kann Ihnen jeden Betrag zwischen null und zehn Euro anbieten. Wenn Sie das Angebot annehmen, bekommt er den Rest. Wenn

Sie ablehnen, sind die zehn Euro für beide weg. Welches Angebot würden Sie annehmen?

Als rationales Individuum müssten Sie jedes Angebot über null Euro akzeptieren. Schließlich ist weniger besser als nichts. Die Realität sieht jedoch ganz anders aus. Die meisten Teilnehmer an dem Versuch lehnen niedrige Angebote ab – obwohl sie dadurch genauso alles verlieren wie ihr Gegenspieler. Das klingt unglaublich, hat sich aber in unzähligen Experimenten rund um den Globus bestätigt. Wie kann das sein?

Neurowissenschaftler legten die Teilnehmer während des Spiels unter den Hirnscanner. Dabei zeigte sich: Je «unfairer» die Angebote des Gegenspielers wurden, desto stärker wurden Hirnregionen aktiv, die mit negativen Emotionen zu tun haben.

Emotionen warnen uns vor Gefahren und helfen uns, eine ungewisse Zukunft vorherzusagen. Manchmal ersetzen sie sogar das rationale Denken. Emotionen helfen uns, unsere Aufmerksamkeit blitzartig auf ein Problem zu richten. Dabei nutzt unser Gehirn Strukturen, die sich in Jahrmillionen evolutionär entwickelt haben. Etwa 200 Millisekunden reichen unserem Gehirn, um einen Gesichtsausdruck zu bewerten. Lange bevor wir einen rationalen Gedanken fassen können, hat unser Gehirn bereits ein erstes Urteil gefällt. Solche blitzartigen, unbewussten Reaktionen brachten im evolutionären Selektionsprozess einen entscheidenden Vorteil. «Wer eine Person richtig einschätzen konnte, hatte eine höhere Wahrscheinlichkeit zu überleben und Nachkommen zu hinterlassen – das erklärt, warum Menschen heute den Gesichtsausdruck von Zorn, Traurigkeit, Furcht oder Freude sofort erkennen», schreibt Psychologe David G. Myers.

So umgehen einige «emotionale» Verbindungen im Gehirn jene Teile der Großhirnrinde, die für das rationale Denken zuständig sind. Wenn wir etwas Bedrohliches wahrnehmen, kann unser Verstand daher zunächst gar nicht eingreifen. Stattdessen wird gleichsam vollautomatisch unser emotionales Alarmsystem aktiviert. Erst danach sendet die Amygdala Informationen an die «rationalen» Areale der Großhirnrinde. Die «Abkürzung» ist genial: Wenn es im Gras raschelt, springen wir erst mal zur Seite – hinterher entscheidet unser «rationales» Gehirn, ob es sich tatsächlich um eine Schlange handelt.

Nach der Theorie von Hirnforscher Damasio repräsentieren unsere Emotionen körperliche Zustände, mit denen der Organismus auf bestimmte Situationen reagiert – etwa Herzrasen oder Schwitzen. Dabei findet ein komplexer Rückkoppelungsprozess statt. Unsere Emotionen können das Denken unterstützen, indem sie eine Situation oder mögliche Konsequenzen wie mit einem Leuchtstift «markieren». Diese «somatischen Marker» ermöglichen es unserem Gehirn, unbrauchbare Entscheidungsoptionen frühzeitig auszusortieren.

Bei einem von Damasios Experimenten bekamen die Versuchspersonen zwei rote und zwei schwarze Kartenstapel sowie 2000 Dollar Spielgeld. Auf der Rückseite jeder Karte stand ein Gewinn oder Verlust. Die Probanden sollten Karten aus den Stapeln ziehen und dabei so viel Geld wie möglich erspielen. Dabei waren sie an Geräte angeschlossen, die den elektrischen Hautwiderstand messen – einen Wert, der bei Stress oder Nervosität ansteigt.

Was die Probanden nicht wussten: Die Forscher hatten die Kartenstapel manipuliert. Die roten Karten boten höhere Gewinne, zugleich drohten aber umso empfindlichere Verluste – unterm Strich führten die roten Stapel zum Bankrott. Die schwarzen Stapel hingegen waren fast risikolos. Die Gewinnchance war zwar geringer, dafür verloren die Probanden kaum Geld. Die meisten Spieler brauchten etwa 50 Karten, bis ihnen dämmerte, dass die roten Stapel die schlechtere Wahl waren.

Und erst nach 30 weiteren Karten konnten sie den Grund dafür angeben. Schon nach zehn Karten zeigten die Probanden einen deutlich höheren Hautwiderstand. Offenbar erkannte ihr emotionales Gehirn, dass an den roten Stapeln etwas faul war – lange bevor ihr Verstand zum gleichen Schluss kam. Ihr Unbewusstes hatte das Spiel als Erstes durchschaut.

Menschen mit geschädigten orbitofrontalem Kortex, einem der emotionalen Zentren im Gehirn, hatten hingegen große Schwierigkeiten, die verlustträchtigen Stapel zu erkennen. Meist verspielten sie ihr ganzes Geld. Offenbar fehlte ihnen jene emotionale Reaktion, die andere vor den «schlechten» Stapeln warnte – ihr Hautwiderstand blieb während des Spiels normal.

Unser Gehirn sucht nach Belohnung – jeder von uns kennt das Lustgefühl, das wir beim Kauf eines neuen Autos verspüren. Die Belohnungskreisläufe in unserem Gehirn steuern unser Verlangen. Sie sind für die Motivation verantwortlich, die uns zu Höchstleistungen treibt, für die Jagd nach Geld und Erfolg. Wenn sie jedoch entgleisen, landen wir in der Drogensucht. Seit einigen Jahren untersuchen die Hirnforscher, wie die Belohnungskreisläufe im Gehirn menschliche Entscheidungsprozesse beeinflussen.

Eine zentrale Rolle dabei spielt Dopamin. Der Neurotransmitter gilt weithin als eine Art Glücks-Droge, die Lustgefühle aller Art auslöst – beim Sex, beim Sport, im Job. Die Belohnungszentren im Gehirn sind voll mit Neuronen, die Dopamin produzieren. Ein Stück Schokolade kann sie ebenso aktivieren wie der Anblick eines neuen Sportwagens, Sex oder Kokain. Doch das Molekül verschafft uns nicht einfach nur einen «Kick». Vielmehr regulieren die Dopamin-Neuronen unsere Emotionen. Dabei reagieren sie auch auf Informationen, die wir nicht bewusst wahrnehmen.

Der Hirnforscher Wolfram Schultz wollte eigentlich untersuchen, welche Rolle Dopamin für Lähmungserscheinungen bei der Parkinson'schen Krankheit spielt. Bei seinen Experimenten mit Affen versuchte er herauszufinden, welche Neuronen für die Bewegungssteuerung verantwortlich sind. Zur Belohnung bekamen die Tiere Fruchtsaft. Dabei machte Schultz eine erstaunliche Entdeckung: Die Dopamin-Neuronen feuerten nicht bloß als Reaktion auf die Belohnung. Brachte man den Tieren bei, dass dem Fruchtsaft ein Ton vorausging, so antworteten die Neuronen auf den Ton. Umgekehrt reagierten sie «enttäuscht», wenn nach dem Ton einige Male keine Belohnung folgte – und blieben stumm.

Offenbar lernen die Dopamin-Neuronen aus Erfahrung. Sie vergleichen ihre Erwartungen mit dem Ergebnis. Wenn sie ein paar Mal falschgelegen haben, ziehen sie die Konsequenzen – und schlagen Alarm. Einige Hirnregionen, die reich an Dopamin-Neuronen sind, spielen deshalb eine wichtige Rolle beim Erkennen von Fehlern – einer grundlegenden Fähigkeit, die wir für das Lernen brauchen. Menschen mit gestörtem Belohnungssystem haben etwa Schwierigkeiten, aus wiederholten negativen Erfahrungen zu lernen.

Freud hatte recht, als er das Bewusstsein als Spitze des mentalen Eisbergs sah. Emotionen entstehen meist unbewusst. Wir haben über sie keine direkte Kontrolle. Sie stoßen uns einfach zu – und überfluten unser Bewusstsein. Dennoch sind wir ihnen nicht hilflos ausgeliefert.

Stellen Sie sich vor, man gibt Ihnen 50 Euro und bittet Sie, zwischen zwei Optionen zu entscheiden. Bei der ersten haben Sie eine Wahrscheinlichkeit von 40 Prozent, die gesamten 50 Euro zu behalten – und eine 60-prozentige Wahrscheinlichkeit, alles zu verlieren. Bei der Alternativoption behalten Sie wenigstens 20 Euro sicher. Natürlich werden Sie sich für die zweite Option entscheiden – nach dem Motto «Besser wenig als nichts».

Nun bietet man Ihnen eine Variante des Spiels an. Wieder haben Sie eine 40-Prozent-Chance, die gesamte Summe zu behalten. Bei der Alternativoption, so sagt man Ihnen, haben Sie einen Verlust von 30 Euro. Natürlich laufen beide Spiele auf das Gleiche hinaus. In beiden Fällen bleiben Ihnen 20 Euro, wenn Sie sich für die Alternativoption entscheiden. Doch die Formulierung macht den Unterschied: In der ersten Variante entscheiden sich nur 42 Prozent für die riskantere Option, im zweiten Fall hingegen 62 Prozent. Die negative Formulierung der Alternativoption trieb sie offenbar zu einer irrationalen Entscheidung. Psychologen bezeichnen diese Verzerrung als Framing-Effekt.

Mit Hilfe eines Magnetresonanztomographen konnten die Forscher beobachten, welche Hirnareale während des Spiels aktiviert wurden. Bei jenen, die sich für die objektiv riskantere Variante entschieden, weil sie den «Verlust» von 30 Euro fürchteten, war vor allem die Amygdala aktiv, die mit negativen emotionalen Reaktionen wie Furcht zu tun hat. Diese emotionale Reaktion zeigte sich auch bei jenen, die den Trick rational durchschauten. Allerdings war bei diesen Teilnehmern der präfrontale Kortex deutlich aktiver als bei den anderen: Statt einfach blind den Signalen der Amygdala zu folgen, analysierte ihr «rationales» Gehirn die Situation – und traf schließlich die objektiv bessere Entscheidung. Offenbar können wir unsere Emotionen bändigen, indem wir über sie nachdenken. Wir wissen, wenn wir zornig sind. Und wir können herausfinden, warum wir es sind. Wenn das Gefühl keinen Sinn macht, kann es unser Verstand verwerfen.

Nur scheinbar fasst unser Geist einen einhelligen Entschluss. In Wahrheit geht jeder Entscheidung eine wilde Diskussion voraus. Verschiedene Teile des Gehirns kommen zu unterschiedlichen Schlüssen. Tief in unserem Gehirn tobt ein Generationenkonflikt: Permanent ringen die evolutionsgeschichtlich jüngeren «rationalen» Hirnregionen mit den uralten «emotionalen» Zentren um die richtige Interpretation.

Einen der eindrucksvollsten Beweise für die inneren Widersprüche in unserem Gehirn liefern sogenannte Split-Brain-Patienten. Dabei handelt es sich um Patienten, bei denen rechte und linke Hirnhälfte chirurgisch voneinander getrennt wurden – meist um epileptische Anfälle zu mildern. In einer Reihe Experimenten spielte der Hirnforscher Michael Gazzaniga beiden Sehfeldern der Patienten jeweils unterschiedliche Bilder vor. Die Information aus dem linken Sehfeld wird von der rechten Hirnhälfte verarbeitet, der Input aus dem rechten Auge hingegen in der linken Hirnhälfte. Wenn die Forscher dem linken Auge das Bild eines Löffels präsentierten, konnte der Patient zwar nicht sagen, was er gesehen hatte – seine «verbale» linke Hirnhälfte war ahnungslos. Aber als er das gesehene Motiv in einer Reihe von Bildern identifizieren sollte, zeigte seine linke Hand sofort auf den Löffel. Seine rechte Hirnhälfte (zuständig für die linke Hand) wusste also etwas, was die linke Hemisphäre nicht wusste. Präsentierte man den beiden Sehfeldern gleichzeitig unterschiedliche Motive – dem rechten Sehfeld eine Hühnerkralle und dem linken Sehfeld eine verschneite Straße –, wurde die Sache noch bizarrer. Der Patient sollte Bilder identifizieren, die den eben gesehenen Motiven am ähnlichsten waren. Nun zeigte er mit der rechten Hand auf ein Huhn, mit der linken aber auf eine Schaufel – seine rechte Gehirnhälfte wollte offenbar unbewusst den Schnee von der Straße räumen. Verwirrend genug; noch verblüffender war aber die Erklärung: «Oh, das Huhn passt zu Hühnerkralle. Und die Schaufel dient dazu, den Hühnerdreck wegzumachen.» Mit anderen Worten: Das Gehirn dieser Menschen hatte eine plausible Geschichte erfunden, um das eigene Verhalten zu rechtfertigen.

Wir sind unserem Unbewussten nicht hilflos ausgeliefert. Wir können unsere unbewusste Intelligenz zwar nicht direkt beobachten – wohl aber unser Verhalten. So können wir über unsere Emotionen bewusst nachdenken. Wir können uns etwa fragen, warum wir in bestimmten Situationen Furcht, Lust oder Scham empfinden. Und wir haben die Möglichkeit zu entscheiden, ob wir einem «Bauchgefühl» vertrauen oder nicht. Wir können versuchen, ein emotionales oder «reflexives» Bewusstsein zu entwickeln, wie der Psychologe Paul Ekman meint. Dazu müssen wir Aufmerksamkeit für unsere emotionalen Zustände entwickeln – einen Schritt zurücktreten und unser emotionales Verhalten «neu bewerten». Buddhistische Mönche nennen das «Achtsamkeit».

Unser «Herz» hat offenbar tatsächlich «Gründe, von denen die Vernunft nichts weiß», wie Pascal glaubte. Das emotionale Gehirn ist ein Teil von uns. Wir können es weder unterdrücken noch ignorieren. Stattdessen können wir versuchen, die unbewusste Intelligenz in uns sinnvoll zu nutzen. René Descartes hatte unrecht. Unser Geist ist viel mehr als die Vernunft. Unsere Emotionen lassen sich vom rationalen Denken nicht trennen. Ohne unsere Emotionen können wir keine guten Entscheidungen treffen.

Es scheint, als hätten wir zwei Persönlichkeiten, schreibt der Psychologe Timothy Wilson – eine bewusste und eine unbewusste. Da wir zum Unbewussten keinen direkten Zugang haben, müssen wir unser Selbst aus anderen Quellen konstruieren – aus unseren expliziten Überzeugungen, Motiven und Erinnerungen, aus unseren Annahmen über die Gründe, warum wir etwas tun.

Aktivität

Das Unbewusste

Unser Gehirn trifft ständig Annahmen über die Welt. Wir führen eine Bewegung durch, wir sehen ein Objekt – und blitzartig schätzt es die Situation ein, ohne dass wir uns dessen überhaupt bewusst sind. Unser Gehirn schaltet auf Autopilot. Meist stimmen diese unbewussten Annahmen mit der Realität überein. Die Kaffeetasse steht wirklich da, wo unser Gehirn sie erwartet. Manchmal allerdings täuscht sich unser Gehirn in seinen Vorhersagen. Das können Sie an einer außer Betrieb befindlichen Rolltreppe (oder an einem Flughafen-Laufband) testen. Obwohl Sie wissen, dass die Rolltreppe ausgeschaltet ist, übernimmt der unbewusste Autopilot die Kontrolle – und Ihr Körper verhält sich so, als würde sich die Rolltreppe bewegen. Vielleicht verlieren Sie sogar kurz die Balance. Der Trick funktioniert allerdings nur, wenn Sie versuchen, möglichst wenig an die Rolltreppe zu denken. Gehen Sie einfach drauflos, als wäre alles ganz normal. In Laborexperimenten hat sich gezeigt, dass sich das Gehirn sehr schnell an die ungewohnte Situation anpasst – nach mehreren Wiederholungen verschwindet der Effekt.

Aktivität

Chamäleon-Effekt

Menschen imitieren andere, oft ohne sich dessen bewusst zu sein. Der US-Forscher John Bargh nennt das den «Chamäleon-Effekt». In einem Experiment ließ er Probanden in Paaren Fotos beschreiben. Was die Versuchspersonen nicht wussten: Es ging überhaupt nicht um die Fotos. Vielmehr machte eine der beiden Probanden, ein «Komplize» der Forscher, diverse Gesten – zum Beispiel kratzte er sich häufig am Kopf. Der andere Proband imitierte das Verhalten unbewusst. Es ist zwar ein bisschen fies – aber das Experiment können Sie jederzeit mit Freunden ausprobieren. Kratzen Sie sich öfter am Kopf oder reiben Sie sich die Nase.

Aktivität
Das Unbewusste (II)

Mit einem selbstgebastelten Pendel können Sie beobachten, wie unbewusste Denkprozesse Bewegungen steuern. Befestigen Sie einfach eine Büroklammer an einem Stück Bindfaden, zeichnen Sie ein Kreuz auf ein Blatt Papier und lassen Sie die Büroklammer darüberpendeln. Stellen Sie sich eine Frage mit Ja / Nein-Antwort, etwa «Besitze ich ein Auto?» oder «Habe ich Kinder?» Wenn das Pendel im Uhrzeigersinn um das Kreuz kreist, bedeutet das «Ja». Wenn es sich gegen den Uhrzeigersinn bewegt, heißt das «Nein». Bringen Sie Ihr Pendel jetzt zum Schwingen. Wahrscheinlich wird die Pendelbewegung die richtige Antwort liefern. Unbewusst geben die motorischen Zentren in Ihrem Gehirn dem Pendel die «richtige» Drehrichtung. Neuropsychologen bezeichnen dieses Phänomen als «ideomotorischen Effekt».

Aktivität

Seien Sie traurig!

In seinem Buch *Gefühle lesen* beschreibt Paul Ekman, wie man Emotionen bewusst herbeiführen kann. Probieren Sie es aus:

Halten Sie Ihren Mund offen.

Ziehen Sie die Mundwinkel herunter.

Während Sie versuchen, die Mundwinkel unten zu halten, versuchen Sie, Ihre Backen zu heben.

Behalten Sie diese Spannung bei.

Blicken Sie nach unten und lassen Sie Ihre oberen Lider fallen.

Das sollte reichen, um Sie einen Augenblick lang traurig zu machen!

Das Gedächtnis – Reisen in der Zeit

Sonntagmorgen, an einem kalten Wintertag in Frankreich. Ein junger Mann kommt durchgefroren nach Hause. Die Mutter reicht ihm Tee und Kuchen. Bedrückt vom trüben Wetter, führt er einen Löffel Tee mit einem aufgeweichten Stück Kuchen an die Lippen. Da geschieht es plötzlich: «In der Sekunde nun, als dieser mit dem Kuchengeschmack gemischte Schluck Tee meinen Gaumen berührte, zuckte ich zusammen und war wie gebannt durch etwas Ungewöhnliches, das sich in mir vollzog. Ein unerhörtes Glücksgefühl, das ganz für sich allein bestand und dessen Grund mir unbekannt blieb, hatte mich durchströmt.» Der junge Mann kann sich das überwältigende Gefühl nicht erklären. «Woher strömte diese mächtige Freude mir zu? Ich fühlte, dass sie mit dem Geschmack des Tees und des Kuchens in Verbindung stand, aber darüber hinaus ging und von ganz anderer Wesensart war. Woher kam sie mir? Was bedeutete sie? Wo konnte ich sie fassen?»

Allmählich dämmert ihm, dass die eigentliche Ursache des Gefühlsausbruchs in ihm selbst liegt. Irgendetwas in seinem Inneren muss da in Bewegung geraten sein. Der Mann fragt sich, ob die Erinnerung je an der Oberfläche seines Bewusstseins auftauchen wird. Da löst sich plötzlich das Rätsel: «Und dann mit einem Male war die Erinnerung da.» Dem Mann fällt ein, dass ihm seine Tante Leonie früher am Sonntagmorgen stets den gleichen Kuchen reichte, nachdem sie ihn in Lindenblütentee getaucht hatte. Er erinnert sich an das Haus, an die Menschen, an seine Tage in Combray: «All das, was nun Form und Festigkeit annahm, Stadt und Gärten, stieg aus meiner Tasse Tee.»

In seinem 1927 erschienenen Roman *Auf der Suche nach der verlorenen Zeit* schildert der französische Schriftsteller Marcel Proust eines der eindrücklichsten Erinnerungserlebnisse der Literaturgeschichte. Kein anderer Schriftsteller war so besessen von der Macht der Vergangenheit. Insgesamt 14 Jahre lang, bis knapp vor seinem Tod, schrieb er an seinem 3000 Seiten starken Werk. Vielleicht hing seine Obsession auch mit seinen Lebensumständen zusammen. In dieser Phase verließ der kränkliche Schriftsteller kaum sein Zimmer, von der Welt war er abgeschottet. Statt den Raum zu erkunden, reiste er durch die Zeit.

Erinnerungen sind unser Leben. Wir alle kennen das Gefühl, wenn Bilder und Szenen aus unserer Kindheit in uns aufsteigen. Besonders intensive Erinnerungen begleiten uns ein Leben lang, und je älter wir werden, desto öfter denken wir an die Vergangenheit.

Ohne Erinnerungen könnten wir nicht lernen. Wir müssten jeden Fehler immer wieder begehen. Unsere persönliche Identität würde zerfallen; wir wären hilflos, ja verloren.

Fast alles, was wir tun, beruht auf der ungeheuren Leistungsfähigkeit unseres Gedächtnisses. Überlegen Sie, woran Sie sich erinnern müssen, wenn Sie bloß einen simplen Telefonanruf tätigen: Wie heißt mein Gesprächspartner? Wie lautet seine Nummer? Wie tätige ich einen Anruf? Was will ich sagen? Warum rufe ich überhaupt an?

Ein Telefon – was ist das überhaupt?

Das Rätsel der Erinnerung beschäftigte schon die griechischen Philosophen. In Platons Dialog *Menon* wird Sokrates mit einer scheinbar paradoxen Frage konfrontiert: Wie kann man etwas suchen, was man nicht kennt? Sokrates antwortet mit der Lehre der Wiedererinnerung (anamnesia): In früheren Leben hat die Seele schon alles erlebt. «Das Suchen und Lernen ist demnach ganz und gar Erinnerung», sagt Sokrates. An einer anderen Stelle vergleicht Platon das Gedächtnis mit einer Wachstafel: «Was sich nun abdrückt, dessen erinnern wir uns und wissen es, solange sein Abbild vorhanden ist. Hat man aber dieses ausgelöscht oder hat es gar nicht abgedrückt werden können: so vergessen wir die Sache und wissen sie nicht.»

Platons Theorie der Wiedererinnerung kommt heutigen Vorstellungen der Neurowissenschaft durchaus nahe. Natürlich gehen moderne Hirnforscher nicht von der Unsterblichkeit der Seele aus. Doch Platons zentrale Idee hat sich bestätigt: Lernen ohne Erinnerung ist unmöglich. Jedes neue Wissen knüpft an bereits bestehendes an. Jede Erinnerung ist ein komplexes Netzwerk von Assoziationen.

Unsere Erinnerungen halten Ereignisse nicht einfach dokumentarisch fest wie Schnappschüsse aus dem Familienalbum. «Unsere Erinnerungen speichern ab, wie wir ein Ereignis erlebt haben – nicht das Ereignis selbst», meint der Gedächtnisforscher Daniel Schacter. Eine Erinnerung ist keine Kopie der Realität. Unser Gehirn rekonstruiert Erfahrungen im Licht unseres heutigen Wissens. Es wählt aus, interpretiert und bewertet. Unser Gehirn entscheidet, was wichtig ist. Was wir Erinnerung nennen, ist eine mehr oder weniger plausible Geschichte.

Über Jahrmillionen hat sich unser Gedächtnis an die Anforderungen des Lebens angepasst. Im evolutionären Selektionsprozess hatten Tiere, die sich an gefährliche Situationen erinnern konnten, einen Überlebensvorteil. «Ein Gedächtnissystem, das ständig schwere Fehler produziert, könnte nicht über so viele Generationen überleben», sagt Schacter.

Als ein 67-jähriger Italiener am 19. März 1992 morgens aufwachte, merkte er sofort, dass irgendetwas nicht stimmte. Er konnte seinen rechten Arm nicht mehr bewegen und hatte Schwierigkeiten zu sprechen. Vor allem aber konnte er sich nicht mehr an die Vergangenheit erinnern. Und er wusste nicht einmal mehr sicher, wer er war. Die Ärzte diagnostizierten retrograde Amnesie. Sämtliche Erinnerungen an die Zeit vor seinem Schlaganfall waren ausgelöscht.

Der frühere Maler und Dichter erkannte seine eigenen Werke nicht mehr. Er konnte sich weder an seine Frau noch an seine Kinder erinnern, und auch Ereignisse nach dem Schlaganfall konnte er nur schlecht behalten. Der Mann hatte sein Selbst verloren.

Ein Jahr später bekam der Patient, den die Hirnforscher GR nennen, plötzlich Herzrhythmusstörungen. Die Ärzte entschieden, ihm einen Schrittmacher einzusetzen. Als er unter lokaler Betäubung auf dem OP-Tisch lag, schoss ihm plötzlich etwas durch den Kopf – es war die Erinnerung an eine andere, 25 Jahre zurückliegende Operation. Wenige Augenblicke später waren ihm auch Details des damaligen Eingriffs präsent. Bald schwamm sein Kopf in einem Meer von Erinnerungen. Seine Vergangenheit kehrte zurück.

Wir alle wissen, wie fragil unser Gedächtnis ist. Erinnerungen verblassen im Lauf der Zeit, und je älter wir werden, umso schwerer fällt es uns, Dinge zu behalten. Aber warum vergessen wir überhaupt? Und wieso können wir uns plötzlich wieder an Dinge erinnern?

In unserem Gehirn gibt es keine «Gedächtnisregion», die alle Erinnerungsvorgänge steuert. Vielmehr wirken eine ganze Reihe von Systemen und Prozessen zusammen.

Wie unser Gehirn ein Ereignis abspeichert, haben die Neurowissenschaftler zumindest teilweise verstanden. Zuerst müssen Inhalte im Kurzzeit- oder Arbeitsgedächtnis erfasst werden. Dabei bildet sich ein vorübergehendes Verknüpfungsmuster zwischen Nervenzellen. Verschiedene Hirnregionen analysieren die einzelnen Aspekte des Ereignisses, etwa Geräusche, Farben oder Wörter, andere bewerten den emotionalen Gehalt. Durch den Informationsfluss verstärken sich die synaptischen Verbindungen zwischen den Neuronen – schließlich entsteht ein dauerhaftes Muster, eine Langzeiterinnerung.

Ob eine Erinnerung haften bleibt, entscheidet sich schon in den ersten Sekunden. Entscheidend ist die «Kodierung» – also wie unser Gehirn die eingehende Information verarbeitet. So behalten wir Inhalte besser, wenn wir sie mit bereits bestehendem Wissen verknüpfen. Besonders effektiv können dabei visuelle Bilder sein. Auch nach den ersten Sekunden haben wir noch Einfluss darauf, ob eine Erinnerung sofort wieder verschwindet oder unauslöschlich in unserem Gedächtnis bleibt. Wie eine Reihe von Studien gezeigt hat, behalten wir Ereignisse besser, wenn wir darüber sprechen oder nachdenken – also eine Art Geschichte dazu erzählen.

Im Lauf der Zeit werden die neuronalen Verbindungsmuster, die eine Erinnerung speichern, schwächer. Um die Verbindungen wieder zu stärken, müssen wir Gedächtnisinhalte immer wieder aufrufen – sonst vergessen wir sie irgendwann. Wie eine Reihe von Studien gezeigt hat, kann unser Gehirn auch scheinbar schon verlorene Inhalte wiederherstellen. Sogenannte Abrufreize erinnern uns daran, wie wir einen Inhalt ursprünglich kodiert haben. Ein Wort oder ein Bild, das mit der Erinnerung verbunden ist, kann genügen.

Der Psychologe Willem Wagenaar führte vier Jahre lang penibel Tagebuch. Dabei hielt er verschiedene Aspekte jedes Ereignisses fest: Datum, Uhrzeit und Ort, Namen von Personen und eine kurze Beschreibung, was passiert ist. In den vier Jahren schaute er kein einziges Mal in sein Tagebuch. Danach führte er einen

Selbsttest mit verschiedenen Abrufreizen durch. Das Ergebnis: Je mehr Abrufreize er benutzte, umso wahrscheinlicher war es, dass er sich an wesentliche Details des Ereignisses erinnern konnte.

Eine Vielzahl von Büchern versprechen effektive Methoden, um das Gedächtnis zu verbessern. Im Regelfall konzentrieren sich diese «Mnemotechniken» auf die Kodierungsvorgänge in den ersten Augenblicken der Gedächtnisbildung. Besonders beliebt sind dabei visuelle Techniken, die auf der Verknüpfung von Inhalten mit mentalen Bildern beruhen. Erfunden wurden sie schon vor mehr als 2000 Jahren – bereits die alten Griechen kämpften mit ihrer Vergesslichkeit.

Gedächtniskünstler beeindrucken heute ihr Publikum mit ihrer Fähigkeit, unfassbar lange Zahlenkolonnen zu memorieren. In der Regel beruhen diese Fähigkeiten auf Mnemotechnik – und auf jahrelangem Training. Der Nutzen von Mnemotechnik ist heute durch Laborexperimente klar belegt. Allerdings scheitern viele Methoden daran, dass sie in der Anwendung ziemlich kompliziert sind. «Um von Mnemonik oder einer anderen Methode zur Verbesserung der elaborativen Kodierung zu profitieren, muss die Methode einfach genug sein, um sie regelmäßig anzuwenden», meint Hirnforscher Schacter. Eine solche Methode besteht darin, die Information, die man sich merken möchte, mit bereits bestehendem Wissen zu verknüpfen – etwa indem man sich selbst Fragen dazu stellt.

Im August 1967 spielte der Geiger David Margetts zweite Violine in einem Streichquartett an der UCLA. Die Musik-Fakultät hatte ihm eine kostbare Stradivari geliehen. Nach dem Konzert legte er sie aufs Dach seines Autos – und fuhr davon. Es dauerte 27 Jahre, bis das teure Instrument wieder auftauchte. Ein Händler hatte die Geige wiedererkannt. Was ging in dem Musiker vor, als er die Stradivari auf sein Autodach legte? Wie konnte er nur?

Aufmerksamkeit spielt bei der Gedächtnisbildung eine zentrale Rolle. Wenn wir unaufmerksam sind, kann das Gehirn eine neue Information nicht ausreichend kodieren. Häufig ist unser Gehirn gerade mit etwas anderem beschäftigt. Gedankenversunken legen wir unsere Autoschlüssel irgendwohin – und können sie dann stundenlang nicht finden. Wir denken über unseren Kontostand nach, während wir die Rechnung unterschreiben – und lassen prompt die Kreditkarte liegen.

Solche Fehlleistungen unterlaufen uns meist bei Routineaktivitäten, über die wir nicht viel nachdenken müssen. Viele Autofahrer kennen die Erfahrung, Hunderte Kilometer gefahren zu sein, ohne dass sie sich an die letzten Kilometer erinnern können. «Unser Autopilot gewährt uns die kognitive Freiheit, uns während einer Aktivität auf andere Dinge konzentrieren zu können. Die Kosten bestehen darin, dass wir uns an die ‹automatische› Aktivität nicht mehr erinnern können», meint Schacter.

Eine besonders gravierende Fehlleistung ist die sogenannte Veränderungsblindheit. In einschlägigen Studien verändert man Bilder oder Filmszenen mehr oder weniger stark, um herauszufinden, ob die Probanden die Manipulationen registrieren – ähnlich wie bei Suchbildern in Rätselzeitschriften. Das verblüffende Ergebnis: Selbst gravierende Veränderungen fielen den Teilnehmern nicht auf. In einem Fall zeigte man eine Filmsequenz von Basketballern, die einander Bälle zuspielten. Die Probanden sollten die Anzahl der Pässe zählen. Nur die Hälfte bemerkte den Gorilla, der übers Spielfeld lief, in der Mitte stehen blieb – und sich auf die Brust trommelte!

Das Gehirn konstruiert unsere Erinnerungen. Manchmal gaukelt es uns auch etwas vor. Dann erinnern wir uns an Ereignisse, die niemals stattgefunden haben. Oder wir sind umgekehrt überzeugt, dass wir ein Ereignis schon einmal erlebt haben. Dann wieder ordnen wir eine Erinnerung zeitlich oder räumlich falsch zu.

Im Jahr 1991 bekam ein britischer Fotograf plötzlich Sehprobleme. Kurze Zeit später hatte er auch Gedächtnisschwierigkeiten. Wildfremde Menschen erschienen ihm plötzlich vertraut. Passanten auf der Straße hielt er für Filmstars oder andere berühmte Persönlichkeiten. Hirnforscher haben heute eine Erklärung für das bizarre Phänomen: Ein bekanntes Gesicht aktiviert in unserem Gehirn eine bestimmte Region, die zwar eine Beschreibung des Gesichts produziert – nicht aber Informationen über die Identität der Person. Um das Gesicht zu identifizieren, muss dieses Netzwerk mit einem anderen kommunizieren, das Informationen zur Identität bereitstellt.

Neuropsychologen haben heute Methoden entwickelt, um Menschen gezielt falsche Erinnerungen einzupflanzen. Die Forscherin Elizabeth Loftus von der University of Washington etwa ließ Versuchspersonen ein Ereignis wie einen Verkehrsunfall beobachten. Dann bekamen die Probanden Fehlinformationen, etwa über ein Stoppschild oder einen falschen Namen. Regelmäßig bauten die Versuchspersonen diese Fehlinformationen in ihre Erinnerungen ein. In anderen Versuchen fragten Forscher Kinder immer wieder nach bestimmten Ereignissen, die in Wahrheit niemals stattgefunden hatten – die Mehrzahl «erinnerte» sich später daran.

Unser Gehirn ist kein neutraler Beobachter. Stattdessen legt es sich eine passende Geschichte zurecht. So können wir uns leichter an Fakten erinnern, die unsere Überzeugungen bestätigen. Widersprüche hingegen behalten wir nur schlecht. Und oft beeinflusst purer Egoismus unsere Erinnerung. In einem Experiment erzählte man Studenten, dass eine introvertierte

Persönlichkeit für den akademischen Erfolg wichtig sei. Prompt produzierte ihr Gehirn schneller Erinnerungen an Ereignisse, bei denen sie sich introvertiert verhielten.

Emotionale Reaktionen hängen eng mit Aufmerksamkeit zusammen. Das Gedächtnis kann ein emotional kodiertes Ereignis daher besser abspeichern. Emotional aufgeladene Erinnerungen behalten wir leichter. Aus der Aktivität der Amygdala (eine Hirnregion, die mit Furchtreaktionen zu tun hat) während einer bedrohlichen Situation können Hirnforscher heute vorhersagen, wie gut sich Versuchspersonen später an dieses Ereignis erinnern können.

Beim Erinnern denken wir meist an Ereignisse der Vergangenheit. Doch ohne unser Gedächtnis können wir auch unsere Zukunft nicht planen. Ständig müssen wir Informationen parat haben, die sich auf vor uns liegende Ereignisse beziehen. Denken Sie an Einkaufslisten, Kalendereinträge und vieles mehr.

Unser Gedächtnis ist eine Zeitmaschine. Zwischen der Erinnerung an die Vergangenheit und unserer Fähigkeit, uns die Zukunft vorzustellen, scheint eine enge Verbindung zu bestehen. Schon die alten Griechen hatten diese Idee.

In der modernen Hirnforschung lieferte der Patient K. C. wichtige Hinweise. Nach einer schweren Hirnverletzung hatte der Mann 1981 sein Gedächtnis verloren. Vor allem sein episodisches Gedächtnis war ausgelöscht: Er wusste zwar viele Fakten, aber nichts über seine eigene Vergangenheit. Doch er hatte noch ein anderes Problem. Er konnte keine Pläne für seine Zukunft entwickeln.

Die Vermutung der Forscher hat sich seither erhärtet. Mit Hilfe bildgebender Methoden konnte man nachweisen, dass das Vorstellen der Zukunft die gleichen Hirnregionen aktiviert wie die Erinnerung an die Vergangenheit. Eine zentrale Rolle dabei spielt offenbar der Hippocampus, ein Hirnareal, das man bis-

132

her nur mit der Kodierung neuer Erinnerungen in Verbindung brachte.

Offenbar führt unser Gehirn unbemerkt noch weit mehr Zeitreisen durch, als wir denken.

In Experimenten haben Forscher ein Schattennetzwerk in unserem Gehirn gefunden. Wenn andere Hirnregionen aktiv sind, schaltet dieses Netzwerk ab. Wenn wir umgekehrt nur ruhig daliegen und gar nicht denken, leuchtet es unter dem Hirnscanner heftig auf. Einige Forscher vermuten, dass unser Gehirn im «Ruhezustand» Erinnerungen verarbeitet – und zugleich über die Zukunft spekuliert.

Rund 12 Prozent unserer wachen Zeit, so haben Forscher ausgerechnet, verbringt unser Gehirn in der Zukunft. Aus dem Blickwinkel der Evolution betrachtet, macht das «Zeitreisen-Modul» in unserem Gehirn Sinn: Unseren Vorfahren brachte es einen Überlebensvorteil. Heute hilft es uns, Pläne zu verwirklichen und Fehler zu vermeiden.

Aktivität
Mnemotechnik (I): Kategorien bilden

Angenommen, Sie wollen eine Einkaufsliste memorieren. Eine einfache Methode besteht darin, die Artikel nach Kategorien zu gruppieren. Die Technik nutzt die Fähigkeit unseres Gehirns, Ähnlichkeiten zu erkennen. Statt sich die Begriffe einfach ungeordnet zu merken, memorieren Sie sie nach Kategorien:

Milchprodukte – Milch, Käse, Joghurt, Quark

Getränke – Bier, Mineralwasser, Fruchtsaft

Haushaltsartikel – Scheuertücher, Waschmittel, Bodenreiniger

Die Methode funktioniert natürlich nur, wenn sich die einzelnen Begriffe leicht in Kategorien einordnen lassen. Wenn Sie sich Begriffe merken wollen, die nichts oder wenig miteinander zu tun haben, kann es helfen, eine Art interaktives Bild zu erzeugen.

Angenommen, die Liste lautet Hamster, Stuhl, Stift, Spiegel, Radio, München, Regen, Auto, Fußball. Um sich diese Liste zu merken, stellen Sie sich zum Beispiel Folgendes vor:

Ein Hamster sitzt auf einem Stuhl mit einem Stift in der Pfote, liest den Spiegel und hört Radio, während in München Regen fällt und draußen ein Auto über einen Fußball rollt.

Das Bild wird Ihnen helfen, die Liste mit immerhin neun Begriffen besser zu behalten.

Aktivität
Mnemotechnik (II): Die Reise

Fast jedes mnemonische System beruht auf mehreren «Henkeln», an denen man Informationen gewissermaßen «aufhängen» kann. Der Trick dabei besteht schlicht darin, neue Informationen mit bereits bestehenden Gedächtnisinhalten zu verknüpfen. Im Prinzip lassen sich beliebige Listen von Wörtern als Gedächtnisstütze verwenden; wichtig ist nur, dass Sie die Liste immer im Kopf haben. Schon die antiken Mnemotechniker hatten die Idee, Bilder gedanklich an bestimmten Orten zu deponieren und sie später dort wieder «abzuholen». Die alten Lehrbücher empfahlen dafür öffentliche Gebäude. In der Renaissance sprach man von «Gedächtnis-Palästen». Wichtig ist es, dass Sie sich an diesem Ort gut auskennen. Ein naheliegendes Ortssystem wäre natürlich Ihre eigene Wohnung oder der tägliche Weg zur Arbeit. Im ersten Schritt müssen Sie Ihre Route genau festlegen, also eine Reihenfolge von Orten – die Wohnungstür, das Badezimmer, den Fernseher, das Sofa, der Schreibtisch, die Heizung. Die Reihenfolge darf sich dabei nicht verändern. Am besten rekapitulieren Sie sie immer wieder, um Ihr Ortsgedächtnis zu trainieren. Im nächsten Schritt müssen Sie versuchen, die Gedächtnisinhalte auf möglichst lebendige Weise in mentale Bilder zu packen. Einen Stift könnten Sie sich zum Beispiel als Rakete mit Feuerschweif einprägen.

Nun verteilen Sie die Objekte gedanklich auf die einzelnen Orte entlang Ihrer Route. Auch dabei ist es wichtig, dass Sie möglichst originelle mentale Bilder erzeugen. Zum Beispiel könnten Sie die «Butter» aus einer Einkaufsliste gedanklich auf der Heizung ablegen und sich dabei vorstellen, wie die Butter den Heizkörper herunterrinnt. Oder Sie stellen sich vor, wie der «Stift» (also die Rakete mit Feuerschweif) über dem Schreibtisch aufsteigt. Die emotionale Komponente dabei ist wichtig, weil sie das Einspeichern der Informationen erleichtert. Wenn Sie die Liste wieder aus Ihrem Gedächtnis abrufen wollen, müssen Sie nur Ihre Route ablaufen – und die einzelnen Inhalte quasi einsammeln.

Aktivität
Mnemotechnik (III): Verbale Techniken

Bilder sind als Gedächtnisstützen deshalb bewährt, weil sie dem Gehirn die emotionale Kodierung der Information erleichtern. Manchmal können aber auch rein verbale Techniken nützlich sein.

Zum Beispiel Abkürzungen: Wenn Sie sich die Begriffe Fernseher, Teddybär, Salami, Kant und Schnaps merken wollen, könnten Sie sich die Abkürzung FTSKS einprägen. Die Anfangsbuchstaben dienen Ihrem Gehirn als Abrufreize, die den Abruf der Information erleichtern.

Ähnlich funktionieren Akrostika: Dabei formen Sie aus den Anfangsbuchstaben der Merkbegriffe einen neuen Satz. Im Fall von FTSKS könnte der lauten: Feige Tänzer Sind Keine Soldaten.

Als Kind haben Sie sich vielleicht die Himmelsrichtungen auf ähnliche Weise eingeprägt («Nie Ohne Seife Waschen»).

Aktivität
Bahnung

Jeder kennt das Problem: Der Name eines Schauspielers liegt uns auf der Zunge. Wir wissen, dass wir ihn wissen. Irgendwo in unserem Gedächtnis ist er gespeichert, aber in diesem Augenblick fällt er uns nicht ein. Doch wir können etwas tun, um uns das Erinnern zu erleichtern. Wir könnten versuchen, uns an andere Filme zu erinnern, in denen Schauspieler X mitgespielt hat. Oder an die Filmmusik. An die Handlung. An andere Schauspieler. An den Vornamen von X. Oder wenigstens an den Anfangsbuchstaben des Vornamens. Mit einer dieser Techniken werden Sie irgendwann höchstwahrscheinlich Erfolg haben. Das psychologische Konzept dahinter heißt «Priming» (Bahnung): Wenn wir über einen bestimmten Begriff nachdenken, sind verwandte Inhalte für unser Gedächtnis leichter verfügbar. Zeigt man Menschen in einem Experiment den Begriff Essen, dann reagieren Sie schneller auf Wörter wie Fleisch oder Teller als auf

Begriffe wie Internet oder Auto. Die mit «Essen» assoziierten Begriffe sind in unserem Gedächtnis offenbar enger miteinander verbunden.

Aktivität
Falsche Erinnerungen

Ein kleiner Gedächtnistest: Lesen Sie sich die Begriffe aus der folgenden Liste laut vor. Schließen Sie dann das Buch und notieren Sie, bevor Sie weiterlesen, welche Begriffe Sie sich gemerkt haben.

Bett	Ruhe	Wach
Traum	Decke	Schlummer
Schnarchen	Nickerchen	Dösen
Kissen	Müde	Nacht

Es geht nicht darum, wie viele von den Begriffen Sie sich gemerkt haben. Die interessante Frage ist: Haben Sie sich den Begriff «Schlaf» gemerkt? Wenn ja, dann hat Ihr Gehirn ein Phantom produziert: Das Wort «Schlaf» steht nämlich gar nicht auf der Liste.

Moral – Ist Denken gut oder böse?

Stellen Sie sich folgende Szene vor: Auf einem Spaziergang sehen Sie, wie ein leerer Güterwaggon eine Eisenbahnschiene entlangrast – genau auf fünf Arbeiter zu, die nichts von der Gefahr bemerken. Zufällig stehen Sie neben einer Weiche. Wenn Sie den Hebel betätigen, rollt der Waggon auf ein Nebengleis, und die Arbeiter sind gerettet. Allerdings tötet der Waggon dann einen Arbeiter auf dem Nebengleis. Würden Sie die Weiche stellen – und einen Menschen töten, um fünf andere zu retten?

Nun eine andere Szene: Diesmal sehen Sie von einer Brücke aus, wie der Waggon auf die fünf Arbeiter zurollt. Die einzige Möglichkeit, das Unglück zu verhindern, besteht darin, einen schweren Gegenstand auf das Gleis zu werfen. Neben Ihnen steht zufällig ein dicker Mann. Würden Sie den Mann hinunterstoßen, um die anderen fünf zu retten?

Die meisten Menschen beantworten die erste Frage mit Ja – die zweite hingegen mit Nein. Dabei laufen beide Alternativen auf das Gleiche hinaus: Sie töten einen Menschen, damit fünf andere überleben. Rund 200 000 Menschen aus über hundert Ländern, aus allen Bildungsschichten und Altersklassen haben im Internet an diesem Gedankenexperiment teilgenommen. Die Mehrheit der Probanden beurteilte die Szenarien unterschiedlich, und die meisten konnten dafür nicht einmal eine Erklärung geben. Das Ergebnis beschäftigt Philosophen und Psychologen bis heute.

Nach einer rein rationalen Kosten-Nutzen-Überlegung müssten wir eigentlich beide Alternativen gleich bewerten. Doch irgendetwas scheint uns zu sagen, dass es verwerflicher ist, einen Menschen eigenhändig von der Brücke zu stoßen – statt ihn durch das Umlegen der Weiche zu töten. Die Antwort liegt offenbar in unseren Emotionen. So glaubt der Philosoph und Neurowissenschaftler Joshua Greene, dass wir einen angeborenen Instinkt besitzen, anderen Menschen keine physische Gewalt anzutun. Mit Hilfe funktioneller Magnetresonanztomographie schaute der Forscher Probanden ins Gehirn, während sie über das Problem nachdachten. Bei dem Szenario, in dem sie selbst Hand an der Person anlegen mussten, leuchteten einige Hirnareale auf, die für rationale Denkprozesse zuständig sind – aber auch einige Netzwerke, die mit Emotionen zu tun haben. Offenbar tobte im Gehirn ein Konflikt. Beim Alternativszenario, in dem sie nur die Weiche stellen mussten, waren hingegen nur die rationalen Zentren aktiv. Offenbar behalten im ersten Fall die Emotionen die Oberhand über die Vernunft.

Auch im täglichen Leben sind wir immer wieder mit moralischen Entscheidungen konfrontiert – von ganz alltäglichen Problemen bis hin zu schwerwiegenden Gewissenskonflikten. Unter welchen Umständen dürfen wir ein Versprechen brechen? Müssen wir uns selbst in Gefahr begeben, um einem anderen zu helfen?

Natürlich schreiben uns Gesetze und Normen vor, wie wir uns verhalten sollen. Aber woher wissen wir, dass diese Vorschriften richtig sind? An welchen moralischen Maßstäben soll sich unser Denken orientieren? Brauchen wir für moralische Entscheidungen einen kühlen Kopf – oder hören wir besser auf unser Gefühl?

Für René Descartes war die Antwort klar. Wir müssen die «Leidenschaften der Seele» aus dem Spiel lassen und auf die Vernunft vertrauen. Dabei können wir grundsätzlich zwischen zwei Richtungen wählen.

Utilitaristen stellen die Konsequenzen einer Handlung in den

Vordergrund. Moralische Urteile gründen nach diesem Modell darauf, wie sich eine Handlung auf das Wohlergehen aller Beteiligten auswirkt. Nach der «deontologischen» Sicht hingegen sind moralische Entscheidungen in sich richtig oder falsch – unabhängig davon, zu welchen Konsequenzen sie führen. Ein Versprechen zu brechen, ist auch dann moralisch falsch, wenn dadurch kein Schaden entsteht.

Immanuel Kant versuchte, universell gültige moralische Prinzipien aus reinen Vernunftgründen abzuleiten. Ob eine Handlung moralisch gerechtfertigt ist, hängt nicht von ihrer Wirkung ab. Entscheidend ist vielmehr das «Prinzip des Wollens» – also die Regel, an der wir uns orientieren. Moralische Entscheidungen sind demnach eine Frage der praktischen Vernunft. Als rationale Wesen können wir objektive Prinzipien aufstellen, nach denen wir handeln können. Der Gedankengang führt Kant zu seinem berühmten «Kategorischen Imperativ»: «Handle nur nach derjenigen Maxime, von der du zugleich wollen kannst, dass sie ein allgemeines Gesetz werde.»

Als rationale Wesen können wir nicht einfach tun, was wir subjektiv für richtig halten. Stattdessen müssen wir uns fragen: Wie wäre es, wenn sich alle so verhielten?

Dazu ein Beispiel: Angenommen, Thomas muss sich aus Not von seinem Freund Karl Geld leihen. Zwar weiß er, dass er das Geld nicht zurückzahlen kann. Andererseits leiht ihm der Freund nichts, wenn er nicht verspricht, seine Schulden zu begleichen. Ist es moralisch gerechtfertigt, unter diesen Umständen ein falsches Versprechen abzugeben? Thomas könnte für sich die Maxime aufstellen: «Bevor ich meine Miete nicht mehr bezahlen kann, leihe ich mir lieber Geld – auch wenn ich weiß, dass ich es nicht zurückzahlen kann.» Als Kant-Anhänger müsste sich Thomas nun fragen, was passieren würde, wenn seine persönliche Maxime als Gesetz für alle gelten würde –

wenn also jeder Versprechen geben könnte, in der Absicht, sie nicht zu halten. Natürlich wären die Konsequenzen katastrophal. Niemand würde mehr glauben, was man ihm verspricht. Ein solches Gesetz würde letztlich auch Menschen wie Thomas schaden. Als rationales Individuum kann Thomas das nicht wollen – folglich darf auch er selbst kein falsches Versprechen geben. Aus dem gleichen Grund ist es moralisch falsch zu stehlen, zu lügen oder zu morden: Ein allgemeines Gesetz, dass solche Verhaltensweisen erlauben würde, hätte verheerende Folgen für alle – inklusive die Diebe, Lügner und Mörder.

Nach Kants Auffassung treffen wir moralische Entscheidungen letztlich rational – indem wir über die allgemeinen Prinzipien reflektieren, nach denen wir handeln. Emotionen kommen dem Denken dabei in die Quere. Doch in vielen alltäglichen Situationen zeigt sich, dass uns der Kategorische Imperativ nicht immer weiterhilft. In manchen Fällen müssen wir Versprechen brechen, um Schaden abzuwenden. Auch das Waggon-Dilemma können wir mit Kants Methode nicht lösen: Wenn wir Töten für grundsätzlich unzulässig halten, dürfen wir einen Menschen selbst dann nicht töten, wenn wir dadurch Tausende andere retten könnten.

Irgendwie scheint Kants Theorie unseren alltäglichen Erfahrungen zu widersprechen. Ständig treffen wir moralische Entscheidungen, ohne viel darüber nachzudenken oder gar den Kategorischen Imperativ zu Rate zu ziehen. Oft sagt uns einfach ein Bauchgefühl, was wir tun sollen – und was besser nicht. Erst hinterher denken wir über die Gründe nach.

Schon der schottische Philosoph David Hume war davon überzeugt, dass unsere moralischen Entscheidungen nicht auf rationalem Nachdenken gründen – sondern auf unseren Emotionen. Wir spüren instinktiv, was richtig und was falsch ist. Das rationale Denken kann hinterher zwar abwägen und analysieren, doch der Antrieb kommt aus einem angeborenen moralischen Instinkt, der unsere Entscheidungen und unser Handeln lenkt. «Die Vernunft ist, und sollte es nur sein, die Sklavin der Leidenschaften …», schrieb Hume. Moralische Urteile gleichen demnach ästhetischen Empfindungen. Ein Kunstwerk halten wir für «schön», wenn es uns spontan ein gutes Gefühl vermittelt. Ebenso halten wir eine Handlung für moralisch gut, wenn sie sich für uns gut «anfühlt».

Humes Auffassung kommt den heutigen Vorstellungen näher als die Theorie Kants. Hirnforscher und Psychologen gehen davon aus, dass Emotionen bei moralischen Entscheidungen eine zentrale Rolle spielen. Das zeigt sich unter anderem an Menschen, die zu keinen Gefühlen fähig sind. Psychopathen verfügen häufig über durchaus normale geistige Fähigkeiten und ein funktionierendes Urteilsvermögen. Sie können sehr wohl abstrakt zwischen Gut und Böse unterscheiden. Aber sie «spüren» den Unterschied nicht – das macht sie so gefährlich. «Psychopathen haben eine fundamentale emotionale Störung», schreibt der Psychologe James Blair vom US-National Institute of Mental Health: «Wenn wir ein ängstliches Gesicht in einem Film sehen, fühlen wir uns automatisch auch ängstlich. Psychopathen fühlen nichts. Es ist so, als würden sie nicht verstehen, was da vor sich geht. Dieses Fehlen von Emotionen ist die Ursache für ihr gefährliches Verhalten. Ihnen fehlen die emotionalen Signale, die unsere moralischen Entscheidungen lenken.»

Umgekehrt scheint altruistisches Verhalten in unserem Gehirn Lustgefühle und Motivation zu erzeugen. In einem Experiment bekamen Versuchspersonen jeweils einen Geldbetrag, den sie entweder behalten oder für wohltätige Zwecke spenden durften. Wenn sie sich entschieden, das Geld zu spenden, wurden die Belohnungszentren in ihrem Gehirn aktiv. Bei einigen war die Aktivität in diesem Fall sogar stärker, als wenn sie das Geld selbst einsteckten.

Allerdings stößt Humes Modell auch auf Grenzen. Emotionen können zwar zu moralischen Entscheidungen beitragen, doch sie liefern keine Erklärung, warum wir etwas für gut oder böse halten. In diesem Punkt haben es die Anhänger Kants leichter: «Kantianer glauben, dass man gute Gründe braucht, um ein bestimmtes Urteil zu treffen. Wenn ein ‹Hume'sches Wesen› nach einer Rechtfertigung gefragt wird, kann es nur mit den Schultern zucken und sagen, dass es sich halt ‹gut anfühlt›», schreibt der Psychologe Marc Hauser.

Schon Sokrates lehnte es ab, Emotionen ins moralische Denken einzubeziehen. Heute wissen die Psychologen, dass «Bauchgefühle» auch in die Irre führen können. Wichtige moralische Entscheidungen ausschließlich auf Emotionen zu gründen, wäre womöglich sogar gefährlich. So neigen wir dazu, eine Handlung mit negativen Konsequenzen für unzulässig zu halten, während wir das Unterlassen einer Handlung für zulässig halten, obwohl die Konsequenzen die gleichen sind. Wie der Psychologe Jonathan Baron meint, kann uns die Intuition blind machen für die Konsequenzen unserer Entscheidungen.

Was steckt hinter unseren moralischen Intuitionen? Wie entstehen sie? Und warum können wir uns häufig gar nicht erklären, warum wir eine Handlung für gut oder böse halten?

Hauser glaubt heute, diese Fragen zumindest teilweise beantworten zu können. «Meine Erklärung ist, dass alle Menschen mit einem moralischen Instinkt ausgestattet sind – einer Fähigkeit, die es jedem Individuum ermöglicht, unbewusst und automatisch eine grenzenlose Vielfalt von Handlungen nach Prinzipien zu beurteilen, die darüber bestimmen, was erlaubt, verpflichtend oder verboten ist.»

Nach Hausers Theorie basiert dieser Instinkt auf einer angeborenen und universellen «moralischen Grammatik» – also auf Prinzipien, an denen wir unser Handeln orientieren. Die Idee stammt eigentlich aus der Sprachwissenschaft. Der Linguist Noam Chomsky hat in den siebziger Jahren die Theorie der «universellen Grammatik» aufgestellt. Nach diesem Modell verfügen bereits Kinder unbewusst über die grundlegenden Prinzipien, die ihnen später ermöglichen, im Prinzip jede Sprache der Welt zu erlernen.

Gewisse moralische Prinzipien haben tatsächlich bereits kleine Kinder. So führten die Psychologen Michael Tomasello und Felix Warneken vom Max-Planck-Institut für Evolutionäre Anthropologie in Leipzig Tests mit 18 bis 24 Monate alten Kleinkindern durch. Die Kleinen beobachteten Erwachsene dabei, wie sie irgendein Problem nicht lösen konnten – zum Beispiel einen Stift vom Boden aufzuheben. Die meisten Kinder boten spontan ihre Hilfe an und griffen nach dem Stift.

In allen Kulturen gibt es Normen, die auf dem Prinzip der Gegenseitigkeit beruhen. Wie du mir, so ich dir. Auge um Auge, Zahn um Zahn. Eine Hand wäscht die andere.

Psychologe Hauser nennt das die «Goldene Regel». «Die Menschen scheinen mit einer Fähigkeit ausgestattet zu sein, die Kooperation in großem Stil zwischen nicht verwandten Individuen erlaubt und stabile Beziehungen auf der Basis von Gegenseitigkeit unterstützt.»

Ohne das Prinzip der Gegenseitigkeit würden unsere sozialen Beziehungen nicht funktionieren. Wir erweisen jemandem einen Gefallen und gehen davon aus, dass sich der andere revanchiert, wenn wir selbst Hilfe benötigen. «Reziprozität ist ein tief verwurzelter Instinkt: Es ist die grundlegende Währung unseres sozialen Lebens», schreibt der Sozialpsychologe Jonathan Haidt.

Das Reziprozitäts-Prinzip erlaubt es uns, auch mit fremden

Menschen zu kooperieren. Der Psychologe Robert Cialdini verschickte im Rahmen eines Experiments nach dem Zufallsprinzip Weihnachtskarten an Menschen, die er noch nie im Leben getroffen hatte. Die meisten angeschriebenen Personen antworteten. Nach dem gleichen Prinzip verteilen Unternehmen und Organisationen Werbegeschenke. Wer etwas von uns will, gibt uns zuerst etwas. Cialdini beobachtete unter anderem, wie Anhänger der Hare-Krishna-Sekte auf der Straße Blumen an Passanten verteilten. Als sie anschließend Spenden einsammelten, konnte kaum einer der Beschenkten widerstehen – selbst wenn er die Blumen gar nicht wollte.

Bei Studien mit bildgebenden Methoden zeigt sich, dass reziprokes Verhalten die Belohnungszentren im Gehirn aktiviert. Bei unfairen Angeboten hingegen reagieren Hirnregionen, die mit negativen Emotionen zu tun haben.

Mit Hilfe von Experimenten versuchen Hirnforscher und Ökonomen, Fairness und Reziprozität zu testen. Zwei der bekanntesten Spiele sind das Ultimatum- und das Diktatorspiel. In beiden Spielen interagieren zwei Spieler, ein «Anbieter» und ein «Antworter», anonym miteinander. Es gibt keinerlei Möglichkeiten zu verhandeln. Beim Diktatorspiel startet der Anbieter mit einem Geldbetrag von beispielsweise zehn Euro. Nach den Regeln des Spiels kann er entweder einen Teil davon seinem Mitspieler anbieten – oder gar nichts. Sobald er sein Angebot gemacht hat, endet das Spiel. Beim «Ultimatum» beginnt das Spiel auf die gleiche Weise. Wieder macht der Anbieter sein Angebot. Diesmal kann der Antworter aber reagieren. Wenn er annimmt, bekommt er den angebotenen Betrag. Lehnt er ab, so gehen beide leer aus.

Wären wir selbstsüchtige Profitmaximierer, so müssten die Anbieter jeweils das geringstmögliche Angebot machen. Im Diktator-Spiel kann der andere sowieso nicht reagieren, und in der Ultimatum-Variante müsste er jeden noch so geringen Betrag annehmen – schließlich ist wenig besser als nichts. Die Resultate der Experimente sehen jedoch ganz anders aus. Im Diktator-Spiel bieten zwar viele Anbieter gar nichts an. Doch einige bieten immerhin die Hälfte – was eigentlich vollkommen irrational, jedoch sehr nett ist. Im Ultimatum wiederum bieten viele fünf Euro an. Die Antworter wiederum tendieren dazu, Angebote unter zwei Euro abzulehnen – was ebenso irrational ist, schließlich schauen sie damit ganz durch die Finger. Offenbar folgen die Spieler einem Fairnessprinzip: Der eine möchte kein unfaires Angebot machen. Der andere wiederum akzeptiert nur Angebote, die er als fair empfindet, auch wenn er sich damit schadet.

Noch interessanter wird es, wenn die Spieler ihre Rollen tauschen und mehrere Runden spielen. Angenommen, Sie spielen eine Runde «Diktator» mit Person A, die Ihnen gar nichts anbietet, sowie eine Runde mit Person B, die Ihnen immerhin fünf Euro offeriert. In der nächsten Runde sind Sie der «Diktator». Was würden Sie A beziehungsweise B anbieten? Wenn Sie so sind wie die meisten Leute, dann bieten Sie A nichts und B fünf Euro an – Sie orientieren sich also am vorangegangenen Verhalten Ihrer Mitspieler. Mit mathematischen Analysen kann man zeigen, dass das Ultimatum-Spiel zu einer fairen Lösung tendiert, wenn der Anbieter weiß, wie sich der Antworter bisher verhalten hat. Offenbar orientieren sich die Menschen an der Reputation ihrer Mitspieler.

Wenn autistische Menschen das Ultimatum-Spiel spielen, verhalten sie sich genauso selbstsüchtig, wie man es von einem rationalen Homo œconomicus erwartet. Im Durchschnitt machen sie um 80 Prozent niedrigere Angebote als psychisch Gesunde – manche boten gerade mal ein paar Cent an. Wie sich in den Experimenten gezeigt hat, können die Autisten die emotionale Reaktion ihrer Mitspieler nicht antizipieren. Viele wunderten sich darüber, dass ihre Mitspieler ihre mickrigen Angebote verärgert ablehnten.

Natürlich können wir uns nicht immer darauf verlassen, dass sich andere fair verhalten. Schon für unsere Vorfahren war es überlebenswichtig, unfaires und eigennütziges Verhalten zu unterbinden – zum Beispiel bei der gemeinsamen Nutzung von Ressourcen wie Nahrung und Land. Das Problem «öffentlicher Güter» versucht man heute in Laborexperimenten nachzustellen. In einem dieser Experimente konnten Spieler dafür bezahlen, unfaire Mitspieler zu bestrafen. Zwar begannen einige, sich Vorteile zu verschaffen. Doch sobald sie realisierten, dass sie dafür bestraft werden konnten, leisteten auch sie ihren Beitrag zum Gemeinwohl. «Die Ergebnisse dieser Spiele liefern Beweise für ein grundlegendes Merkmal der menschlichen Natur: Der einzige Weg, stabile und kooperative Gesellschaften zu garantieren, besteht darin, die offene Überprüfung von Reputation zuzulassen und Mechanismen zur Bestrafung von Betrügern zu schaffen», meint Hauser.

Aktivität
Moralische Dilemmata (I)

Ein Mann ist gerade mit seinem neuen Sportwagen unterwegs, als er am Straßenrand ein Kind mit einem blutigen Bein sieht. Das Kind bittet den Fahrer, ihn zum nächsten Krankenhaus zu bringen. Der Fahrer überlegt. Die Reinigung seines Lederbezugs würde 200 Euro kosten. Ist der Mann verpflichtet, das Kind ins Krankenhaus zu bringen?

Im zweiten Szenario bekommt ein Mann einen Brief von

der Kinderhilfsorganisation UNICEF mit der Aufforderung, 50 Euro zu spenden, um mit Hilfe von Medikamenten das Leben von 25 Kindern zu retten. Ist der Mann verpflichtet, das Geld zu schicken?

Moralische Dilemmata (II)

Es herrscht Krieg, und Sie haben sich mit Ihrem Baby und anderen Hausbewohnern in einem Keller versteckt. Vor dem Haus sind feindliche Soldaten, die die ganze Gruppe sofort töten würden. Da fängt das Baby zu schreien an. Es gibt nur eine Möglichkeit, Ruhe zu schaffen, um die Entdeckung zu verhindern – Sie müssten das Kleine ersticken. Würden Sie das tun? Und wie würden Sie sich verhalten, wenn es nicht Ihr eigenes Baby wäre?

Moralische Dilemmata (III)

Ihr Schiff ist gesunken. Zusammen mit anderen Passagieren sitzen Sie auf einem Rettungsboot. Dieses ist allerdings überfüllt und droht ebenfalls zu sinken. In diesem Fall würden alle Insassen ertrinken. Eine Person im Boot ist todkrank und wird wahrscheinlich den nächsten Tag nicht überleben. Würde man sie über Bord werfen, wären die anderen gerettet. Was würden Sie tun?

SOZIALES DENKEN

John Dewey

Was heißt es zu sagen, dass etwas «süß» ist? Die Vorhersage zu machen, dass es süß schmecken wird, wenn wir davon kosten, schreibt der amerikanische Philosoph John Dewey (1859–1952). Unser Urteil ist die Konsequenz einer Aktion – unseres Handelns.

Jahrhundertelang trennten die Philosophen scharf zwischen Theorie und Praxis, zwischen Denken und Handeln. Nur das Denken zählte wirklich. Die theoretische Erkenntnis galt als einziger Zugang zur Wirklichkeit. Dewey wendet sich gegen die «Abwertung des Handelns». Er stellt das Tun in den Vordergrund: «Wir sollten die Praxis als das einzige Mittel (außer dem Zufall) ansehen, wodurch allem, was als achtunggebietend, bewunderungswürdig oder anerkennenswert beurteilt wird, eine konkret erfahrbare Wirklichkeit verschafft werden kann.» Dewey sieht Erkenntnis als eine Form des praktischen Handelns. Unser Denken spiegelt nicht einfach passiv die Wirklichkeit. Vielmehr greifen wir aktiv in sie ein. Wir experimentieren gleichsam mit der Realität. Immer wieder müssen wir problematische, unbestimmte Situationen bewältigen. Dabei verwandeln wir das Zweifelhafte in etwas Sicheres. Wir verändern unsere Wirklichkeit. Erkenntnis bedeutet Interaktion mit der Welt. Unsere Ideen, sagt Dewey, machen nur als Pläne oder Entwürfe Sinn. Sie sind «wertlos, wenn sie nicht in Handlungen übergehen, welche die Welt, in der wir leben, auf irgendeine Weise, in kleinerem oder größerem Umfang, neu einrichten und rekonstruieren».

Die Welt, sagt Dewey, ist eine «wirkliche Welt». Aber sie ist nicht erkannt und verstanden. Sie ist kein fertiges, kohärentes Ganzes, auf das sich unser Geist beziehen kann. Wir müssen aus dem Realen erst etwas machen, den Gegenständen der Erfahrung eine Form geben, sie in einen Zusammenhang bringen. Erkennen sei eine «vorübergehende Neuausrichtung und Neuanordnung des Wirklichen», sagt Dewey. «(Der erkannte Gegenstand) geht sozusagen aus dem Feuer des experimentellen Denkens hervor wie Metall aus den Operationen, die am Eisenerz vollzogen werden. Es ist derselbe Gegenstand, aber mit einem Unterschied, wie ein Mensch, der durch Bedingungen hindurchgegangen ist, die sein innerstes Wesen auf die Probe stellen, als derselbe und als ein anderer herauskommt.»

Denken ist eine Methode, die innerhalb der Welt operiert, sagt Dewey. Wir folgen nicht einfach abstrakten Prinzipien und Idealen. Unser Handeln ist zutiefst sozial. Was immer wir tun, hat Auswirkungen auf andere. Zugleich interagieren wir mit unserer Umwelt. Unsere Ziele sind nichts anderes als Mittel, mit denen wir experimentieren. Selbst die Moral sieht Dewey als Prozess, in dem wir unser Handeln auf seine Folgen testen.

Wir sind keine unbeteiligten Zuschauer, wie Descartes dachte – sondern mitten im Geschehen. Der Geist ist nicht länger das Zentrum der Welt, sagt Dewey. «Das neue Zentrum sind unbegrenzte Interaktionen, die innerhalb eines Naturverlaufs stattfinden, der nicht unveränderlich und vollständig ist, sondern durch die Vermittlung bewusst vollzogener Handlungen zu immer neuen Resultaten gelenkt werden kann.» Mit anderen Worten: Wir nehmen aktiv Teil am «Drama» der Welt. Dewey schreibt: «Der Geist ist nicht länger ein Zuschauer, der die Welt von außen betrachtet und seine höchste Befriedigung im Genuss einer sich selbst genügenden Kontemplation findet. Der Geist ist in der Welt als ein Teil ihres voranschreitenden Prozesses.»

Der Preis dieser «kopernikanischen Wende» (Dewey) ist, dass wir unseren Anspruch auf absolute Gewissheit aufgeben müssen. Unser Handeln kann immer scheitern oder in die Irre führen. An die Stelle von Sicherheit tritt Wahrscheinlichkeit.

Netzwerk

Am 7. Juli 2005 um 8 Uhr 50 morgens explodieren in der Londoner U-Bahn gleichzeitig vier Bomben. Genau 18 Minuten später erscheint der erste Eintrag auf Wikipedia. Ein Nutzer mit dem Pseudonym Morwen aus Leicester, England, berichtet: «Am 7. Juli 2005 wurden Explosionen an verschiedenen Londoner U-Bahnstationen im Zentrum Londons gemeldet, nämlich Aldgate, Edgware Road, King's Cross St. Pancras, Old Street und Russell Square.» Innerhalb von Minuten ergänzen und korrigierten andere User die Informationen. Am Ende des Tages haben über 2500 Nutzer eine detaillierte, 14 Seiten umfassende Chronik der Ereignisse produziert – mehr Informationen als jedes andere Medium liefern konnte. «Sie haben ein eindrucksvolles Beispiel für die Macht von Wikipedia geliefert, indem sie zeigten, dass Tausende von verstreuten Freiwilligen schnell und innovativ Projekte umsetzen können, mit denen sie sogar die größten und finanzstärksten Unternehmen übertreffen», schreibt der Internet-Experte Don Tapscott in seinem Buch *Wikinomics*.

Das Internet-Lexikon Wikipedia ist die größte Enzyklopädie der Welt. Geschrieben wird es nicht von hochbezahlten Professoren und Experten, sondern von Zehntausenden Freiwilligen rund um die Welt. Im Prinzip kann jeder einen Eintrag schreiben, ergänzen, verbessern oder korrigieren. Auf diese Weise wächst Wikipedia täglich. Und das Erstaunlichste ist: Im Großen und Ganzen steht Wikipedia etablierten Enzyklopädien wie der *Encyclopaedia Britannica* oder dem *Brockhaus* qualitativ nicht nach. Aber was macht Wikipedia so erfolgreich?

«Ein wesentlicher Teil der Erklärung besteht darin, dass eine große Zahl von Menschen, die über Wissen verfügen, bereit sind mitzumachen – und dass jeder Fehler üblicherweise schnell korrigiert wird, einfach weil so viele Köpfe beteiligt sind. Wikipedianer können viel umfassenderes Wissen produzieren als eine kleine Gruppe, sogar als eine kleine Gruppe von Experten», meint der US-Rechtsprofessor und Internet-Experte Cass Sunstein.

Der Erfolg von Wikipedia beruht auf dem Phänomen der «kollektiven Intelligenz». Jeder von uns ist nur begrenzt rational. Wir wissen eben nicht alles. Wir machen Denkfehler, treffen falsche Entscheidungen und lassen uns von unseren Emotionen leiten. In vielen Fällen sind wir gemeinsam klüger. «Unter den richtigen Umständen sind Gruppen bemerkenswert intelligent – und oft klüger als die Gescheitesten in ihrer Mitte», schreibt James Surowiecki in seinem Buch *Die Weisheit der Massen*.

Menschen sind soziale Wesen. Schon unsere Vorfahren waren auf Kooperation angewiesen. Die Zusammenarbeit in Gruppen brachte einen Überlebensvorteil. Der Anthropologe Michael Tomasello führt sogar die Entstehung des menschlichen Denkens auf soziale Interaktion zurück. Nur so lässt sich nämlich erklären, warum der Mensch seine kognitiven Fähigkeiten in einer evolutionär gesehen kurzen Zeitspanne entwickeln konnte. «Das Rätsel hat nur eine einzige mögliche Lösung. Es gibt nur einen einzigen bekannten biologischen Mechanismus, der die Veränderungen im Verhalten und der Kognition in so kurzer Zeit hervorbringen konnte. Dieser biologische Mechanismus besteht in der sozialen oder kulturellen Weitergabe, die auf einer um viele Größenordnungen schnelleren Zeitskala operiert als die Prozesse der organischen Evolution.»

Die US-Anthropologen Peter Richerson und Richard Boyd sehen die kulturelle Entwicklung als Adaptionsprozesse. Die biologische Evolution würde auf Umweltveränderungen viel zu langsam reagieren. Erst die Kultur erlaubte es den Menschen, sich schnell an neue Gegebenheiten anzupassen. Das Lernen von anderen, etwa das Nachahmen einer erfolgreichen Jagdpraktik, brachte dabei einen klaren Überlebensvorteil. Damit könnte ein Selektionsprozess in Gang gekommen sein, der die Fähigkeit zur Imitation begünstigte – und schließlich zur Entwicklung größerer Gehirne führte.

Lernen kostet Zeit und Energie. Indem wir andere nachahmen, können wir diese «Lernkosten» verringern: Statt uns bei jeder Mahlzeit aufs Neue zu fragen, mit welchen Werkzeugen man am besten isst, kopieren wir einfach eine bewährte Methode – nämlich die Praxis, mit Messer und Gabel zu essen. Ein Uhrmacher muss sein Handwerk nicht jedes Mal neu erfinden, sondern kann an jahrhundertealte Traditionen anknüpfen. Kein Lebewesen kann andere so gut nachahmen wie der Mensch. «Was uns Menschen so besonders macht, ist unsere Fähigkeit zur Imitation», meint die britische Psychologin Susan Blackmore.

Blackmore zählt zu den Anhängern der sogenannten Mem-Theorie. Unter Memen versteht man kulturelle Informationen, die durch Imitation weitergegeben werden. Ein Mem kann ein religiöses Ritual ebenso sein wie eine Melodie, ein Schlagwort, ein Gerücht, ein Modetrend oder ein Vorurteil. Ob wir einen Witz aufschnappen oder im Radio den neuen Sommerhit hören – jedes Mal «kopiert» unser Gehirn ein Mem.

Wie die Gene die Grundbausteine des Lebens sind, so sind die Meme die Grundbausteine der Kultur. So wie Gene sich durch Fortpflanzung replizieren, verbreiten sich Meme durch Imitation. Als Vehikel dazu benutzen sie nicht Spermien und Eizellen, sondern das menschliche Gehirn. Dabei verfolgen die Meme, analog zu den Genen, nur ein Ziel – ihr eigenes Überleben. Und wie die Gene unterliegen auch die Meme einem evolutionären Ausleseprozess: Nur die an ihre Umwelt am besten angepassten Meme können sich erfolgreich weiterverbreiten. Was genau ein Mem, neurobiologisch gesehen, sein soll, ist bis heute unklar. Die Neurowissenschaftler sind allerdings jenen Hirnmechanismen auf der Spur, die offenbar für unsere Fähigkeit zur Imitation verantwortlich sind.

Mitte der neunziger Jahre standen Giacomo Rizzolatti und seine Kollegen in ihrem Labor an der Universität Parma. Die Neurowissenschaftler führten gerade einen ihrer Versuche mit Makaken, einer Affenart, durch. Eigentlich interessierten sich die Forscher für Hirnaktivitäten, die an der Bewegungssteuerung beteiligt sind. Dazu setzten sie den Versuchstieren feine Elektroden ins Gehirn, um die neuronalen Aktivitäten zu messen, während die Affen nach einem Stück Obst oder nach Erdnüssen griffen. Da kam den Wissenschaftlern ein Zufall zur Hilfe. Als einer der Forscher seinerseits nach einem Apfel griff, biepte der Computer plötzlich laut. Obwohl der Makake ganz still dastand, feuerten die Neuronen – es waren die gleichen Neuronen im sogenannten F5-Areal, die auch aktiv wurden, wenn sich die Tiere selbst das Futter holten. Offenbar erzeugte das Affengehirn eine Art Spiegelbild der gesehenen Handlung. Die Forscher nannten diese Neuronen daher «Spiegelneuronen».

Spätere Versuche zeigten, dass die Spiegelneuronen offenbar auch am Verstehen der Intention hinter einer Handlung beteiligt sind. Und auch Menschen verfügen über Spiegelneuronen.

Forscher beobachteten etwa die Hirnaktivität von Probanden, die nicht Gitarre spielen konnten, während ihnen ein professioneller Gitarrist die Griffe vorführte. Schon das bloße Zuschauen aktivierte das Spiegelsystem – die gleichen Neuronen, die auch beim Gitarristen aktiviert wurden.

«Das Spiegelneuronensystem spielt folglich eine grundlegende Rolle bei der Nachahmung, indem es die beobachtete Handlung motorisch kodiert und auf diese Weise eine Wiederholung ermöglicht», schreibt Rizzolatti. Das Spiegelneuronensystem ist offenbar an unserer Fähigkeit beteiligt, die Intentionen anderer zu erkennen – die Grundlage jeder menschlichen Kommunikation. «Wenn wir sehen, dass jemand mit der Hand nach Futter oder einer Kaffeetasse greift, verstehen wir sofort, was er tut. Ob er es will oder nicht – in dem Moment, in dem wir die ersten Bewegungen seiner Hand wahrnehmen, ‹kommunizieren› uns diese etwas, nämlich die Bedeutung ihres Aktes.» Die Spiegelneuronen schaffen einen gemeinsamen Handlungsraum – sie verbinden Menschen miteinander. Rizzolatti und andere Hirnforscher glauben heute, dass die Spiegelneuronen auch an der Entstehung der menschlichen Kommunikation – und damit letztlich der Sprache beteiligt waren. Anscheinend hängt unsere Fähigkeit zur Imitation eng mit der Entwicklung der Sprache zusammen. Möglicherweise stand am Anfang der Sprachentwicklung ein Mimik- und Gestiksystem, aus dem sich erst später die Lautsprache entwickelte. Die Fähigkeit zur Imitation könnte dabei eine entscheidende Rolle gespielt haben. Ebenso scheinen die Spiegelneuronen wichtig für Empathie zu sein – für unsere Fähigkeit, die Gefühle anderer Menschen zu erkennen. «Empathie spielt eine fundamentale Rolle in unserem sozialen Leben. Sie erlaubt uns, Emotionen, Erfahrungen, Bedürfnisse und Ziele miteinander zu teilen», schreibt der Spiegelneuronenforscher Marco Iacoboni. So scheint bei Autisten das Spiegelsystem nicht richtig zu funktionieren – möglicherweise ein Grund dafür, dass sie die Gefühle anderer Menschen nicht richtig zu deuten wissen.

In den neunziger Jahren startete der US-Ökonom William Isaacs am Massachusetts Institute of Technology das Projekt «Dialog». Dabei ging es um die Entwicklung neuer Methoden, um das Entscheidungsverhalten von Gruppen zu verbessern. Isaacs und seine Kollegen stießen auf eine wesentliche Ursache für Managementfehler: Die Entscheidungsträger verließen sich häufig auf sich selbst und ihre eigenen Fähigkeiten, statt das Wissen ihrer Kollegen zu nutzen. Sie führten zwar Diskussionen und Verhandlungen – doch sie waren unfähig zum «Dialog». Darunter versteht Isaacs weit mehr also bloß ein Gespräch: «Dialog» ist demnach eine Art, zusammen zu denken – ein gemeinsamer Erkenntnisprozess, der zwischen Menschen stattfindet.

Ein Dialog ist keine Diskussion, keine Verhandlung, schreibt Isaacs: «Das Ziel des Dialogs ist, ein neues Verständnis zu gewinnen und damit eine neue Grundlage zu schaffen, auf der wir denken und handeln können.»

Dialog ist eigentlich eine uralte Idee. Für die Griechen war der geistige Austausch ein zentraler Teil der Bürgerpraxis – und eine Grundlage der Demokratie. Platon stellte seine ganze Philosophie in Form von Dialogen dar, in denen die Protagonisten gemeinsam zu Erkenntnissen gelangen. Doch die Tradition ist verlorengegangen, glaubt Isaacs: «Die meiste Zeit denken wir alleine.»

Wann hatten Sie zuletzt das Gefühl, dass man Ihnen richtig zugehört? Und können Sie sich an Gespräche im Job erinnern, in denen es wirklich um die wesentlichen Dinge ging? Ob im Job oder in der Familie: Wir reden ständig mit anderen, doch häufig führen wir fruchtlose Diskussionen. Statt etwas Neues zu schaffen, verteidigen wir bloß unsere Positionen und attackieren jene der anderen. Jeder von uns kennt das frustrierende Erlebnis: Man sitzt stundenlang im Meeting – doch das Ergebnis ist gleich null.

Unsere Gespräche scheitern unter anderem an Denkgewohnheiten – an Mustern, die einen Dialog verhindern und dazu führen, dass wir letztlich «allein denken». Die erste ist «Abstraktion»: Wir neigen dazu, das Wesentliche aus den Augen zu verlieren – etwa indem wir uns auf Details statt aufs Ganze konzentrieren. Dadurch entziehen wir den Dingen, über die wir reden, gleichsam ihre tiefere Bedeutung. Zweitens verwechseln wir oft unser Denken mit unserer Erinnerung. Isaacs nennt das «Idolatrie»: Wir verlassen uns auf eingelernte, automatische Reaktionen wie beim Autofahren. Statt etwas Neues zu denken, vertrauen wir auf das, was wir schon kennen. Die dritte Gewohnheit ist «Sicherheit». Wir fällen ständig Urteile. Wir legen uns auf eine Überzeugung fest, statt sie zu hinterfragen. Die vierte Gewohnheit ist «Gewalt». Wir entscheiden, dass sich eine Sache so oder so verhält. Wenn wir uns einmal festgelegt haben, verteidigen wir unser Urteil wie einen Besitz. Dadurch zwingen wir uns gleichsam anderen auf, sagt Isaacs – und sagen damit, dass sie «anders sein sollten, als sie tatsächlich sind».

Dialog beginnt mit dem Zuhören. Das bedeutet weit mehr, als den anderen ausreden zu lassen. Wir erkennen, was wirklich gemeint ist, wo das Problem tatsächlich liegt. Das Abstrakte wird plötzlich konkret und fassbar. Wenn wir aufmerksam zuhören, nehmen wir an der Welt teil. Wenn jemand seine Sicht der Dinge erklärt, können wir zwei Dinge tun. Erstens, wir bleiben bei unserer eigenen Meinung und versuchen, den anderen davon zu überzeugen. Die Alternative ist, unsere eigene Meinung zu «suspendieren». Das heißt nicht, sie aufzugeben. Wir stellen unser Urteil nur vorübergehend zurück. Wir halten einfach inne und versuchen, die Sache mit neuen Augen zu sehen. Ein Dialog kann nur funktionieren, wenn wir den anderen in seiner Gesamtheit als Mensch respektieren.

Vor allem im Job sind wir ständig in Gruppensituationen. In Teams versuchen wir, uns eine Meinung zu bilden, auf neue

Ideen zu kommen oder eine Entscheidung zu treffen. Doch häufig führen solche Gruppendiskussionen zu keinem oder einem sehr unbefriedigenden Ergebnis. In bestimmten Fällen können Gruppenprozesse sogar gefährlich sein.

Homogene Gruppen tendieren zu Extremen. Der US-Wissenschaftler Irving Janis nannte dieses Phänomen «Gruppendenken». In einer Studie untersuchte er die Entscheidungsprozesse, die zu schwerwiegenden Fehlern der US-Außenpolitik führten. Darin kam der Forscher zum Schluss: Wenn Entscheidungsträger einander zu ähnlich sind, entwickelt sich ein «Gruppendenken», das zu irrationalen Entscheidungen führen kann. So fühlen sie sich in der Gruppe leicht unverwundbar. Zugleich entwickeln sie übertriebenen Optimismus und die Tendenz, unangenehme Fakten einfach zu ignorieren. Außerdem neigen solche Gruppen dazu, Zweifel und abweichende Meinungen zu unterdrücken.

In einem klassischen Experiment wies der Psychologe Soloman Asch nach, welche Macht der Druck zu Konformität auf unser Verhalten hat. Stellen Sie sich vor, Sie sitzen im Halbkreis zusammen mit anderen Personen in einem Raum. Der Versuchsleiter erklärt Ihnen, dass Sie die Länge von Linien schätzen sollen. Man zeigt der Gruppe zwei Karten: Auf der ersten Karte ist eine Linie eingezeichnet. Auf der anderen Karte sind drei Linien, von denen eine ganz offensichtlich die gleiche Länge hat wie die Linie auf der ersten Karte. Die anderen beiden Linien sind viel länger beziehungsweise kürzer. Nun sollen Sie bestimmen, welche von den Linien auf der zweiten Karte genauso lang ist wie die Linie auf der ersten. Eigentlich fühlen Sie sich unterfordert, weil die richtige Antwort so offensichtlich ist. Nun fragt der Versuchsleiter die Probanden der Reihe nach. Merkwürdigerweise gibt einer nach dem anderen eine falsche Antwort. Was würden Sie nun tun?

Natürlich sind die anderen Probanden Komplizen des Versuchsleiters. Man hat sie instruiert, bewusst eine falsche Antwort zu geben. Bei Aschs Experimenten, die seither mehrfach wiederholt wurden, vertraute nur ein Viertel der Probanden in allen Versuchsdurchgängen dem eigenen Urteilsvermögen. Zwei Drittel schlossen sich mindestens einmal der Gruppe an. Und ein Drittel folgte sogar die meiste Zeit über der Mehrheit.

Im Jahr 1906 besuchte der britische Wissenschaftler Francis Galton eine Nutztiermesse. Galton interessierte sich eigentlich für die Auswirkungen von Zuchtergebnissen. Dabei kam er an einem Stand vorbei, an dem gerade ein Wettbewerb im Gange war. Die Besucher sollten das Gewicht eines Ochsen schätzen. Galton blieb interessiert stehen. Rund 800 Leute nahmen an dem Wettspiel teil, darunter Metzger und Bauern, aber auch Leute, die über kein einschlägiges Fachwissen verfügten. «Der durchschnittliche Wettteilnehmer war in aller Wahrscheinlichkeit in gleicher Weise imstande, das Schlachtgewicht des Ochsen zu schätzen, wie der durchschnittliche Wähler den Sachgehalt der meisten politischen Fragen zu beurteilen imstande ist, über die er abstimmt», schrieb Galton später in der Wissenschaftszeitschrift *Nature*. Galton beschloss, das Spiel für ein Experiment zu nutzen. Nach dem Ende ließ er sich die Wettkarten geben und wertete sie statistisch aus. Das erstaunliche Ergebnis: Die Teilnehmer hatten das Gewicht auf 1197 Pfund geschätzt – tatsächlich wog der Ochse 1198 Pfund.

In den zwanziger Jahren ließ die Soziologin Hazel Knight von der Columbia University ihre Studenten die Raumtemperatur schätzen. Dabei zeigte sich, dass der Durchschnittswert der Schätzungen von der tatsächlichen Temperatur nur um 0,4 Grad abwich. Bei anderen Experimenten sollte eine Gruppe von 200 Studenten das Gewicht von Gegenständen schätzen und lagen dabei zu 94 Prozent richtig. Und lässt man Menschen die Zahl von Bohnen in einer Schüssel schätzen, schneidet die Gruppe fast immer besser ab als ein Einzelner. In einem dieser Experimente sollten 56 Studenten eine Schätzung zu einer Schüssel abgeben, die 850 Bohnen enthielt. Die Gruppenschätzung lautete 871 – und war damit exakter als die Schätzungen aller Teilnehmer außer einem.

Aber wie ist das möglich? Wie kann eine Gruppe eine bessere quantitative Schätzung geben als ein Individuum?

Die Forscher verstehen heute besser, wie solche Gruppenleistungen zustande kommen. Oft beruht die kollektive Intelligenz auf statistischen Gesetzen.

Angenommen, eine Anzahl Menschen soll die gleiche Frage beantworten, wobei es zwei Antwortmöglichkeiten gibt, eine richtige und eine falsche. Nehmen wir weiter an, dass jeder Teilnehmer mit einer Wahrscheinlichkeit von mehr als 50 Prozent die richtige Antwort gibt. Dann geht die Wahrscheinlichkeit, dass die Mehrheit der Gruppe die richtige Antwort gibt, mit der Größe der Gruppe gegen 100 Prozent.

Angenommen, in einer Gruppe von drei Personen liegt jede Person mit einer Wahrscheinlichkeit von 67 Prozent, also zwei Drittel, mit ihrer Antwort richtig. Dann würde eine Mehrheitsentscheidung zu 74 Prozent die richtige Antwort liefern. Wenn die Mitglieder einer Gruppe individuell mit 80 Prozent Wahrscheinlichkeit recht haben und die Gruppe zehn oder mehr Mitglieder hat, liegt die Wahrscheinlichkeit, dass die Mehrheit die richtige Antwort findet, bereits knapp unter 100 Prozent.

Dieses Gesetz erklärt auch, warum das Publikum bei der Fernsehshow *Wer wird Millionär?* so oft mit seiner Antwort richtigliegt. Die meisten Publikumsmitglieder haben zumindest eine Idee, was die richtige Antwort ist. Jene hingegen, die tatsächlich keine Ahnung haben, geben tendenziell zufällige Tipps ab, die unterm Strich das Resultat nicht beeinflussen. Dadurch setzen sich im Ergebnis diejenigen durch, die tatsächlich die richtige Antwort wissen – der Kandidat kann der Mehrheitsentscheidung in den meisten Fällen tatsächlich vertrauen.

Das Gesetz hat allerdings eine Kehrseite. Wenn nämlich auch nur 51 Prozent individuell zur falschen Antwort tendieren, führt die Mehrheitsentscheidung zum Desaster – dann steigt nämlich die Wahrscheinlichkeit, dass die Mehrheit der Gruppe eine falsche Entscheidung trifft, mit zunehmender Gruppengröße auf 100 Prozent!

Im Jahr 1999 spielte Schachweltmeister Garri Kasparow die ungewöhnlichste Partie seines Lebens. Sein Gegner war die ganze Welt. Das Spiel fand im Internet statt. Das «Welt-Team» traf seine Entscheidungen für die Züge per Mehrheitsvotum. Die Spieler hatten zwei Tage pro Zug Zeit. Die Schachexperten waren anfangs überzeugt, dass Kasparow das Match leicht gewinnen würde. Doch die Partie ging knapp aus. Kasparow hatte vier Monate lang schwer zu kämpfen. Er siegte zwar, doch nach dem Spiel bekannte er, dass es das schwerste Spiel seines Lebens gewesen sei – und das «größte Spiel in der Geschichte des Schachs».

Auch die Suchmaschine Google nutzt die kollektive Intelligenz. Die Suchmaschine reiht Webseiten unter anderem nach dem Kriterium, wie viele andere Webseiten auf sie verweisen. Bei jeder Suchanfrage lässt Google gleichsam das gesamte Web entscheiden, welche Seiten die relevantesten Informationen enthalten.

Unter bestimmten Umständen kann es vernünftig sein, wenn wir uns an der Mehrheit orientieren. «Was andere Menschen denken und wie sie sich verhalten liefert uns wichtige Informationen, was richtig, gültig oder angemessen ist. Wenn alles andere gleich ist, dann ist etwas mit größerer Wahrscheinlichkeit wahr, je mehr Menschen es glauben», schreibt der Sozialpsychologe Thomas Gilovich. Das sollte uns jedoch nicht daran hindern, die Überzeugungen der Mehrheit kritisch zu hinterfragen.

Aktivität
  Sechs Hüte

Stellen Sie sich ein Haus vor. Eine Person betrachtet es von vorn, eine weitere sieht nur die Rückseite. Zwei weitere Personen haben nur die jeweilige Seitenansicht. Was ist die «richtige» Sicht auf das Haus? Das Beispiel ist eine Variation der alten Geschichte von den blinden Gelehrten, die durch bloßes Ertasten herausfinden sollen, wie ein Elefant aussieht. Der eine fasst ans Bein, der zweite an den Rüssel, der dritte an den Kopf … und so weiter. Natürlich erfasst jeder nur einen Teil vom Ganzen.

Mit dem Haus-Beispiel illustriert Edward de Bono sein Konzept des «parallelen Denkens». Angenommen, die vier Personen diskutieren via Handy darüber, wie nun das Haus tatsächlich aussieht. Dabei werden sie wohl keine Einigkeit erzielen. Besser wäre es, wenn alle vier zusammen die einzelnen Seiten des Hauses abgehen würden.

Anders gesagt: Eine umfassende Perspektive bekommen wir nur, wenn wir ein Problem gemeinsam aus allen möglichen Blickwinkeln betrachten. Das ist das Grundprinzip der Denkmethode, die de Bono in die einprägsame Metapher der «6 Hüte» gepackt hat. Jeder Hut hat eine andere Farbe, und jeder steht für einen anderen Blickwinkel. Der weiße Hut fokussiert auf Information: Was wissen wir? Was müssen wir wissen? Wenn eine Gruppe, bildlich gesprochen, den «weißen

165

Hut» trägt, geht es nur um die Fakten. Der rote Hut symbolisiert den emotionalen Zugang. In diesem Modus kann jedes Gruppenmitglied seine Gefühle zum Thema artikulieren. Beim schwarzen Hut geht es um Vorsicht und kritisches Denken. Die Gruppe hinterfragt, bewertet, schätzt Risiken ab: Was kann schiefgehen? Der gelbe Hut symbolisiert positives, konstruktives Denken. Der grüne Hut steht für Kreativität. Hier geht es darum, neue Ideen und Alternativen zu entwickeln. Der blaue Denk-Hut schließlich ist ein Symbol für den Blick aufs große Ganze: Warum sitzen wir überhaupt hier? Was sind unsere Ziele? Was unsere Werte?

De Bonos Methode der Denkhüte funktioniert sehr simpel: Angenommen, eine Gruppe soll ein Problem lösen beziehungsweise eine Entscheidung treffen. Statt einfach draufloszudiskutieren, einigt man sich auf einen strukturierten Ablauf: In der ersten Runde hat die Gruppe den «weißen» Hut auf, in der zweiten den «roten» und so weiter. Die Technik erfordert natürlich Disziplin. Vor allem müssen die Teilnehmer bereit sein, wirklich den jeweiligen Blickwinkel beziehungsweise die durch die Hutfarbe vorgegebenen. «Denkform» einzunehmen. Der Vorteil der Technik liegt zum einen darin, dass kein Blickwinkel «verlorengeht» beziehungsweise sich ein bestimmter Blickwinkel gegen die anderen durchsetzt – etwa die rein faktenorientierte Sicht.

Werkzeug
Gesprächsführung

In ihrem Buch *Crucial Conversations* haben Kerry Patterson und ihre Koautoren eine Reihe nützlicher Regeln für das Führen von schwierigen Gesprächen entwickelt.

1. Beginnen Sie bei sich selbst
Wenn Sie merken, dass ein Gespräch oder eine Diskussion entgleist, stellen Sie sich folgende Fragen: Was sagt mir mein Verhalten über meine Motive? Was will ich für mich erreichen? Für die anderen? Für unsere Beziehung? Wie muss ich mich verhalten, wenn ich das tatsächlich erreichen will?

2. Achten Sie auf Sicherheit
In schwierigen Gesprächssituationen dürfen Sie nicht nur auf den Inhalt achten. Genauso wichtig sind die Bedingungen, unter denen das Gespräch stattfindet. Achten Sie vor allem auf die «Sicherheit»: In einer «sicheren» Situation kann jeder sagen, was er sich denkt – auch wenn es um viel geht und die Emotionen hochschlagen. Wer sich im Gespräch unsicher fühlt, zieht sich entweder zurück, um Konflikten auszuweichen («Stille») – oder versucht zu attackieren, um anderen seine Meinung aufzuzwingen («Gewalt»). Versuchen Sie, solche Anzeichen von Unsicherheit zu erkennen – natürlich auch bei sich selbst.

3. Stellen Sie Sicherheit her!
Eine Grundbedingung für eine sichere Gesprächssituation besteht im gegenseitigen Einvernehmen über Zweck und Ziel des Gesprächs. Wenn Teilnehmer das Gefühl haben, dass nicht alle «am gleichen Strang ziehen», kann das zu Misstrauen führen. Eine zweite Bedingung ist gegenseitiger Respekt. Wenn andere das Gefühl haben, dass wir sie beziehungsweise ihre Meinung nicht respektieren, gibt es auch keinen Dialog.

Entschuldigen Sie sich, wenn Sie sich anderen gegenüber respektlos verhalten haben.
Klären Sie Missverständnisse, indem Sie die Befürchtungen

anderer ansprechen beziehungsweise Ihre eigenen Intentionen klarstellen.

Legen Sie sich auf ein gemeinsames Ziel beziehungsweise den Zweck des Gesprächs fest.

In manchen Gesprächssituationen gewinnen unsere Emotionen die Oberhand. Wir werden wütend und aggressiv, sagen Dinge, die wir eigentlich nicht sagen wollten. Dabei erzählen wir uns Geschichten, die unsere Emotionen rational erklären sollen. Dazu gehört etwa die «Opfer»-Story: Alle sind schuld, nur ich nicht! Oder Feindbilder: Was auch immer passiert – eine bestimmte Person ist an allem schuld. In der «Hilflosen»-Geschichte sehen wir uns einfach hilf- und machtlos der Situation gegenüber.

Geben Sie die Geschichten anderer wieder, um zu zeigen, dass Sie sie verstanden haben und respektieren.

Erklären Sie die Geschichten anderer nicht für falsch, sondern vergleichen Sie sie mit ihrer eigenen Geschichte.

Spielen

«**Wo ich geboren wurde,** im grünen Wald von Elwyn, herrscht tiefer Friede. Schafe und Rehe laufen umher, lichte Eichenwälder in sattem Grün ziehen sich bis an die nahe gelegenen Berge. In der Kathedrale von Northshire, meinem Geburtshaus, erklangen harmonische Choräle, als ich durch eine Hohepriesterin im langen blauen Gewand meine erste ‹Quest›, eine Aufgabe, gestellt bekam: Töte die lästigen Gnolle am Sterntalersee!

Vom Wald von Elwyn zog ich aus in eine Welt voller Wunder. Zunächst bewährte ich mich in der staubigen Ebene von Westfall, in der die Fliegen summen und die Geier kreisen und Banditen jeden arglosen Wanderer überfallen. Dann durchmaß ich das Redridge-Gebirge mit seinen roten Tälern und prachtvollen Burgen. Es folgte das Sumpfland mit seinen morastigen Seen, schmatzenden Krokodilen und bösartigen Zwergenstämmen.»

Fasziniert beschrieb der Zukunftsforscher Matthias Horx im PM-Magazin seinen Selbstversuch mit dem Internet-Rollenspiel *World of Warcraft*. Ein halbes Jahr lang tauchte er ein in ein gigantisches Paralleluniversum. Rund 11,5 Millionen Spieler bewegen sich mit ihren Charakteren in den Fantasy-Königreichen der Online-Welt, in der sich zwei Fraktionen gegenüberstehen. Die Allianz-Spieler sind die Guten – Menschen, Nachtelfen, Zwerge und Gnome. Auf der anderen Seite stehen die Kreaturen des Bösen, Untote, Orks und Trolle. Man kämpft zwar gegeneinander, doch wer weiterkommen und seine Aufgaben lösen will, muss immer neue Teams und Allianzen bilden. «Kommunikation, Teamwork, Vernetzung: Genau darum geht es im Herzen des Warcraft-Universums», schreibt Horx.

Der Mensch ist ein spielendes Wesen. Spiel ist älter als die Kultur. Unser Hang zum Spielen scheint nicht auf der Fähigkeit zum rationalen Denken zu beruhen. Auch Tiere spielen – denken wir an junge Hunde, die auf der Wiese herumtollen. Wie die Menschen halten sich auch die Tiere beim Spielen an Regeln, etwa daran, einander nicht zu verletzen.

Ohne das Spiel hätten sich große Bereiche unserer Kultur nicht entwickelt. Am Anfang der Philosophie standen Rätsel- und Wissensspiele. Die Dichtung entwickelte sich im spielerischen Umgang mit Worten. Musik und Tanz waren immer schon Formen des Spiels. Alle unsere Fähigkeiten scheinen auf dem Spiel zu beruhen. Kleine Kinder lernen durch das Spielen, die Welt zu verstehen. Aus spielerischer Neugier wird Wissen, und auch Liebe und Erotik beginnen als Spiel – als Tausch von Blicken, als Flirt. Der Biologe Manfred Eigen sieht das Spiel sogar als grundlegendes Naturphänomen: «Alle Geschehen in unserer Welt gleichen einem großen Spiel, in dem von vornherein nichts als die Regeln festliegen.»

Dabei sind Spiele scheinbar überflüssig. Sie haben keine bestimmte Funktion. Wir brauchen sie nicht, um zu überleben; wir spielen freiwillig, aus purer Lust. Spiele ziehen uns in den Bann. Wenn wir spielen, vergessen wir alles um uns herum und scheinen aus dem normalen Leben herauszutreten. Spiele schaffen eine zweite Wirklichkeit. «In der Sphäre eines Spiels haben die Gesetze und Gebräuche des gewöhnlichen Lebens keine Geltung», schreibt der Kulturhistoriker Johan Huizinga. Spiele schaffen ihre eigene Ordnung. Wenn wir spielen, müssen wir uns an die Regeln halten – sonst bricht die Welt des Spiels zusammen.

Im Grunde sind Spiele, die nur vom Zufall abhängen, langweilig. Aber genauso öde sind Spiele, deren Ausgang von vornherein feststeht. Bei Mühle gewinnt zum Beispiel immer der

Spieler, der den ersten Zug macht – vorausgesetzt, er macht keinen Fehler. Im Prinzip gibt es einen eindeutigen Lösungsweg, der zum sicheren Gewinn führt, unabhängig davon, wie sich der andere Spieler verhält – es gibt eine «optimale Strategie». Nehmen Sie umgekehrt das Spiel «Stein-Schere-Papier». Hier gibt es keine optimale Strategie. Der Ausgang ist vollkommen ungewiss – reine Glückssache also.

Interessanter sind Spiele, in denen die Sache nicht so klar ist – Spiele, in denen es auf strategisches Denken ankommt. Stattdessen müssen wir die Züge des Gegners antizipieren. Umgekehrt wirkt sich unser Verhalten auf das Verhalten des anderen aus. Wir haben keine vollständige Information über den Spielverlauf und wissen nicht sicher, wie das Spiel ausgehen wird. Der Ausgang hängt davon ab, wie sich die Spieler verhalten, welche Entscheidungen sie treffen, welche Strategien sie wählen.

In der Spieltheorie versucht man, strategische Situationen mathematisch zu analysieren. Das können Gesellschaftsspiele sein, aber auch eine Wettbewerbssituation in der Wirtschaft oder ein Krieg. Jede Situation, in der das Ergebnis von den Entscheidungen mehrerer abhängt, lässt sich im Prinzip als Spiel auffassen. Begründer der Spieltheorie war der ungarische Mathematiker John von Neumann, der am angesehenen Institute for Advanced Study in Princeton, USA, lehrte. Ursprünglich war die Spieltheorie auf ökonomische Problemstellungen zugeschnitten. Heute hat sie viele Anwendungen, von Politik und Soziologie bis zur Evolutionstheorie. Mit Hilfe spieltheoretischer Modelle versuchen Anthropologen und Psychologen, die Grundlagen menschlichen Verhaltens besser zu verstehen.

Ein Spiel besteht erstens aus möglichen Strategien, also möglichen Folgen von Zügen. Zweitens schließlich die «Auszahlung» oder «Payoff» – also das Ergebnis, das für die einzelnen Spieler herauskommt.

Als Teilnehmer eines solchen Spiels werden Sie versuchen, ein möglichst optimales Ergebnis für sich zu erreichen. Unter einer «dominanten Strategie» verstehen Spieltheoretiker eine Strategie von Zügen, die besser ist als alle Alternativen – gleichgültig, wie sich der andere Spieler verhält. Wie man dieses Prinzip auf die reale Welt anwenden kann, zeigt folgendes hypothetisches Beispiel aus meiner eigenen Zunft, der Medienbranche.

Nehmen wir an, zwei konkurrierende Glamour-Magazine überlegen, welche Story sie auf die Titelseite setzen sollen. Die Alternativen sind «Angelina Jolie adoptiert ihr zehntes Kind» und «George Clooney heiratet». Nehmen wir an, 30 Prozent der Leser interessieren sich für Angelina Jolie und 70 Prozent für die Clooney-Story. Die potenziellen Käufer kaufen das Magazin mit dem Thema, das sie mehr interessiert. Wenn beide Magazine die gleiche Story haben, dann teilt sich die Käuferschaft gleich zwischen beiden Titeln auf.

Stellen Sie sich vor, Sie sind Chefredakteur von *Gala*. Nun könnten Sie folgende Überlegung anstellen: Wenn die *Bunte* die Clooney-Story bringt und Sie die Jolie-Geschichte, bekommen Sie 30 Prozent der Leser. Wenn Sie beide sich für Clooney entscheiden, teilen Sie sich die Clooney-interessierte Leserschaft – jeder bekommt 35 Prozent. Also machen Sie mit der Clooney-Geschichte mehr Umsatz als mit der Jolie-Story. Wenn nun die *Bunte* die Jolie-Story wählt und Sie ebenfalls, dann bekommen Sie nur die Hälfte der Jolie-Fans ab, nämlich 15 Prozent. Wenn Sie allerdings die Clooney-Geschichte machen, bekommen Sie die vollen 70 Prozent Clooney-Fans.

Mit anderen Worten: Mit der Clooney-Geschichte sind Sie deutlich besser dran als mit Angelina Jolie – und zwar unabhängig davon, was Ihr Konkurrent tut. Die Entscheidung für den Clooney-Titel ist daher Ihre «dominante» Strategie. Im konkreten Beispiel haben sogar beide, also *Gala* und *Bunte*, die gleiche dominante Strategie. Mit der Clooney-Geschichte gewinnen beide mehr Käufer als mit der Jolie-Story.

Natürlich spielen in realen Lebenssituationen noch viele andere Faktoren eine Rolle. Klarerweise kennt ein Chefredakteur die Interessen seiner Leserschaft nicht immer so genau wie im Beispiel. Aber das Prinzip ist klar: Wenn Sie eine dominante Strategie haben, sollten Sie sie auch verwenden. Aber nur wenige Spiele haben eine dominante Strategie. In solchen Fällen hilft es, nach dem Gegenteil zu suchen – also nach einer Strategie, die unter allen Umständen schlechter ist als alle anderen. Diese «dominierte» Strategie müssen Sie dann eliminieren.

Nehmen wir eine vereinfachte Form von Poker. Es gibt nur zwei Karten, Ass und König. Jeder Spieler gibt einen Euro in den Pott. Dann zieht der erste Spieler eine Karte. Nachdem er sie gesehen hat, kann er entweder passen, dann verliert er sein Geld. Oder er erhöht seinen Einsatz um einen Euro. Der zweite Spieler kann ebenfalls passen oder «mitgehen». Dann wird die Karte aufgedeckt. Wenn es ein Ass ist, gewinnt der erste Spieler. Bei einem König der zweite.

Für den ersten Spieler bedeutet die Strategie «Bluff», dass er seinen Einsatz erhöht, obwohl er nur einen König hat. Für den zweiten Spieler bedeutet «Call», dass er ebenfalls seinen Einsatz erhöht, also mitgeht. Wenn der erste blufft, der zweite sich für Call entscheidet, gibt es zwei gleich wahrscheinliche Ergebnisse. Wenn der erste Spieler ein Ass hat, gewinnt er zwei Euro, hat er einen König, verliert er zwei Euro.

Wenn der zweite Spieler immer wieder erhöht, dann wird der erste irgendwann aufhören zu bluffen. Wenn der erste Spieler nur bei einem Ass erhöht, kann er auf einen durchschnittlichen Gewinn von 50 Cent gegen einen «Caller» rechnen. Allerdings wird der zweite Spieler irgendwann merken, dass der erste nicht mehr blufft – und er wird aufhören zu erhöhen. Dann wird der erste wieder anfangen zu bluffen, der zweite nach einer gewissen Zeit wieder auf Call umsteigen – und so weiter.

Offenbar ist es also vernünftig, mal zu bluffen und mal nicht. Aber wann? Am besten ist es, eine Münze zu werfen – also zufällig zu entscheiden. Solche zufallsabhängigen Entscheidungen nennt man gemischte Strategien. Angenommen, immer wenn die Münze auf Zahl fällt, entscheidet sich der zweite Spieler für «Call». Dann wird der erste Spieler bemerken, dass er mit der Bluff-Strategie im Schnitt 50 Cent abräumen kann – allerdings nur 25 Cent, wenn er nicht blufft (sehen Sie, warum?). Folglich wird er weiter bluffen. Der andere Spieler merkt irgendwann, dass er 50 Cent pro Runde verliert. Also wird er wieder mehr Call spielen. Am besten ist es, wenn er sich in zwei Drittel der Fälle für «Call» entscheidet. Dann kann der erste Spieler auf lange Sicht nicht mehr als ein Drittel Euro pro Runde gewinnen. «Der zweite Spieler hat also einen Weg gefunden, seinen Verlust zu begrenzen», schreibt der Mathematiker Karl Sigmund.

Sogenannte Null-Summen-Spiele sind Konflikte. Was der eine gewinnt, verliert der andere. Wie John von Neumann bewiesen hat, gibt es bei solchen Spielen immer eine Strategie, um die Höhe des möglichen Verlusts zu begrenzen. Man geht einfach von der Annahme aus, dass der Gegner einem den größtmöglichen Schaden zufügen will. Unter dieser Annahme wählt man dann die Strategie, für die das schlimmste denkbare Ergebnis so gut wie möglich ist. Mit solchen Worst-Case-Szenarien arbeiten zum Beispiel Militärstrategen und Terrorbekämpfer. Doch diese Strategie funktioniert nur dann, wenn man es mit einem Opponenten zu tun hat, der wirklich alles daransetzt, einem zu schaden. Doch in der Realität ist das sehr oft nicht der Fall.

In vielen Situationen stehen sich Interessen nicht derart diametral gegenüber. So können alle Spieler ein Interesse daran haben, einen bestimmten Ausgang zu vermeiden. Selbst Kriegsgegner wollen in der Regel nicht die totale gegenseitige Auslöschung.

Bestimmt kennen Sie das «Chicken-Game», das früher von amerikanischen Jugendlichen gespielt wurde, bekannt aus dem James-Dean-Film *Denn sie wissen nicht, was sie tun*. Die beiden Kontrahenten rasen in ihren Autos aufeinander zu. Wer als Erster ausweicht, ist der Feigling und hat verloren. Wer zuletzt ausweicht, ist der Sieger und gewinnt Prestige. Natürlich will keiner von beiden einen Zusammenstoß – ein Crash wäre für beide wahrscheinlich tödlich. Andererseits will keiner der Feigling sein. Das Problem ist, dass keiner weiß, was der andere vorhat. Mal abgesehen davon, dass es natürlich grober Unfug ist, sich auf ein derartiges Spiel einzulassen: Wie würden Sie sich verhalten?

Beide Fahrer haben den Anreiz, so lange wie möglich auf Crashkurs zu bleiben – schließlich wollen sie ja gewinnen. Jeder hofft also, dass der andere ausweicht. Selbst jener Spieler, der eigentlich vorhat, irgendwann auszuweichen, hat daher den Anreiz, darauf zu warten, bis der andere es tut. Das ist die Logik, nach der Konflikte eskalieren – keiner will als Erster zurückstecken.

Auch im täglichen Leben stehen wir immer wieder vor der Entscheidung, ob wir einen Konflikt austragen sollen oder nicht. Ein Dauerstreit mit dem Nachbarn kann dazu führen, dass das Zusammenleben unerträglich wird. Andererseits kann es gegen unsere Interessen sein, vorzeitig zurückzustecken. Nach der Spieltheorie hilft zur Konfliktlösung eine gemischte Strategie – also ein Mix aus Angriff und Rückzug.

175

Zwei Tatverdächtige sitzen in Haft. Sie sollen gemeinsam ein Verbrechen begangen haben. Beide sitzen in getrennten Zellen ein und haben keine Möglichkeit, miteinander zu kommunizieren. Nun bietet der Staatsanwalt beiden folgenden Deal an: Wenn einer der beiden gesteht und der andere nicht, kommt der Geständige frei, während der andere für 20 Jahre ins Gefängnis muss. Wenn keiner von beiden gesteht, bekommen beide eine Haftstrafe von zwei Jahren. Und wenn beide gestehen, müssen beide für jeweils fünf Jahre hinter Gittern.

Das ist die klassische Form des sogenannten «Gefangenendilemmas». Was würden Sie tun? Als rationales Individuum müssten Sie natürlich gestehen – ganz egal, wie sich Ihr Komplize verhält. Überlegen Sie selbst: Wenn Ihr Partner nicht gesteht, kommen Sie frei, während der andere 20 Jahre bekommt. Das klingt erst mal gut für Sie. Der Haken ist nur: Wenn Ihr Partner genauso eigennützig denkt wie Sie und ebenfalls «singt», müssen Sie beide für fünf Jahre ins Gefängnis. Die beste Strategie wäre eigentlich, wenn beide schweigen – dann bekämen beide nur jeweils zwei Jahre. Aber zu schweigen ist gefährlich: Wenn der andere nämlich gesteht, bekommen Sie 20 Jahre. Folglich müssen Sie ganz einfach gestehen – auch wenn dabei ein suboptimales Ergebnis herauskommen kann. Aus diesem Grund ist das «Gefangenendilemma» eigentlich gar kein Dilemma, denn als rationales Individuum haben Sie eben nur eine vernünftige Option.

Natürlich kommt es beim Gefangenendilemma nicht darauf an, dass es sich tatsächlich um Häftlinge handelt. Das Dilemma lässt sich im Prinzip leicht auf die reale Welt übertragen. Seit Jahrzehnten beschäftigen sich Psychologen, Politikwissenschaftler ebenso wie Militärstrategen damit.

Was die Sache so interessant macht, ist die Grundsituation: Beide Teilnehmer wissen zwar, was das optimale Verhalten wäre – nämlich wenn beide «kooperieren» (also nicht geste-hen). Aber zugleich weiß jeder von beiden, dass er für sich ein besseres Ergebnis erzielen kann, wenn er betrügt (also gesteht). So weit, so schlecht. Aber wie ist es, wenn man das Spiel über viele Runden spielt? Gibt es eine optimale Strategie?

Im Jahr 1979 kam der Politikwissenschaftler Robert Axelrod von der Universität Michigan auf die clevere Idee, ein Turnier der besonderen Art zu veranstalten – nämlich einen Wettstreit zwischen Computerprogrammen. Der Forscher lud Spiel-theoretiker der ganzen Welt ein, ihm ihre Programme für das «Gefangenendilemma» zu schicken. Ähnlich wie Schachpro-gramme heute gegeneinander spielen, ließ Axelrod die einge-sandten Programme paarweise gegeneinander antreten. Ge-spielt wurden jeweils 150 Runden «Gefangenendilemma». Am Ende gewann das Programm des kanadischen Forschers Anatol Rapoport. Der frühere Konzertpianist hatte sich schon jahre-lang mit dem Problem auseinandergesetzt. Sein Interesse hatte einen besonderen Grund: Rapoport war in der Friedensbewe-gung aktiv – und die Abrüstungsverhandlungen zwischen den beiden Supermächten galten als Paradebeispiel eines Gefange-nendilemmas. Beide Supermächte hätten zwar von beidseitiger Abrüstung profitiert – doch noch mehr hatten sie zu gewinnen, wenn der jeweilige Gegner einseitig abrüstete.

Rapoports Strategie war verblüffend einfach: Sie lautete «Tit for Tat» – wie du mir, so ich dir. Man kooperiert in der ersten Runde und tut danach genau das, was der andere getan hat. Auge um Auge, Zahn um Zahn: Man fängt gleichsam nett an. Wenn nun der andere unfreundlich agiert, zahlen wir es ihm heim. Runde um Runde. Mit der «Tit-for-Tat»-Strategie gewinnt man zwar nicht. Aber man fällt auch nicht weit zurück. Die Vortei-le der Tit-for-Tat-Strategie bestehen laut Barry Nalebuff und Avinash Dixit in vier Prinzipien. Erstens ist die Strategie klar und simpel. Zweitens ist sie nett, weil ein Tit-for-Tat-Stratege niemals mit dem Betrügen anfängt. Gleichzeitig lässt sie aber betrügerisches Verhalten nicht unbestraft. Viertens ist es eine versöhnliche Strategie: Sobald der andere aufgehört hat zu betrügen, kooperieren beide wieder miteinander.

Ein Schachspieler würde mit dieser Strategie natürlich nicht weit kommen. Spiele wie Schach, Dame und die meisten anderen Gesellschaftsspiele bezeichnen Spieltheoretiker im weiteren Sinne als «Null-Summen-Spiele»: Wenn ein Spieler gewinnt, verliert der andere. Die Interessen der Spieler sind genau entgegengesetzt. Das Gefangenendilemma hingegen gehört zu den «Nicht-Null-Summen-Spielen». Die Spieler sitzen im gleichen Boot. Nur gemeinsam können sie ein optimales Ergebnis erreichen.

Natürlich gibt es gegen Computerspiele viel Kritisches zu sagen. So gibt es Hinweise, dass extrem aggressive «Egoshooter» die Gewaltbereitschaft von Jugendlichen erhöhen. Allerdings scheinen gerade komplexe Rollenspiele wie *World of Warcraft* auch unsere kognitiven Fähigkeiten zu verbessern.

Komplexe Computerspiele trainieren das Denken, glaubt Autor Steven Johnson: «Es geht nicht darum, woran jemand denkt, der am Bildschirm zockt. Es geht vielmehr darum, wie er denkt.» Computerspiele fördern kollaterale, also nebenbei ablaufende Lernprozesse, die über den eigentlichen Erfahrungsinhalt hinausgehen, schreibt Johnson. Ständig steht der Spieler vor irgendeiner Aufgabe. Er muss ein Zauberschwert finden, einen Schatz bergen, ein Monster besiegen. Spiele trainieren Mulitasking, die Fähigkeit, Entscheidungen zu treffen und Prioritäten zu setzen. Durch Videogames erwerben wir eine neue «Schreib- und Lesefähigkeit», meint der US-Literaturprofessor James Paul Gee. Sprache sei nicht das einzige Kommunikationssystem der Menschheit. Um die Welt zu begreifen, müssen wir auch Bilder, Geräusche oder Bewegungen verstehen. Computerspiele vermitteln genau diese Multimodalität.

Moderne Computerspiele wie *World of Warcraft* sind kognitiv extrem anspruchsvoll. Selten werden die Spielregeln vollständig erklärt. Der Spieler muss sich die Welt auf Basis weniger grundlegender Hinweise völlig selbständig erschließen.

Aus Sicht des Spieleforschers James Paul Gee besteht dieser Spielvorgang aus vier Teilen: Der Spieler muss die virtuelle Welt erforschen und darin bestimmte Aktionen durchführen. Auf Basis seiner Erfahrungen muss er eine Hypothese über den Zweck von Dingen oder Aktionen aufstellen. Geleitet von seiner Hypothese, muss der Spieler die Welt neu erkunden. Auf Basis der Ergebnisse, die er dabei erzielt, muss er seine Hypothese überprüfen und gegebenenfalls neu formulieren. «Games lassen die Spieler wie Wissenschaftler denken», sagt Gee.

Spiele aktivieren das Dopamin-System in unserem Gehirn – jene Kreisläufe, die für unsere Suche nach Belohnung verantwortlich sind. Die gleichen Mechanismen spielen auch bei Suchtverhalten eine zentrale Rolle. «Sucht ist der perfekte Ausdruck für den Antrieb, den solche Games bei den Spielern wachrufen. Wenn ein Spiel Sie so sehr in seinen Bann zieht, dass Sie gar nicht mehr aufhören können, dann liegt das daran, dass es ein ganz elementares Bedürfnis anspricht: Sie wollen unbedingt wissen, wie es weitergeht.»

Worin liegt das Wesen eines Spiels? Was ist allen Spielen gemeinsam? Der Philosoph Ludwig Wittgenstein stellte in seinen *Philosophischen Untersuchungen* Betrachtungen über diese Fragen an. Nicht bei allen Spielen geht es um Wettbewerb, schreibt Wittgenstein: «Denk an die Patiencen.»

Nicht alle Spiele sind unterhaltsam – siehe Schach. Und bei

Ballspielen gibt es zwar Gewinner und Verlierer: «Aber wenn ein Kind den Ball an die Wand wirft und wieder auffängt, dann ist dieser Zug verschwunden.» Wir können also nicht genau sagen, was das Wort «Spiel» eigentlich bedeutet. Wir wissen nicht, worin das «Wesen» eines Spiels besteht. «Man kann sagen, der Begriff ‹Spiel› ist ein Begriff mit verschwommenen Rändern», sagt Wittgenstein. Und doch kann jeder von uns etwas mit dem Wort anfangen. Wir wissen, was damit gemeint ist. Schon als Kind lernen wir, was ein «Spiel» ist – indem wir eben spielen. So ist es mit vielen sprachlichen Ausdrücken. Wir verstehen ein Wort, indem wir lernen, wie man es verwendet. «Die Bedeutung eines Wortes ist sein Gebrauch in der Sprache», sagt Wittgenstein. Die Art dieses Gebrauchs nennt er «Sprachspiel».

Man könnte ein Sprachspiel mit einem komplizierten Spiel wie Schach vergleichen. In der Sprache operieren wir mit sprachlichen Ausdrücken, im Schach mit Spielfiguren. Was die einzelnen Schachfiguren «bedeuten», verstehen wir erst, wenn wir die Schachregeln kennen. Wenn man auf einen Schachkönig zeigt und jemandem sagt «Das ist der König», so sagt man ihm im Grunde gar nichts über die Figur. Genauso können wir nach Wittgenstein die Bedeutung sprachlicher Ausdrücke erst verstehen, wenn wir die Regeln kennen, nach denen wir damit operieren dürfen. Es gibt unzählige Arten solcher Sprachspiele, sagt Wittgenstein. Ob wir über einen Hergang berichten, eine Beschreibung geben, eine Vermutung aufstellen, Rätsel raten oder einen Witz erzählen – jedes Mal spielen wir ein Sprachspiel. Neue Sprachspiele entstehen, andere veralten. Sprachspiele können ungeheuer kompliziert sein. Wie wir sprachliche Ausdrücke verwenden, hängt eng mit nichtsprachlichen Handlungen zusammen. Oft verwenden wir ein und dasselbe Wort in verschiedenen Zusammenhängen unterschiedlich. Das Sprechen einer Sprache ist Teil einer «Lebensform». Einen Löwen würden wir selbst dann nicht verstehen, wenn er Deutsch spräche, sagt Wittgenstein – ein Tier würde die gleichen Worte eben völlig anders benutzen als ein Mensch!

Spielen ist also fundamental für unsere Sprache – und damit auch für unser Denken.

Aktivität
Die Wittgenstein-Methode

Nach Ludwig Wittgenstein liegt die Bedeutung eines Wortes in seinem Gebrauch. Diese Einsicht hatte nicht nur enormen Einfluss auf die Philosophiegeschichte. Ein Wittgenstein'sches Sprachspiel können Sie auch für sich spielen. (Für Experten: Das Wittgenstein'sche Argument gegen die Möglichkeit von Privatsprachen lassen wir hier beiseite.)

Nehmen Sie das Wort «Zeit». Notieren Sie auf einer Liste, wie und in welchen Zusammenhängen Sie das Wort «Zeit» üblicherweise verwenden. Versuchen Sie dabei nicht, eine Definition zu geben beziehungsweise irgendetwas darüber auszusagen, was Zeit ist, auch nicht in Form von Metaphern wie «Zeit ist ein Fluss». An diesem Problem ist schon Augustinus gescheitert. In seinen Bekenntnissen sagte er zur Frage, was Zeit sei: «Wenn mich niemand danach fragt, weiß ich es, wenn man mich aber danach fragt, weiß ich es nicht.»

Geschichten erzählen

König Laios und seine Frau Iokaste herrschen über die Stadt Theben; ihre Ehe ist kinderlos. Unglücklich darüber, fragt Laios das Orakel von Delphi um Rat. Statt nützlicher Tipps erhält er eine düstere Warnung: Das Kind, das er mit Iokaste zeugen werde, werde ihn töten. Daraufhin hält Laios Abstand zu seiner Frau, doch in betrunkenem Zustand schläft er noch einmal mit ihr. Als neun Monate später sein Sohn zur Welt kommt, entreißt Laios den Säugling aus den Armen der Amme, durchbohrt seine Füße mit einem Nagel und setzt das Kind am Berg Kithairon aus. Ein Hirte nennt das Kind wegen seiner Fußverletzung Ödipus, also «Schwellfuß».

Ödipus wächst beim König von Korinth und seiner Frau auf. Da hört er Gerüchte, dass die beiden gar nicht seine Eltern sind. Das Orakel von Delphi verkündet ihm ein entsetzliches Schicksal – er werde seinen Vater töten und seine Mutter heiraten. Daraufhin beschließt Ödipus, nicht nach Korinth zurückzukehren. Zufällig gerät er auf die Straße nach Theben. Da trifft er auf einen Wagen, dessen Lenker ihn auffordert, den Weg frei zu machen. Wütend tötet Ödipus den Mann; es ist sein Vater Laios. Als Ödipus in Theben eintrifft, herrscht große Aufregung in der Stadt. Die Sphinx, ein furchterregendes Ungeheuer, terrorisiert die Bürger. Sie stellt jedem vorbeikommendem Thebaner ein Rätsel: «Welches Wesen hat manchmal zwei Beine, manchmal drei, manchmal vier und ist am schwächsten, wenn es die meisten Beine hat?» Wer die Frage nicht beantworten kann, den verschlingt die Sphinx. Doch niemand weiß die Antwort. Iokastes Bruder Kreon, der die Herrschaft übernommen hat, sieht nur

182

einen Weg, um die Stadt von der Plage zu befreien: Wer das Rätsel lösen kann, soll die Hand von Iokaste erhalten – und damit die Königswürde. Daraufhin geht Ödipus zur Sphinx und beantwortet die Frage. Das gesuchte Wesen ist natürlich der Mensch – als Baby bewegt es sich auf vier Beinen, später auf zwei und im Alter stützt es sich auf einen Stock. Daraufhin stürzt sich die Sphinx von einem Berg, und Ödipus wird König von Theben. Iokaste, seine eigene Mutter, gebiert ihm zwei Söhne, Eteokles und Polyneikes, und die beiden Töchter Antigone und Ismene.

Doch der Fluch setzt sich fort. Die Götter schicken die Pest über das Land. Wieder wird das Orakel von Delphi zu Rate gezogen. Diesmal verkündet es, die Plage werde erst ein Ende haben, wenn der Mörder von Laios aus der Stadt vertrieben sei. Schließlich eröffnet ihm der blinde Seher Teiresias die grauenvolle Wahrheit– er habe seinen eigenen Vater ermordet und sei mit seiner Mutter verheiratet. Ödipus kann das zuerst nicht glauben. Auch Iokaste will die Geschichte nicht wahrhaben, doch allmählich kristallisiert sich die Wahrheit heraus. Iokaste erhängt sich. Ödipus hingegen blendet sich selbst und verlässt Theben. Auf Kolonos jagen ihn schließlich die Erinyen, die Rachegöttinnen, zu Tode.

Der Ödipus-Mythos – was für eine Story. Es ist die Geschichte der Verstrickung in ein unentrinnbares Schicksal. Bis heute wirkt der Mythos auf uns. Für Sigmund Freud war die tragische Geschichte der Inbegriff unerfüllter Wünsche unserer Kindheit. Der Begründer der Psychoanalyse prägte dafür den Begriff «Ödipus-Komplex».

Menschen schufen sich immer schon Mythen. Mit ihren Geschichten über Götter und Helden versuchten unsere Vorfahren, sich die Welt und ihr Schicksal zu erklären. Die Mythen vermittelten ihnen keine Fakten, sondern Orientierung – eine Richtschnur, um mit ihrer tristen Lage fertig zu werden. Sie halfen den Menschen, ihrem Leben Sinn zu verleihen. Die Mythologie sei eine «Frühform der Psychologie», meint die Religionshistorikerin Karen Armstrong: «Die Geschichten von Göttern und Helden, die in die Unterwelt hinabstiegen, Labyrinthe durchquerten und mit Ungeheuern kämpften, brachten die mysteriösen Vorgänge der Psyche ans Licht und zeigten den Menschen, wie sie mit ihren Krisen umgehen konnten.» Kein Wunder, dass Sigmund Freud und Carl Gustav Jung auf klassische Mythen wie den Ödipus-Mythos zurückgriffen, um ihre Theorien zu erklären!

Der Kulturwissenschaftler Joseph Campbell fand in den Mythen kulturübergreifende, universelle Motive – einen «Monomythos», den er für ein Grundmuster des menschlichen Geistes hielt. Das zentrale Thema ist die Abenteuerreise eines Helden auf der Suche nach einem bedeutsamen Ziel. «Der Held bricht auf aus seiner gewöhnliche Welt in eine Region übernatürlicher Wunder: Dort begegnet er fabelartigen Mächten und erreicht einen entscheidenden Sieg, schließlich kehrt er mit der Kraft, seinen Mitmenschen Segnungen zu versehen, von seinem geheimnisvollen Abenteuer zurück.»

Der Argonaut Iason brach auf, um das Goldene Vlies zu holen. Parzifal suchte nach dem Heiligen Gral. Und der Buddha zog los, um Erleuchtung zu finden.

Stets muss der Held seine persönlichen und lokalen Grenzen überwinden. Erst lebt er sein gewohntes Leben – bis etwas Unerwartetes passiert. Nach anfänglichem Widerstand folgt er dem Ruf zum Abenteuer. Auf seiner Reise muss er schwere Prüfungen bestehen. Er trifft auf Ungeheuer und böse Zauberer. Herakles muss seine zwölf Arbeiten erledigen, Odysseus der Versuchung der Sirenen widerstehen. Nachdem er alle Prüfungen bestanden hat, kehrt er mit einem neuen Verständnis zurück. Fast alle Hollywood-Drehbücher folgen diesem Schema der Heldenreise.

Menschen sind Geschichtenerzähler. Unsere Geschichten sind Ausdruck unserer Identität, unserer Erfahrungen, unserer Beziehung zur Welt. Über unsere Geschichten erzählen wir anderen, wer wir sind. Und wenn wir von uns erzählen, so erzählen wir zugleich von unserer Welt. Unsere eigene Identität ist ein Strom von Geschichten, die wir uns laufend selbst erzählen.

Geschichten schaffen Ordnung. Sie stellen Zusammenhänge und Bezüge her, sie wecken Emotionen und machen abstrakte Ideen verständlich, indem sie sie in eine konkrete Umwelt bringen. Unsere Geschichten erfinden unsere Erinnerungen neu – und sie konstruieren unsere Zukunft. Sie schaffen gleichsam mögliche Welten.

Ständig benutzen wir Ausdrücke und Metaphern, die eigentlich aus der literarischen Welt stammen. Damit geben wir der Wirklichkeit Sinn: Wenn wir etwa von «Helden» und deren «Taten» sprechen, bringen wir reale Menschen und Handlungen in einen narrativen Zusammenhang – wir machen aus ihnen eine Geschichte. Geschichten formen die Realität, schreibt der Harvard-Psychologe Jerome Bruner.

Literarische Geschichten handeln oft von Abweichungen und Regelverstößen. Menschen machen Fehler. Oft gelingt es uns nicht, unsere Pläne zu verwirklichen. Wir können unsere Wünsche oder Erwartungen nicht erfüllen. Und mitunter geraten wir durch unser Handeln sogar in Schwierigkeiten. Geschichten erlauben es, solche Abweichungen von Normen zu thematisieren: Irgendetwas Unerwartetes geschieht und führt zu Verwicklungen – daraus entsteht die Spannung. «Geschichten handeln von menschlichen Plänen, die aus dem Ruder gelaufen sind, von unerfüllten Erwartungen. Sie sind ein Weg, unsere Irrtümer und Überraschungen zu domestizieren. Geschichten sagen uns, was alles schieflaufen kann – und was wir tun können, um mit der Situation zurechtzukommen», schreibt Bruner. Geschichten haben nicht nur eine Handlung. Sie liefern uns gleichsam Modelle der Welt.

Wir alle erzählen ständig Geschichten. Erst unsere Geschichten bringen Ordnung in unsere Erfahrungen. Wenn wir eine Geschichte erzählen, stellen wir Zusammenhänge her. Wir bewerten und filtern unsere Erinnerungen. Unser Selbst ist kein Zustand. «Vielmehr konstruieren und rekonstruieren wir unser Selbst laufend, um die Anforderungen einer Situation zu bewältigen, mit der wir konfrontiert sind», schreibt Bruner: «Wenn wir uns etwas über uns selbst erzählen, erfinden wir eine Geschichte – wer und was wir sind, was passiert ist, und warum wir tun, was wir tun.»

Zugleich ist unser Selbst eine öffentliche Angelegenheit. Laufend erzählen wir anderen Geschichten über uns und unser Leben. Wie uns andere wahrnehmen, was sie von uns wissen, hängt wesentlich von unseren Geschichten ab. Ohne dieses Storytelling könnten wir gar nicht miteinander interagieren.

Unsere Geschichten verbinden uns mit anderen Menschen. Die Mitarbeiter eines Unternehmens teilen ihre Erfahrungen in der Firma miteinander. Lebenspartner erzählen sich die Geschichte ihrer ersten Begegnung. Und beim Klassentreffen sind es sogar nichts als die alten Geschichten, die eine gemeinsame Identität herstellen. Und wenn wir alte Freunde wiedertreffen, wollen wir erst mal eine Geschichte hören: «Erzähl doch mal …»

Bei bestimmten Formen der Demenz kann die Fähigkeit, Geschichten zu erzählen oder zu verstehen, völlig verlorengehen. Das Dysnarrativia-Syndrom geht über den reinen Gedächtnisverlust hinaus: Diese Patienten verlieren auch die Fähigkeit, die Gedanken und Gefühle anderer zu lesen. Die Krankheit führt nicht nur zur völligen Auflösung des Selbst. Zugleich verschwindet auch jeder Sinn für andere Menschen. Ohne unsere Geschichten sind wir niemand mehr.

Stellen Sie sich vor, Sie sind Archäologe und steigen in eine Höhle hinunter. Sie tragen eine Stirnlampe und haben alle möglichen Ausgrabungsgeräte dabei. Auf den ersten Metern kommt Ihnen noch alles bekannt und unspektakulär vor. Doch tiefer unten wird es plötzlich geheimnisvoll. Sie tauchen ein in eine unbekannte Welt.

Die Höhle ist nichts anderes als Ihr Selbst.

In der Höhle stoßen Sie auf verschüttete Erinnerungen. Wo Sie auch hinleuchten, finden Sie Erlebnisse aus Ihrer Vergangenheit. Manches kennen Sie, vieles auch nicht. Je tiefer Sie steigen, umso gespenstischer wird es. In den Tiefen der Höhle scheint es zu brodeln.

Introspektion als archäologische Ausgrabung – das ist die Lieblingsmetapher der Psychoanalyse. Freud, ein begeisterter Antiquitätensammler, sah sich selbst als Archäologe des Unbewussten. Wenn wir nur tief genug graben, wenn wir das Licht auf die richtigen Stellen richten, können wir unsere verschütteten Erinnerungen, unsere versteckten Gedanken und verdrängten Konflikte wieder hervorholen – also unser Unbewusstes bewusst machen.

Menschen versuchten immer schon, etwas über ihr Innerstes herauszufinden. Wir wollen unsere Gefühle deuten, unsere wahren Motive und Beweggründe besser verstehen. Wir suchen nach den Wurzeln unserer seelischen Konflikte und Probleme. Dabei scheint es uns manchmal, als würden wir vor einer verschlossenen Tür stehen, hinter der sich unser «eigentliches» Selbst verbirgt. Doch die Metapher ist falsch, glaubt der Psychologe Timothy Wilson: «Introspektion sollte nicht als Vorgang gesehen werden, bei dem Menschen die Tür zu einem versteckten Raum öffnen, der ihnen Zugang zu etwas bislang Unbekanntem gibt. Der Trick ist, Gefühle an die Oberfläche zu lassen – und sie durch den Nebel unserer Theorien und Erwartungen zu sehen.»

Nach Gründen zu suchen, kann sogar ausgesprochen kontraproduktiv sein – wie im Falle von Marcel Prousts *Suche nach der verlorenen Zeit*. Der Protagonist analysierte seine Gefühle für Albertine so lang, bis sie ihn schließlich verlässt – und er erkennen muss, dass er mit seinen Gefühlen völlig falschgelegen hat.

In mehreren Experimenten fand Psychologe Wilson heraus, dass das Nachdenken über Gründe dazu führen kann, dass Menschen ihre wirklichen Gefühle nicht mehr richtig beurteilen können.

«Ich möchte Sie bitten, in den nächsten drei Tagen über Ihre tiefsten Gedanken und Gefühle über eine extrem wichtige emotionale Sache zu schreiben, die Sie und Ihr Leben betrifft.» Die Psychologin Jamie Pennebaker gab diese Instruktionen Hunderten von Versuchspersonen, darunter Studenten, Schwerverbrechern, Arbeitslosen und jungen Müttern. Die meisten nahmen die Sache ernst und schrieben tatsächlich über schwerwiegende Ereignisse in ihrem Leben, etwa über den Tod eines nahestehenden Menschen oder das Ende einer Beziehung. Teilnehmer einer Kontrollgruppe sollten ebenfalls einen Text verfassen – allerdings über oberflächliche Dinge, etwa ihre Pläne für den nächsten Tag.

Jene Teilnehmer, die die über ihre emotionalen Erfahrungen

geschrieben hatten, berichteten von besserer Stimmung, sie bekamen bessere Noten, fehlten weniger Tage im Job – und sogar ihr Immunsystem hatte sich verbessert. Zwar litten sie während des Schreibens unter enormem Stress. Doch offenbar führte das Schreiben zu einer nachhaltigen Verbesserung ihrer geistigen und körperlichen Verfassung. «Das Schreiben scheint Menschen zu helfen, ein negatives Ereignis zu verarbeiten, indem sie eine sinnvolle Geschichte konstruieren, die es erklärt», meint Wilson.

Unter einer Metapher verstehen wir gewöhnlich ein sprachliches Bild, bei dem ein Wort aus seinem Bedeutungszusammenhang in einen anderen übertragen wird. Nehmen wir zum Beispiel die Metapher «Der Himmel weint». Dabei lösen wir den Begriff «Weinen» aus seinem eigentlichen Kontext, dem menschlichen Körper, und wenden ihn auf ein Naturphänomen an. Metaphern sind in unserem Sprachgebrauch allgegenwärtig. In der Literatur dienen sie als künstlerische Ausdrucksmittel. Politiker, Werbeleute und Journalisten benutzen Metaphern, um einprägsame Botschaften zu kreieren. Und auch im Alltag drücken wir uns häufig metaphorisch aus, wenn wir einen Sachverhalt darstellen oder einfach nur unsere Meinung sagen wollen.

Doch Metaphern sind nicht bloß ein sprachliches Phänomen, glauben die Linguisten George Lakoff und Mark Johnson. Nach ihrer Theorie prägen Metaphern auch unser Denken und Handeln. Wir denken ständig metaphorisch. Und wir leben nach unseren Metaphern.

Jeder von uns kennt die Metapher «Zeit ist Geld». Dahinter steht die Idee, dass Zeit eine wertvolle, begrenzte Ressource ist. Wir «investieren» Zeit. Wir haben ein «Zeitbudget». Und wir wollen keine Zeit «verschwenden». Bewusst oder unbewusst verhalten wir uns also so, als wäre Zeit tatsächlich eine wertvolle, begrenzte Ressource. Die Metapher prägt unseren Zeitbegriff.

Die Metapher «Zeit ist Geld» entstammt unseren täglichen kulturellen Erfahrungen. Anders könnten wir gar nicht verstehen, was sie bedeutet. In unserer Kultur ist Zeit tatsächlich Geld. Arbeitsleistung wird nach dem Zeitaufwand entlohnt. Unsere Telefonrechnung hängt davon ab, wie lange wir telefoniert haben. Unser Umgang mit der Zeit ist also das Produkt der modernen, industrialisierten Welt.

Wir verstehen die Welt, indem wir ständig mit ihr interagieren. Das metaphorische Denken ermöglicht uns, von einem Bereich unserer Erfahrung auf einen anderen zu schließen. Mit Hilfe von Metaphern ziehen wir Schlussfolgerungen, an denen wir unser Handeln orientieren. «Da wir metaphorisch denken, bestimmen unsere Metaphern zu einem großen Teil, wie wir leben», schreiben Lakoff und Johnson. George W. Bushs Metapher vom «Krieg gegen den Terrorismus» prägte die amerikanische Außenpolitik. Und es macht einen Unterschied, ob wir die Ehe als «Partnerschaft», als «sicheren Hafen» oder als «gemeinsame Reise durchs Leben» sehen.

Lakoff und Johnson illustrieren das mit der Geschichte eines Missverständnisses, dem ein iranischer Student an einer US-Universität erlag. Als der Neuankömmling hörte, wie ein Kollege von der «Lösung meiner Probleme» sprach, hielt er den Ausdruck für eine besonders schöne Metapher. Unter «Lösung» verstand er nämlich eine chemische Lösung. Er stellte sich eine brodelnde Flüssigkeit vor, in der alle Probleme schwimmen. Der iranische Student war zutiefst enttäuscht, als er feststellte, dass seine Kommilitonen keine solche «chemische» Metapher im Sinn hatten. Eine solche Metapher könnte uns eine ganz neue Sicht auf die menschlichen Probleme vermitteln, meinen Lakoff und Johnson. «Nach der chemischen Metapher zu leben hieße zu akzeptieren, dass kein Problem für immer verschwindet.» Doch diese Metapher ist uns fremd. Stattdessen sehen wir ein Problem als eine Art «Rätsel», das eine Lösung besitzt. Die «Probleme sind Rätsel»-Metapher charakterisiert unsere heutige Wirklichkeit.

Natürlich können wir nicht einfach nach Belieben von einer Metapher zur anderen wechseln. Die Metapher «Probleme sind Rätsel» ist tief in unseren kulturellen Erfahrungen verankert. Ebenso wenig können wir die «Zeit ist Geld»-Metapher von heute auf morgen abschaffen, um uns stattdessen an der Metapher «Zeit ist Hingabe» zu orientieren.

Metaphern schaffen Sinn. Sie erlauben uns nicht nur, unsere Erfahrungen besser zu verstehen. Indem sie unser Denken verändern, beeinflussen sie auch unsere Sicht der Realität – und damit letztlich unser Handeln: «Neue Metaphern haben die Macht, eine neue Wirklichkeit zu schaffen», schreiben Lakoff und Johnson.

Das objektivistische Denken geht davon aus, dass die Realität unabhängig von uns existiert. Über diese objektive Realität können wir mit Hilfe unserer Begriffe und Kategorien objektive, wahre Aussagen treffen. Nur das Objektive ist demnach auch rational. Der Subjektivismus lässt umgekehrt nur subjektive Erfahrungen gelten. Das metaphorische Denken hingegen «verbindet Vernunft und Imagination», schreiben Lakoff und Johnson.

Schon Aristoteles glaubte, dass Metaphern zu einem tieferen Verständnis der Wirklichkeit führen können: «Gewöhnliche Worte erfassen nur, was wir schon wissen; durch die Metapher können wir zu etwas Neuem gelangen.»

Kreativität

Es ist der härteste Job seines Lebens. Tag für Tag steht der Mann auf einem zehn Meter hohen Gerüst. Sein Rücken schmerzt. Die Augen brennen. Immer wieder tropft ihm Farbe ins Gesicht. In einem Gedicht klagt Michelangelo Buonarotti: «Ich bin kein Maler, und mein Platz ist schlecht.»

Mehr als drei Jahre dauert die Qual; im Oktober 1512 sind die Deckenfresken der Sixtinischen Kapelle schließlich vollendet. Das gewaltige Werk zeigt Szenen der biblischen Schöpfungsgeschichte, von der Erschaffung Adams bis zur großen Flut. Doch Michelangelo hat nicht einfach nur seinen Auftrag erfüllt, die Kapelle mit biblischen Motiven zu dekorieren. Vielmehr hat er seine eigene Innenwelt an die Decke projiziert. Es ist eine Welt voller Bewegung. Wir blicken in verstörte, verängstigte, rätselhafte und dämonische Gesichter; jedes Detail scheint voller Bedeutung und Tiefe zu sein. Das ganze Fresko wirkt wie eine gewaltige Phantasmagorie, ein Traumgebilde: «Wenn man es betrachtet, hat man das Gefühl, in den Geist des Mannes zu schauen, der es geschaffen hat», schreibt der Kunsthistoriker Andrew Graham-Dixon.

Michelangelo war ein Ausnahmekünstler – ein Gigant, der seine Zeit weit überragte. Als Bildhauer und Architekt setzte er neue Maßstäbe. Woher rührte Michelangelos ungeheure Schaffenskraft? Und was machte Leonardo da Vinci, Mozart oder Einstein so kreativ?

Kreatives Denken ist das Mantra unserer Zeit. Hunderte Ratgeber versprechen effektive Techniken, um auf neue Ideen zu kommen. Kaum ein Unternehmen kommt heute ohne Brainstormings und Kreativ-Seminare aus. Überall verlangt man kreative Ideen statt bloß «business as usual». Selbst Fußballer beurteilen wir heute nicht bloß nach der Anzahl der Tore, sondern nach Spielwitz und Kreativität.

Kreative Ideen lösen Probleme. Innovationen steigern Produktivität, Wohlstand und Wachstum. Ohne kreatives Denken gibt es keinen Fortschritt. «Menschliche Kreativität ist die ultimative ökonomische Ressource», schreibt Richard Florida in seinem Buch *The Rise of the Creative Class*.

Kreativität ist schwer zu definieren. Nicht jede neue Idee ist kreativ. Sie muss auch nützlich sein, eine Funktion erfüllen, ein Problem lösen. Wenn Sie eine mathematische Berechnung durchführen sollen und stattdessen Strichmännchen zeichnen, dann ist das zwar originell, aber nicht kreativ.

Kreative Menschen brechen mit Gewohnheiten und Regeln. Sie verändern die Realität – und damit auch ihr eigenes Leben. Nur wenige von uns haben die Begabung von Ausnahmegenies wie Michelangelo oder Einstein. Doch Kreativität kann unser Leben bereichern, auch wenn wir dafür nicht den Nobelpreis bekommen.

Menschen kommen nicht kreativ zur Welt. Kreativität kann man entwickeln und trainieren wie andere Fähigkeiten auch. Wir können uns entscheiden, ein kreatives Leben zu führen.

Der Begriff Kreativität leitet sich vom lateinischen Wort creare («schaffen, hervorbringen, gestalten») ab. Die ersten Innovationen der Menschheit, die Steinwerkzeuge, dienten dem unmittelbaren Überleben. In Schöpfungsmythen suchten die Menschen Erklärungen für Entstehung und Aufbau der Welt. Im alten Ägypten herrschte die Vorstellung, dass der Kosmos aus einem formlosen Chaos von selbst entstand. Die Welt galt als unabgeschlossener Schöpfungsprozess, und die Menschen waren in diesen Prozess eingebunden: Durch rituelle Handlungen sollten sie helfen, die Ordnung der Welt aufrechtzuerhalten und den Rückfall ins Chaos abzuwenden.

Das buddhistische und taoistische Denken sieht Kreativität als kontinuierlichen Wandlungsprozess. Der Suchende muss sich demütig in den ewigen Kreislauf von Werden und Vergehen einfügen. Kreativität kann man nach diesen Vorstellungen nicht wollen – man muss sie zulassen. Nach den Vorstellungen des Hinduismus entstand die Welt durch Selbstaufopferung Gottes – der Mensch muss dieser Selbstaufgabe folgen. Durch schöpferisches Handeln vereinigt er sich schließlich wieder mit Gott – Werden und Vergehen sind untrennbar miteinander verbunden.

Im Altertum galt Kreativität als Göttergeschenk. Schöpferische Leistungen erklärte man aus einer höheren Inspiration; der Kreative galt als leeres Gefäß, das erst von einem göttlichen Wesen gefüllt werden musste. Nach Platons Auffassung kann ein Dichter nur das ausführen, was ihm seine Muse diktiert.

Der Gott der Bibel ist gewissermaßen der Ur-Kreative. Er schafft die Welt aus dem Nichts, scheidet Erde und Himmel, schafft Pflanzen, Tiere und Menschen. Mehr Kreativität geht nicht. «Creavit» lautet das erste Wort der Bibel.

Die Vorstellung menschlicher Kreativität war dem christlichen Denken noch im Mittelalter fremd. Der Mensch schafft nichts Neues, er kann die Schöpfung lediglich nachbilden. Erst in der Renaissance erlebt sich der Mensch wieder als Schöpfer. In seiner «Rede über die Würde des Menschen» lässt Pico von Mirandola Gott sagen: «Ich habe dich mitten in die Welt gesetzt, damit du umso leichter erblicken mögest, was darin ist. Weder zum himmlischen noch zum irdischen, weder zum sterblichen noch zum unsterblichen Wesen habe ich dich geschaffen, so dass du als dein eigener Bildhauer dir selber deine

Züge meißeln kannst. Du kannst zum Tier entarten, aber du kannst dich auch aus dem freien Willen des Geistes zum gottähnlichen Wesen wiedergebären.»

Wissenschaftler und Künstler lösten sich von den kirchlichen Autoritäten. In der deutschen Klassik nimmt das kreative Genie seine Geschicke selbst in die Hand. Friedrich Nietzsche beschwört die dunklen Mächte des «Dionysischen» als Quelle wahrer Kreativität.

Der Geniekult ist uns jedoch heute verdächtig geworden. Die Wissenschaft glaubt heute nicht mehr an göttliche Eingebung; Psychologen und Hirnforscher suchen nach den Faktoren, die hinter kreativen Leistungen stehen.

Ihre wichtigste Erkenntnis lautet schlicht: Kreative Leistungen fallen nicht einfach vom Himmel. «Eine wahrhaft kreative Errungenschaft ist so gut wie nie das Ergebnis einer schlagartigen Erkenntnis, eines plötzlich aufflackernden Lichts in der Dunkelheit, sondern das Resultat jahrelanger harter Arbeit», sagt der US-Kreativitätsforscher Mihaly Csikszentmihalyi. In den Jahren von 1990 bis 1995 befragte der Forscher insgesamt 91 Persönlichkeiten aus Wissenschaft, Kunst und Medien, um dem Geheimnis ihrer Kreativität auf die Spur zu kommen. Dabei kristallisierte sich ein Muster heraus, das kreative Leistungen ausmacht.

Nach Auffassung von Csikszentmihalyi entsteht Kreativität aus dem Zusammenwirken von drei Elementen, die gemeinsam ein System bilden. Die erste Komponente ist die Domäne, ein Wissenssystem, das aus symbolischen Regeln und Methoden besteht. Eine solche Domäne ist etwa eine wissenschaftliche Disziplin wie die Mathematik oder Physik. Die zweite Komponente ist das Individuum, das etwas Neues in diese Domäne einbringt. Drittens schließlich bestimmt ein Feld von Experten darüber, ob die neue Idee in der Domäne anerkannt wird oder nicht.

Pierre de Fermat, ein französischer Mathematiker des 17. Jahrhunderts, liebte es, seine Kollegen mit kniffligen Aufgaben auf die Probe zu stellen. Sein größtes Rätsel hinterließ er in einer handschriftlichen Anmerkung in einem Buch. Die Gleichung $a^2 + b^2 = c^2$ hat unendlich viele Lösungen für ganze Zahlen. Doch ähnliche Gleichungen der Form $a^n + b^n = c^n$ haben, so vermutete Fermat, keine Lösung für ganze Zahlen größer als 2. Fermats «letzter Satz» beschäftigte die Mathematiker 300 Jahre lang. Auch Andrew Wiles von der Universität Princeton brütete 30 Jahre lang an dem vertrackten Problem. «Ich war besessen von diesem Problem», erinnerte er sich später: «Acht Jahre lang dachte ich die ganze Zeit darüber nach – vom Aufstehen am Morgen bis zum Zubettgehen.» Schließlich schien er der Lösung nahegekommen zu sein. Doch irgendetwas fehlte. Eines Morgens kam ihm die «unglaubliche Offenbarung» – das fehlende Puzzlestück. «Es war so unbeschreiblich schön; es war so simpel und elegant. Ich konnte nicht verstehen, dass mir das so lange entgangen war. Ich starrte es einfach nur 20 Minuten lang ungläubig an. Später ging ich spazieren, doch ich musste zurück zu meinem Schreibtisch und nachsehen, ob es immer noch da war. Es war immer noch da. Ich konnte mich nicht beherrschen, so aufgewühlt war ich. Es war der wichtigste Moment meines Arbeitslebens.»

Die Psychologen Todd Lubart und Robert Sternberg erklären Kreativität aus dem Zusammenspiel von sechs Komponenten.

Intelligenz: Kreative Menschen haben die Fähigkeit, Probleme aus neuen Blickwinkeln zu betrachten.

Wissen: Wer nichts weiß, kann nicht kreativ sein. «Der Zufall hilft nur dem vorbereiteten Geist», sagte Louis Pasteur. Erst auf der Basis von profundem Wissen können wir neue Verbindungen und Zusammenhänge herstellen. Ohne zu wissen, was andere bereits gedacht oder getan haben, laufen wir Gefahr, das Rad noch einmal zu erfinden.

Michelangelo verfügte über eine profunde bildhauerische Ausbildung. Auch Mozart beherrschte die Kompositionslehre seiner Zeit perfekt, ehe er mit seinen eigenen Werken neue Maßstäbe setzte.

Denkstil: Kreative Menschen konzentrieren sich auf das Wesentliche. Statt sich mit Details abzugeben, suchen sie die großen Zusammenhänge, das «big picture». Einstein zum Beispiel war kein sonderlich guter Mathematiker – dafür besaß er eine unvergleichliche visuelle Vorstellungskraft.

Persönlichkeit: Kreative Menschen müssen bereit sein, Risiken einzugehen und Widerstände zu überwinden. Michelangelo stritt mit dem Papst so lange, bis er freie Hand bei der Gestaltung der Deckenfresken bekam.

Motivation: Kreative Menschen haben Spaß an dem, was sie tun. Ihre Motivation ziehen sie meist nicht aus Geld oder Karriere, sondern aus der geistigen Herausforderung.

Umgebung: Kreative Leistungen entstehen meist in einem stimulierenden Umfeld, das Neugier und Interesse fördert. Michelangelo war geprägt von der intellektuellen Aufbruchsstimmung der Renaissance. Schon als Jugendlicher verkehrte er in einem Kreis von Freigeistern und Intellektuellen. Hochkarätige Wissenschaftler und Erfinder sind selten Eigenbrötler. Die meisten pflegen regen Austausch mit ihren Fachkollegen, um sich Anregungen und Ideen zu holen.

Kreativität erfordert zwar ein gewisses Maß an Intelligenz, doch nicht jeder hochintelligente Mensch ist automatisch kreativ. In Studien hat sich überdies gezeigt, dass ab einem IQ von 120 kaum noch ein Zusammenhang zwischen Intelligenz und Kreativität besteht.

Jemand kann außerordentliche analytische Fähigkeiten besitzen – und trotzdem zeitlebens keine einzige kreative Idee produzieren.

Kreative Lösungen entstehen häufig, wenn Menschen Probleme neu definieren. Oft stehen wir vor einer Aufgabe und haben keine Ahnung, was wir tun sollen. Wir sehen einfach keine Lösung, sind gefangen in einer Box. Um aus dieser Box herauszukommen, müssen wir das Problem aus einer völlig anderen Perspektive sehen – und mitunter sogar das Gegenteil von dem tun, was eigentlich naheliegend wäre. Wir stellen das Problem gleichsam auf den Kopf. Um die Aufgabe zu lösen, müssen wir sie neu erfinden.

Die Psychologen Lubart und Sternberg illustrieren das mit einer amüsanten Anekdote über einen hochrangigen Manager in der Automobilindustrie, der mit seinem Job unzufrieden war. Vor allen Dingen konnte er nicht mehr mit seinem Boss auskommen. Der Mann engagierte einen Headhunter, um nach einem neuen Job für ihn zu suchen. Da kam ihm plötzlich eine Idee. Er gab dem Headhunter einfach den Namen seines Chefs. Der wurde daraufhin abgeworben. Der Mann war nicht nur seinen unerträglichen Chef losgeworden, sondern rückte auch noch auf dessen Position nach.

Kennen Sie die Entstehungsgeschichte der «Post-Its»? Die Idee für die kleinen gelben Haftzettel entstand, als ein Mitarbeiter des US-Unternehmens 3M das Gegenteil von dem tat, was er eigentlich tun sollte. Der Ingenieur hatte eigentlich den Auftrag, einen starken Klebstoff zu entwickeln. Doch das Produkt taugte nichts, die Klebewirkung war viel zu schwach. Doch statt einfach von Neuem zu beginnen, suchte der Mitarbeiter nach einer Anwendung für seinen missratenen Klebstoff. Der 3M-

Mitarbeiter stellte sein ursprüngliches Problem («Entwicklung eines starken Klebstoffs») auf den Kopf. Das Resultat war ein genial einfaches Produkt, das seither aus Büros wie Haushalten nicht mehr wegzudenken ist.

Kreativität hängt unter anderem davon ab, wie leicht wir zwischen verschiedenen Mustern und Konzepten, zwischen konventionellem und unkonventionellem Denken «umschalten» können. Dazu ein kleines Gedankenexperiment. Bekanntlich ist ein Smaragd grün. Nun stellen Sie sich vor, jemand erklärt Ihnen, dass Smaragde in Wirklichkeit nicht grün, sondern «blün» sind. Die Erklärung: «Blün» bedeutet «grün» für die nächsten 1000 Jahre und «blau» für die Zeit danach. Saphire hingegen sind, wie wir wissen, blau. Nun sagt man uns, dass Saphire in Wahrheit «grau» sind, nämlich «blau» für die nächsten 1000 Jahre und «grün» danach.

Nun stellen Sie sich vor, wir bekommen Besuch von einem anderen Planeten. Dort lernt man schon in der Schule, dass Smaragde «blün» und Saphire «grau» sind. Nun erklären Sie einem dieser Aliens, dass Smaragde eigentlich grün und Saphire blau sind. Nach einiger Zeit begreift der fremde Besucher: Ein grünes Objekt ist «blün» für die nächsten tausend Jahre und «grau» für die Zeit danach. Ein blauer Saphir wiederum ist «grau» für die nächsten 1000 Jahre, danach aber «blün». Unser Besucher würde sein Farbkonzept also wesentlich einfacher finden als unseres – genau wie wir umgekehrt unser Konzept für das simplere halten!

Eine Einsicht ist eine neue Art, etwas zu sehen. Plötzlich erkennen wir eine überraschende Verbindung, einen unerwarteten Zusammenhang. Wir haben ein «Heureka!»-Erlebnis wie der griechische Mathematiker Archimedes. Als ihm in der Badewanne plötzlich die Auftriebsgesetze klarwurden, soll er vor Freude nackt durch die Straßen von Syrakus gelaufen sein.

Wissenschaftler ergründen heute, welche kognitiven Prozesse zu Einsichten und kreativen Ideen führen. So kann es zu einem Aha-Erlebnis kommen, wenn jemand plötzlich die Bedeutung einer scheinbar nebensächlichen Information erkennt. Sternberg und Lubart nennen das «selektive Kodierung».

Ein berühmtes Beispiel ist die Entdeckung des Penicillins. Der Forscher Alexander Flemming züchtete für ein Laborexperiment Bakterien in der Petrischale. Doch der Versuch ging schief, die Bakterien setzten sich an der Schale an, und es bildete sich Schimmel. Doch statt das missglückte Experiment einfach zu wiederholen, machte Flemming eine Beobachtung. Der Schimmel tötete offenbar die Bakterien ab. Dabei galten die Mikroorganismen eigentlich als praktisch unverwüstlich. Da kam Flemming die entscheidende Einsicht, die schließlich zu einem der wichtigsten Durchbrüche in der modernen Medizin führte. Aus dem Schimmel isolierte er schließlich das Antibiotikum Penicillin.

Eine andere Art von Einsicht beruht auf dem Erkennen überraschender Analogien. Plötzlich sehen wir, dass sich eine Information, ein Muster für die Lösung eines Problems anwenden lässt. Erfolglos hatte der deutsche Chemiker Friedrich Kekulé über die molekulare Struktur von Benzol nachgedacht. Die Lösung soll ihm gekommen sein, als er von einer Schlange träumte, die sich um sich selbst wand und in den eigenen Schwanz biss. Plötzlich wurde Kekulé klar, dass sein Molekül eine ringförmige Struktur haben musste.

Nach Csikszentmihalyi erfordert Kreativität einen Überschuss an Aufmerksamkeit. Ohne Aufmerksamkeit können wir nichts Neues lernen. Doch unsere Ressourcen sind begrenzt. Oft sind wir von unseren täglichen Anforderungen einfach zu erschöpft, um uns mit neuen Dingen auseinanderzusetzen. Wir lassen uns leicht ablenken oder sind einfach zu undiszipliniert. Und häufig wissen wir gar nicht, was wir mit unserer mentalen Energie überhaupt anfangen sollen.

Kreativität ist eine Entscheidung, die wir bewusst treffen können – eine Art Investition, wie der Psychologe Robert Sternberg meint.

Ohne Neugier und Interesse bleiben wir in unseren gewohnten Bahnen gefangen. Um kreativ zu sein, müssen wir das Staunen wieder lernen, sagt Csikszentmihalyi. «Kreative Menschen sind ständig erstaunt. Sie gehen nicht davon aus, dass sie verstehen, was um sie herum geschieht, und sie gehen auch nicht davon aus, dass andere es verstehen.»

So könnten Sie versuchen, jeden Tag über irgendetwas erstaunt zu sein. Vielleicht über ein Buch, einen Gegenstand, ein Gespräch – was auch immer. Die Welt geht uns etwas an. Unser ganzes Leben ist letztlich ein Strom von Erfahrungen.

Versuchen Sie, andere Menschen in Erstaunen zu versetzen: durch Kleidung, durch eine Bemerkung, durch ein Verhalten, das man von Ihnen nicht erwartet.

Stellen Sie Annahmen in Frage. Akzeptieren Sie nicht einfach, was Sie vorgesetzt bekommen. Zum Beispiel könnten Sie es sich zur Gewohnheit machen, bei jeder Äußerung eines Gesprächspartners zu fragen: «Was wäre, wenn das Gegenteil zuträfe?»

Betrachten Sie Probleme aus verschiedenen Blickwinkeln. Kreative Menschen legen sich nicht auf die erstbeste Erklärung oder Problemlösung fest. Stattdessen überprüfen sie ihre eigenen Hypothesen und suchen nach Alternativen. Oder sie probieren provisorische Lösungen aus.

Schaffen Sie Gewohnheiten und Regeln. Um kreativ zu leben, müssen Sie Schutzmauern gegen Ablenkungen und Zeitdiebstahl errichten. Je mehr unwichtige Tätigkeiten Sie «automatisieren», desto mehr Zeit und Energie haben Sie für die wesentlichen Dinge. Routinen entlasten Ihr Gehirn. Wenn Sie E-Mails immer zu einer bestimmten Uhrzeit abrufen, müssen Sie nicht zwischendurch wichtige Arbeiten unterbrechen.

Aktivität
Erzwungene Verbindungen

Wahrscheinlich kennen Sie die Kinderbücher, in denen man einem Elefanten den Kopf eines Löwen aufsetzen und die Beine eines Flamingos verpassen kann. Auf dieser Idee beruht eine simple Kreativitätstechnik.

Erstellen Sie eine Tabelle mit möglichen Eigenschaften eines Objektes, das Sie kreieren wollen. Tragen Sie zunächst in jede Spalte eine Eigenschaftsdimension ein. Das können Größe, Farbe oder Preis sein.

Nun tragen Sie unter der Eigenschaft möglichst viele Werte, also Ausprägungen der Eigenschaft, ein, zum Beispiel bei Farbe rot, schwarz oder blau.

Kombinieren Sie jetzt einfach möglichst oft die Werte aus allen Spalten zu «zufälligen» Produkten aus allen Kategorien.

Dabei werden natürlich bizarre Ideen herauskommen – wie in den erwähnten Kinderbüchern. Der Witz an der Methode besteht einfach darin, quasi «automatisch» eine Vielzahl von Optionen zu generieren – und zwar auch solche, die unser Verstand möglicherweise von vornherein ausgeschlossen hätte. Die Technik kann helfen, einen grundlegenden Denkfehler auszuschalten – nämlich den sogenannten Verfügbarkeits- oder «Availability»-Error, nur auf die erstbeste oder aus irgendwelchen Gründen naheliegende Option zu schauen und die übrigen Alternativen zu ignorieren.

202

Aktivität

Traumjournal

Wahrscheinlich haben Träume keine Symbolsprache, die wir deuten können. Aber sie sind auch keine reinen Hirngespinste. In unseren Träumen fürchten wir uns, wir planen und lösen Probleme. Möglicherweise sind sie eine Form des Denkens, die die meisten erwachsenen Menschen verlernt haben. Einige Forscher glauben heute, dass wir beim Träumen zur spielerisch-assoziativen Denkweise unserer Kindheit zurückkehren. Viele berühmte Künstler und Wissenschaftler berichten, dass sie im Schlaf auf wichtige Ideen kamen – wie etwa der indische Mathematiker Srnivasa Ramanujan, der von sich behauptete, seine komplizierten Formeln seien ihm im Traum eingegeben worden. Vieles spricht daher dafür, stärker auf unsere Träume zu achten, wenn wir Zugang zu unserem Unbewussten bekommen wollen.

Ein Traumjournal zu führen ist sehr einfach. Wenn Sie morgens aufwachen und sich an Ihren Traum erinnern, notieren Sie einfach in Stichworten, woran Sie sich erinnern. Wenn Sie sich an keinen Traum erinnern, bleiben Sie noch ein wenig ruhig im Bett liegen und warten Sie, ob Traumfragmente in Ihrer Erinnerung auftauchen. Sobald Sie sicher sind, dass Sie die Inhalte im Gedächtnis verankert haben, stehen Sie auf und tragen Sie in Ihr Traumtagebuch ein.

Werkzeug
  Die po-Methode

Der US-Kreativitätsexperte Edward de Bono hat eine schier unüberblickbare Vielzahl von Tools erfunden, die das kreative Denken verbessern sollen. Viele davon beruhen auf de Bonos Konzept des «lateralen Denkens». Darunter versteht de Bono einen «Musterwechsel innerhalb eines musterbildenden Systems». Dahinter verbirgt sich eine wesentliche Einsicht der Kreativitätsforschung: Kreatives Denken bedeutet in vielen Fällen, vorgegebene Regeln zu brechen, Probleme aus einem völlig neuen Blickwinkel zu betrachten. Kreative Ideen sind also eine Art Provokation, indem sie bisherige Denkmuster in Frage stellen oder durchbrechen. Genau das meint de Bono mit seinem «lateralen Denken».

Eines der witzigsten Tools aus de Bonos Werkzeugkasten ist die po-Methode (po kleingeschrieben). De Bono will die Bezeichnung aus Wörtern wie Hypothese potenziell und poetisch abgeleitet haben. Unter po versteht er eine «provokative Operation». De Bonos origineller Ansatz besteht darin, dieses Wort zu benutzen, um uns zu unkonventionellem Denken zu bewegen. Mit dem Wort po schützen Sie einfach eine scheinbar verrückte Idee. Zum Beispiel: «po-Autos haben eckige Räder», «Bei po-Telefonen braucht man keine Nummer zu wählen», «Ein po-Haus hat kein Dach».

Der Witz ist nicht, diese exotischen Behauptungen kritisch zu hinterfragen («Das ist völlig unmöglich», «Was für ein Quatsch»), sondern durch die Provokation gleichsam gedanklich in Bewegung zu kommen. Nehmen Sie das po-Haus. Wozu braucht ein Haus überhaupt ein Dach? Was ist die Funktion von Dächern? Worin bestünde der Vorteil eines Hauses, das kein Dach besitzt? Niemand würde deswegen ein Haus ganz ohne Dach bauen (jedenfalls nicht in unseren Breitengraden). Die Provokation könnte zu ganz neuen Ideen über Dachkonstruktionen im Allgemeinen führen.

Die po-Methode können Sie ganz flexibel einsetzen. Zum Beispiel könnten Sie einfach zufällig zwei Begriffe mit dem Wort po verbinden. Also etwa: «Katze po Finanzkrise». Die Provokation liegt hier darin, Sie zum Nachdenken über eine Verbindung zwischen «Katze» und «Finanzkrise» zu bringen. Daraus könnte etwa die Idee entstehen, dass Sie nach billigerem Katzenfutter suchen – oder auch die Frage, wie Katzen die Finanzkrise möglicherweise verhindert hätten. Mit dem Wort po können Sie auch gezielt Dinge markieren, die Sie verändern oder hinterfragen wollen.

Werkzeug
Die SKAMPER-Methode

Die SKAMPER-Methode (Bob Eberle, Michael Michalko) hilft Ihnen, Ideen kreativ weiterzuentwickeln. Versuchen Sie, die Methode als eine Art Werkzeugkasten zu sehen. Mit den einzelnen Tools können Sie mit mentalen oder realen Objekten spielen.

SKAMPER steht für:

Substituieren	Wodurch können Sie das Objekt ersetzen?
Kombinieren	Womit können Sie es neu kombinieren?
Adaptieren	Welche anderen Techniken können Sie an das Objekt anpassen?

Modifizieren	Wie können Sie das Objekt auf sinnvolle Weise modifizieren?
Portieren	Wie können Sie das Objekt neu verwenden?
Eliminieren	Was können Sie aus Ihrem Objekt eliminieren?
Rearrangieren	Können Sie das Objekt umkehren beziehungsweise neu anordnen?

Bei der SKAMPER-Methode müssen Sie zunächst entscheiden, worüber Sie nachdenken wollen. Das «Objekt» kann im Prinzip alles Mögliche sein – ein realer Gegenstand, ein Problem oder eine Frage. Die Kernidee hinter der Technik besteht darin, SKAMPER als eine Art Checkliste zu nutzen. Stellen Sie also SKAMPER-Fragen zu Ihrem Objekt und sehen Sie, was dabei an kreativen Ideen herauskommt. Nehmen wir an, die Vorbereitung einer Power-Point-Präsentation bereitet Ihnen Schwierigkeiten. Die Präsentation ist Ihr SKAMPER-Objekt. Beginnen wir mit dem Punkt «Substituieren». Wodurch können Sie die Präsentation ersetzen? Wäre es vielleicht besser, frei zu sprechen? Ist ein Flip-Chart sinnvoll? Was könnten Sie noch tun? Der Trick besteht darin, die SKAMPER-Fragen auf jeder Stufe weiterzuspinnen, um möglichst viele Ideen zu generieren.

Kombinieren: Womit könnten Sie Ihre Präsentation sinnvollerweise verbinden? Vielleicht mit einem Film? Wie könnte das aussehen?

Adaptieren: Gibt es Techniken, die Ihnen bei der Vorbereitung der Präsentation helfen? Können Sie diese Techniken entsprechend anpassen?

Modifizieren: Wie können Sie die Präsentation modifizieren?

Portieren: Können Sie die Präsentation anders einsetzen? Würde es nicht auch genügen, die Präsentation per Mail zu verschicken?

Eliminieren: Welche Elemente können Sie aus Ihrer Präsentation streichen, um die Vorbereitung zu vereinfachen?

Rearrangieren: Was wäre das Gegenteil einer Präsentation? Könnten Sie einfach keine Präsentation halten?

Das kreative Ergebnis Ihres Denkvorganges könnte sein, dass Sie die Präsentation auf zwei wesentliche Charts beschränken, mit einem Film kombinieren und die Langfassung der Präsentation per E-Mail verschicken.

Versuchen Sie selbst einen SKAMPER-Prozess mit folgenden Objekten: Trinktasse, kopieren, Urlaub, Steuererhöhung.

Werkzeug
Mind-Mapping

Meist kommen uns Gedanken und Ideen nacheinander. Das macht es unserem Gehirn schwer, Verknüpfungen herzustellen. In den siebziger Jahren erfand der britische Psychologe

Tony Buzan eine Methode, um Gedanken und Informationen besser zu strukturieren. Das Grundprinzip besteht darin, Beziehungen zwischen Begriffen graphisch in einer Ebene darzustellen – in Form eines «Mind Map», einer Gedankenkarte. Dafür brauchen Sie im Grunde nichts als ein Blatt Papier und ein paar Stifte. Das Mind-Mapping beginnt damit, dass Sie eine separate Liste von Begriffen erstellen, die sie abbilden wollen. Angenommen, Sie wollen sich auf eine Prüfung vorbereiten. Der Begriff «Prüfung» ist das Zentralmotiv. Nun sammeln Sie einfach alle Gedanken und Informationen, die Ihnen dazu einfallen. Jetzt beginnt das eigentliche «Mapping». Das Zentralthema («Prüfung») kommt in die Mitte. Von dort gehen wie bei einem Baum Linien zu den einzelnen Begriffen aus. Nun platzieren Sie die ersten paar Begriffe aus Ihrer Liste. Überlegen Sie dabei, ob es eine Verbindung zwischen den Begriffen gibt. Falls das der Fall ist, verbinden Sie diese mit einer Linie. Die Art der Verbindung tragen Sie auf dieser Verbindungslinie ein. Zeichnen Sie wichtige Begriffe größer ein als weniger wichtige. Gruppieren Sie verwandte Begriffe möglichst in Clustern. Verschiedene Farben können helfen, die einzelnen Unterthemen auseinanderzuhalten. Allgemeinere Begriffe kommen eher in die Mitte, nach außen hin wird es immer spezifischer. Nach der gleichen Methode fahren Sie fort mit allen anderen Begriffen aus Ihrer Liste. Allmählich wird ein riesiger Baum entstehen – das «große Ganze» Ihrer Gedankenwelt rund um das jeweilige Thema. Solche Mind Maps können Sie nicht nur benutzen, um Informationen besser zu strukturieren, sondern auch um Probleme zu lösen oder Entscheidungen zu fällen. Dabei verwenden Sie die Technik ganz analog. Mind Maps können auch in Gruppensituationen helfen, unproduktive Diskussionen zu vermeiden.

Werkzeug
  Zufallswörter

Jeder hätte gern kreative Ideen. Was können Sie tun, wenn Ihnen partout nichts einfällt – wenn Sie ins Stocken geraten sind oder sich hoffnungslos verrannt haben? Ausgerechnet der Zufall kann Ihrem Denken auf die Sprünge helfen. Öffnen Sie einfach ein Wörterbuch und tippen Sie blind auf eine Stelle. So können Sie auf ganz simple Weise ein «Zufallswort» generieren – ein Denkwerkzeug, mit dem Sie viele interessante Dinge anstellen können. Natürlich ist das nur eine Methode, ein solches Zufallswort zu generieren. Genauso gut können Sie andere Bücher oder Zeitschriften verwenden. Wichtig ist nur, dass Sie die Wahl des Wortes nicht bewusst (und möglichst auch nicht unbewusst) beeinflussen.

Assoziation: Zunächst können Sie einfach frei assoziieren, was Ihnen zu dem Zufallsbegriff einfällt.

Erzwungene Verbindung: Versuchen Sie, Ihr Zufallswort in eine Beziehung zu Ihrem Problem zu setzen.

Paare bilden: Erstellen Sie zwei Listen mit jeweils vier Zufallswörtern. Versuchen Sie, Paare aus Wörtern von beiden Listen zu bilden. Können Sie eine Verbindung zwischen den Begriffen herstellen?

Aktivität

Was würde Google tun?

Stellen Sie sich vor, Sie stehen vor einem Problem. Angenommen, Sie wären ein Multimillionär – wie würde der an Ihr Problem herangehen? Was würde Sokrates machen? Oder Google? Die Idee dieser Methode besteht schlicht darin, bewusst den Blickwinkel einer anderen Person einzunehmen, um auf neue Ideen zu kommen. Dieser Person, Ihr «Held», steht für eine bestimmte Sichtweise. Der «Multimillionär» hat unbegrenzte finanzielle Ressourcen. Sokrates steht für Weisheit, Google für Innovation. Mit Hilfe Ihres «Helden» können Sie Ideen «expansiv» ausloten.

SPIRITUELLES DENKEN

Baruch de Spinoza

Ein junger Mann verlässt ein Amsterdamer Theater. Sein Gesicht hat einen olivefarbenen Teint. Er trägt einen dünnen Schnurrbart und schulterlanges, lockiges Haar. Da stellt sich ihm ein Unbekannter in den Weg. Ein Messer blitzt auf. Baruch de Spinoza weicht zurück. Die Klinge zerfetzt nur den Mantel, der Attentäter flieht. Knapp ist der größte Philosoph des 17. Jahrhunderts einem Mordanschlag entgangen.

Es ist kein Zufall, dass man ihm nach dem Leben trachtet: Spinoza steht in diesen Tagen des Jahres 1655 unter Druck. Er gilt als gefährlicher Mann, der ungeheuerliche Irrlehren verbreitet. Das Gerücht geht um, er halte die Seele für sterblich und Gott für ein körperliches Wesen. Die jüdische Gemeinde, der Spinoza angehört, fürchtet einen Skandal. Im toleranten Amsterdam genießen die Juden mehr Freiheiten als anderswo, und die ketzerischen Ideen eines Philosophen aus ihrer Mitte könnten alles zunichte machen. Die Gemeindeoberen sitzen über Spinoza Gericht. Sie drohen mit Exkommunikation, verlangen einen Widerruf. Als der Philosoph ablehnt, wird er aus der Gemeinde ausgeschlossen.

Spinoza empfindet die Exkommunikation als persönliche Befreiung. Als Ausgestoßener kann er endlich seine kühnen Ideen zu Ende denken. Seine Gedanken über Gott und Natur, das menschliche Streben – und die wahre, vollkommene Glückseligkeit.

Mit keinem Geringeren als Descartes will er es aufnehmen; schon in jungen Jahren hat er dessen Werke verschlungen. Doch Spinoza hat sich vom Anhänger zum glühenden Gegner des

Franzosen gewandelt. Descartes' strikte Trennung von Körper und Geist hält er für grundfalsch, ja sogar für lächerlich. Und was der Franzose über die Emotionen zu Papier gebracht hat – einfach nur nichtssagend.

In seinem Hauptwerk geht Spinoza aufs Ganze; es trägt den merkwürdigen Titel *Ethik in geometrischer Ordnung dargestellt*. Der Aufbau ähnelt jenem eines mathematischen Lehrbuchs. Auf jeden Lehrsatz folgt ruckzuck der Beweis. Spinoza beginnt dort, wo andere Denker aufhören – bei Gott.

Doch Spinozas Gott ist kein gütiger Vater im Himmel. Er greift in die Welt nicht ein, an ihn kann man sich nicht wenden, er ist nicht mal barmherzig und gut. Er ist kein Uhrmacher, kein Schöpfer, ja nicht einmal ein Wesen. Spinozas Gott ist einfach die Essenz der Welt. Gott und Natur sind für Spinoza das Gleiche. Und man kann sich streiten, ob Spinozas Gott überhaupt noch ein Gott ist. Als Einstein einmal gefragt wurde, ob er an Gott glaube, antwortete der Physiker, er glaube an den «Gott Spinozas».

Der Mensch ist für Spinoza Teil der Natur. Körper und Geist sind daher keine grundverschiedenen Substanzen wie für Descartes – sondern zwei parallele Blickwinkel, von denen aus wir die Welt «verstehen» können: «Die Ordnung und Verknüpfung von Ideen ist dieselbe wie die Ordnung und Verknüpfung von Dingen.»

Jeder Mensch, jedes Ding hat das Bestreben oder den Trieb, zu existieren und sich selbst zu verwirklichen. Spinoza nennt diesen fundamentalen Trieb «conatus» (Streben). Der Trieb sei die «Essenz des Menschen», sagt Spinoza. Er lenkt letztlich alle unsere Handlungen. Wir erstreben oder wollen etwas nicht etwa deshalb, weil wir es für gut halten. «Im Gegenteil, wir halten etwas für gut, weil wir es erstreben, es wollen, nach ihm verlangen und begehren.» Wenn wir in unserem «conatus» weiterkommen, erleben wir «Freude». Darunter versteht Spinoza «diejenigen Leidenschaften, in denen der Geist zu größerer Vollkommenheit übergeht». Was uns hingegen von diesem Ziel entfernt, führt zu «Traurigkeit».

Emotionen sind für Spinoza nicht per se schlecht. Alle beruhen letztlich auf dem «conatus», unserem fundamentalen Trieb. Das Problem ist nur, dass uns die Emotionen oft in die Irre führen – und von unseren eigentlichen Zielen ablenken. Wir glauben an Dinge, die es gar nicht gibt. Wir treffen falsche Entscheidungen. Wir tun Dinge, die uns schaden. Doch nach Spinoza lösen wir das Problem nicht dadurch, dass wir unsere Emotionen unterdrücken. Nicht Askese und Selbstverleugnung führen zum Glück. Vielmehr müssen wir Ordnung in unsere Gefühle bringen. Die Vernunft hilft uns dabei, unsere Emotionen zu verstehen und einzuschätzen – etwa indem sie uns sagt, dass Hass oder übertriebener Stolz nicht gut für uns sind. Dadurch gewinnen wir Kontrolle über unser Leben – und letztlich unsere Freiheit. Das Ziel ist letztlich, was Spinoza geistige Liebe zu Gott nennt – unser Verständnis des Universums und unserer Rolle in der Welt. Spinoza schreibt: «Von hier aus verstehen wir klar, wie weit von der wahren Schätzung der Tugend diejenigen entfernt sind, die erwarten, von Gott für ihre Tugend und ihre Handlungen wie für eine großartige Dienstleistung mit größten Belohnungen ausgezeichnet zu werden, als ob Tugend selbst und der Dienst Gottes nicht genau Glück und höchste Freiheit wären.» Vollkommene Glückseligkeit bleibt jedoch wenigen vorbehalten: «Aber alles, was vortrefflich ist, ist ebenso schwierig wie selten.»

Buddha – Die Macht des Denkens

Seine Heiligkeit suchte den Geist. Doch was der Dalai Lama auf dem Monitor sah, war bloß eine gräuliche, gallertartige Masse.

Materie, nichts als Materie.

Ende der neunziger Jahre durfte das Oberhaupt des tibetischen Buddhismus an einer US-Klinik einer Gehirnoperation beiwohnen. Stundenlang verfolgte der Dalai Lama die Demonstration westlicher Hochleistungsmedizin. Es war eine Begegnung zwischen fremden Welten. Auf der einen Seite die moderne Neurowissenschaft, aufgerüstet mit Hightech-Computern und riesigen, gefährlich brummenden Kernspintomographen – auf der anderen Seite die kontemplative Welt buddhistischer Klöster und fernöstlicher Spiritualität.

Nach dem Eingriff plauderte der Dalai Lama noch ein wenig mit den Chirurgen. Der Mann aus Tibet erzählte, wie ihm Neurologen einmal die Funktionsweise des Gehirns erklärt hatten: welche neuronalen Schaltkreise für die Wahrnehmung zuständig seien, in welchen Hirnregionen sich Erinnerungen bildeten, wie unsere Emotionen entstünden, dass auch das menschliche Bewusstsein nur das Produkt komplizierter elektrochemischer Prozesse sei – und mit dem Tod auch unser Selbst erlösche.

Doch eine Frage lasse ihn seither nicht los, sagte der Dalai Lama zu den Neurochirurgen: Wenn das Gehirn das Denken hervorbringe – könne dann unser Denken nicht auch die Schaltkreise in unserem Gehirn verändern – der Geist also zurückwirken auf die Materie? Die Chirurgen waren irritiert. Das sei natürlich unmöglich, antwortete einer von ihnen freundlich, aber bestimmt – geistige Aktivitäten hätten keinerlei physikalischen Einfluss auf das Gehirn. Der Dalai Lama ließ es dabei bewenden. Die Behauptung des Chirurgen stand nicht bloß im Gegensatz zur jahrtausendealten Tradition buddhistischen Denkens. Sie widersprach auch den neuesten Erkenntnissen einiger Revolutionäre der Neurowissenschaft.

Unser Gehirn ist demnach keine starre Maschine. Ständig baut es sich um, knüpft neue Netzwerke und Verbindungen. Da können ganze Hirnregionen expandieren oder mit anderen verschmelzen. Da können Hirnareale, die eigentlich fürs Sehen zuständig sind, plötzlich hören oder fühlen. Und das Gehirn kann auch beschädigte Regionen wiederherstellen – und sogar neue Nervenzellen produzieren.

«Neuroplastizität» nennen die Forscher diese wundersame Wandelbarkeit. Ständig reagiert unser Gehirn auf die Umwelt, auf neue Anforderungen und Erfahrungen. Und immer mehr Hirnforscher sind heute davon überzeugt, dass die scheinbar naive Frage des Dalai Lama in Wahrheit zutiefst berechtigt war. Einerseits bringt das Gehirn zwar unser Denken hervor. Doch zugleich verdichten sich die Hinweise, dass unser Denken auch das Gehirn verändert – und zwar viel tiefgreifender, als wir jemals dachten.

Die Erkenntnis könnte unser Bild vom Selbst revolutionieren, meint der Neuropsychiater und Buchautor Norman Doidge – mit weitreichenden Konsequenzen für unser Leben, für Medizin und Psychotherapie, für Erziehung, Kultur und Gesellschaft.

Die Entdeckung der Neuroplastizität widerspricht den mechanistischen Vorstellungen, von dem die Neurowissenschaft mehr als ein Jahrhundert lang ausgegangen war. Nur in der frühen Kindheit, so waren die Forscher überzeugt, können neue Nervenzellen und neuronale Schaltkreise entstehen. Das erwachsene Gehirn hingegen galt als fest verdrahtet und starr. Zwar führen Lernprozesse zur Verstärkung synaptischer Verbindungen – doch diese Veränderungen seien lokal begrenzt und geringfügig. Im Großen und Ganzen schien das Gehirn unwandelbar.

Im 19. Jahrhundert begannen Neuroanatomen, Hirnfunktionen zu lokalisieren. Systematisch kartierten sie das Gehirn wie einen neuentdeckten, riesigen Kontinent: die Sprachareale, die Seh- und Hörzentren, die motorischen Regionen, die unsere Bewegungen steuern. Für jeden Körperteil gab es im Gehirn offenbar eine eigene Kommandozentrale – vom Mund bis zum kleinen Zeh. Aber stand diese Hirntopographie wirklich unverrückbar fest?

Zu den Zweiflern gehörte Michael Merzenich.

Der US-Forscher gilt als einer der Pioniere der Neuroplastizität. Bis heute arbeitet der 66-jährige emeritierte Professor der University of California, San Francisco, an Methoden, um das menschliche Gehirn leistungsfähiger zu machen. Ein von ihm entwickeltes Computerprogramm hilft offenbar nicht nur Kindern mit Leseschwäche, sondern auch älteren Menschen, die unter Sprachstörungen leiden. Alle seine Forschungen kreisen um die Idee, dass sich das Gehirn immer wieder neu erfinden kann.

Berühmt wurde Merzenich in den siebziger Jahren durch ebenso einfallsreiche wie grausame Tierexperimente. Dazu setzte er einem Affen Elektroden ein und kartierte die Hirnregion, die für die Steuerung der Hand zuständig war. Danach amputierte der Forscher den Mittelfinger des Tiers. Nach einigen Monaten zeigte sich, dass die Hirnregion für den amputierten Finger verschwunden war. Zugleich hatten sich die Areale für die benachbarten Finger ausgedehnt. In einem ähnlichen Versuch nähte Merzenich zwei der Affenfinger zusammen, sodass der Affe sie nur gemeinsam bewegen konnte. Wenige Monate später waren die ursprünglich getrennten Hirnareale, die für die Steuerung der beiden Finger zuständig waren, zu einem einzigen Areal verschmolzen! Ähnliche Veränderungen beobachteten Hirnforscher später auch bei Menschen mit besonderen feinsensorischen Fähigkeiten, etwa bei Gitarren- und Geigenspielern. Offenbar führte häufig wiederholtes Verhalten also zu plastischen Veränderungen im Gehirn. Und wie die «Neuroplastologen» mit Hilfe moderner Bildgebungsmethoden wie der Kernspintomographie in den letzten Jahren herausfanden, ist das Gehirn zu noch viel erstaunlicheren Leistungen imstande.

Der türkische Maler Esref Armagan hat noch nie die Sonne, das Meer oder eine Farbe gesehen. Obwohl er von Geburt an blind ist, malt der Künstler erstaunlich realistische Bilder von Gebäuden und Landschaften, die er nur aus Beschreibungen kennt. Doch die eigentliche Sensation liegt in Armagans Gehirn. Während des Malens zeigt sein visueller Kortex die gleiche intensive Aktivität, wie man sie bei einem normal sehenden Menschen erwartet – obwohl die Hirnregion noch nie einen visuellen Reiz empfangen hat. Sein Gehirn «sieht» offenbar mentale Bilder.

Bei einem Experiment, das die US-Hirnforscherin Helen Neville zusammen mit deutschen Kollegen durchführte, mussten blinde Versuchspersonen in einem schalldichten Raum Töne aus verschiedenen Richtungen voneinander unterscheiden. Die Blinden schlugen sich dabei deutlich besser als die Sehenden. Doch das eigentlich Verblüffende war: Während der Aufgabe reagierte nicht das Hörareal, sondern der visuelle Kortex – als könnte ihr Gehirn die Töne sehen. Wie weitere Studien zeigten, kann der visuelle Kortex offenbar auch höhere kognitive Aufgaben wie die Verarbeitung von Sprache übernehmen. Zumindest bei von Geburt an blinden Menschen.

Der spanischstämmige Neurowissenschaftler Alvaro Pascual-Leone wollte wissen, wie schnell sich das Gehirn reprogrammieren kann. Dazu ließ der 47-jährige Forscher sehende Versuchspersonen tagelang wie Blinde leben. Mit blickdichten Augenbinden irrten die Probanden tagelang durch das Beth Israel Deaconess Medical Center in Boston. Während sie verschiedene Aufgaben durchführten, scannten die Forscher ihr Gehirn.

Binnen weniger Tage wandte sich der visuelle Kortex neuen Aufgaben wie Tasten oder Hören zu. Zugleich nahm die Aktivität in den für die Verarbeitung von akustischen Hirnregionen zuständigen Regionen ab. Mit anderen Worten: Das Gehirn der «erblindeten» Probanden hatte sich innerhalb weniger Tage völlig neu organisiert. «Das Potenzial des erwachsenen Gehirns, sich selbst zu reprogrammieren, ist weit größer, als bislang gedacht», resümierten Pascual-Leone und seine Kollegen in ihrem Fachaufsatz.

Offenbar kann sich das Gehirn nicht nur immer wieder reorganisieren, sondern auch von Grund auf erneuern. Die Bildung neuer Nervenzellen im Gehirn galt lange Zeit als ausgeschlossen. Im Unterschied zu normalen Körperzellen können sich Neuronen nämlich nicht teilen. Zerstörtes Hirngewebe schien daher unwiederbringlich verloren. Doch auch dieses Dogma lässt sich nicht mehr länger aufrechterhalten. Seit einigen Jahren wissen die Forscher, dass aus neuralen Stammzellen ständig neue Hirnzellen entstehen können.

Für uns westlich geprägte Menschen ist die Idee der Neuroplastizität schwer zu verdauen. «Wie können wir die Kontinuität und Beständigkeit unseres Selbst mit der Tatsache in Einklang bringen, dass sich unser Gehirn ständig verändert, dass Zellen sterben und neue Zellen entstehen?», fragt Richard Davidson, Hirnforscher an der Universität von Wisconsin. Die Neuroplastizität sieht der Wissenschaftler als den «wichtigsten Kreuzungspunkt», an dem westliche Neurowissenschaft und fernöstliche Spiritualität voneinander profitieren können.

Nach buddhistischer Auffassung ist das Selbst kein stabiler Zustand, sondern befindet sich in ständigem Fluss. Wir sind, was wir tun. Alles ist veränderbar. Die Entdeckung der Neuroplastizität bestätigt diese Sicht. Auch wenn wir eigentlich an ganz andere Dinge glauben: Tief in unserem Gehirn sind wir alle Buddhisten.

Eine scheinbar nebensächliche Beobachtung brachte die Neuroplastologen auf eine weitere 2500 Jahre alte Spur: All die Hirnveränderungen bei ihren Experimenten fanden nur dann statt, wenn sich die Versuchspersonen auf die Aufgaben konzentrierten. Neuroplastizität erfordert offenbar Aufmerksamkeit – also einen geistigen Zustand. Das führte geradewegs zu der Frage, die der Dalai Lama den amerikanischen Hirnchirurgen gestellt hatte: Können rein geistige Aktivitäten das Gehirn verändern?

René Descartes sah im 17. Jahrhundert Geist und Materie als parallele, strikt getrennte Welten. Die moderne Wissenschaft hat diese dualistische Sicht jedoch erschüttert. Heute gehen Hirnforscher davon aus, dass alle geistigen Phänomene letztlich das Produkt neurobiologischer Vorgänge sind. Gehirn und Geist sind demnach ein und dasselbe.

Allerdings können die Wissenschaftler bis heute nicht erklären, wie die elektrochemischen Prozesse in unserem Gehirn letztlich geistige Aktivitäten hervorbringen. «Wie passt eine geistige Realität in eine Welt, die gänzlich aus physikalischen Teilchen in Kraftfeldern besteht?», fragt der Philosoph John Searle. Zwar wissen die Forscher beispielsweise, welche Gehirnvorgänge mit der Wahrnehmung von Farben einhergehen. Doch das sagt nichts über unseren mentalen Zustand, wenn wir etwa die Farbe Rot erkennen. Diese fundamentale «Erklärungslücke» der Neurowissenschaft deutet offenbar darauf hin, dass geistige Phänomene ein gewisses Eigenleben behalten. Schon vor Jahrzehnten formulierte der Nobelpreisträger Roger Sperry, Neurowissenschaftler am California Caltech Institute of Technology, die These, dass mentale Zustände «emergente» Phänomene seien – und daher auf jene Hirnsysteme zurückwirken können, aus denen sie selbst entstanden sind.

Hirnforscher Pascual-Leone wollte der Sache auf den Grund gehen. In seinem Labor an der Harvard Medical School ließ er Freiwillige ein einfaches Klavierstück üben. Danach untersuchte Pascual-Leone die motorischen Regionen in ihrem Gehirn. Die Veränderungen waren dramatisch: Jenes Areal, das die Fingerbewegungen steuerte, hatte sich ausgedehnt – und umliegende Gebiete auf der Hirnkarte einfach verschluckt. Daraufhin erweiterte Pascual-Leone sein Experiment. Eine andere Gruppe von Versuchspersonen bekam die Aufgabe, sich die Klavierübung einfach nur im Geiste vorzustellen, ohne dabei die Finger zu bewegen. Das verblüffende Ergebnis: Auch bei dieser Gruppe veränderte sich der motorische Kortex. Das rein gedankliche Training aktivierte praktisch die gleichen Schaltkreise wie bei jenen, die das Stück tatsächlich spielten – mit dem gleichen Ergebnis: Das Hirnareal vergrößerte sich!

«Mentales Training allein könnte ausreichen, um eine plastische Veränderung neuraler Schaltkreise herbeizuführen», meint Pascual-Leone. Das Experiment lieferte den ersten Beweis dafür, dass die Macht des Denkens tatsächlich zu Veränderungen im Gehirn führt.

Buddhistische Mönche betreiben mentales Training seit Jahrtausenden. Die Meditationspraktiken des Buddhismus zielen darauf ab, einen möglichst klaren Zustand des Bewusstseins zu erreichen. Erfahrene Meditierer können sich stundenlang auf ein einziges Objekt oder ein bestimmtes Gefühl konzentrieren.

Als die ersten westlichen Wissenschaftler mit ihren EEGs und Hirnscannern in Tibet anrückten, reagierten die Mönche reserviert. Weder war ihnen die moderne Technik geheuer, noch sahen sie die Sinnhaftigkeit der Aktion; dass Meditation den Geist verändert, wussten sie schließlich immer schon. Mit Unterstützung des Dalai Lama gelang es schließlich doch, einige Mönche zum Mitmachen zu bewegen. Einer davon war der französische Molekularbiologe Mathieu Ricard, der seit 30 Jahren buddhistische Meditation praktiziert.

Im Labor von Hirnforscher Richard Davidson ließ er sich 256 Elektroden auf die Kopfhaut setzen und begann zu meditieren. Nach kurzer Zeit zeigte das EEG eine außergewöhnlich hohe Aktivität sogenannter Gamma-Wellen an. Diese hochfrequenten Schwingungen entstehen normalerweise, wenn das Gehirn mehrere Sinnesreize gleichzeitig verarbeiten und zu einem kohärenten Bild zusammenfügen muss – wenn wir beispielsweise in einer Menschenmenge einen Bekannten erkennten. Das Erstaunliche daran: Das Gamma-Signal war extrem stark und verschwand nicht einmal in den Pausen zwischen den Meditationsübungen.

Eine Reihe von Studien belegen heute, dass Meditation das Gehirn dauerhaft verändert. So scheinen bestimmte Praktiken zu einer Verdickung von Hirnregionen zu führen, die mit Aufmerksamkeit und sensorischer Verarbeitung zu tun haben. Wie Untersuchungen an Richard Davidsons Labor gezeigt haben, können schon zwei Wochen Meditationspraxis reichen, um messbare Veränderungen im Gehirn hervorzurufen.

Nach buddhistischer Überzeugung ist die Welt zwar voller Leiden. Doch nach den Vier Edlen Wahrheiten des Buddhismus gibt es einen Ausweg: Durch Meditation und mentales Training können wir uns vom Leiden befreien, indem wir jene Gedanken überwinden, die dieses Leiden hervorbringen. Die Erkenntnisse der Neuroplastiker kommen dieser Sicht durchaus nahe.

«Der bewusste Akt, über unsere Gedanken anders nachzudenken, ändert genau jene Schaltkreise im Gehirn, die diese Gedanken hervorrufen», schreibt Sharon Begley, Wissenschaftsredakteurin des angesehenen US-Magazins *Newsweek*. Die Neuroplastizität entziehe daher dem «neurogenetischen Determinismus» die Grundlage: Der menschliche Geist kann nicht nur den Einfluss der Gene überwinden, sondern auch die Macht unseres Gehirns.

Die Neuroplastizität, so glaubt Hirnforscher Pascual-Leone, sei eine Art Trick der Evolution, um uns von den Fesseln der Gene zu befreien. Die Natur habe das menschliche Gehirn mit der nötigen Flexibilität und Anpassungsfähigkeit ausgestattet, um auf die Anforderungen der Welt zu reagieren.

Die wundersame Wandelbarkeit macht unser Gehirn allerdings auch verwundbar. Jede bittere Erfahrung, jede Kränkung, jede enttäuschte Liebe kann Hirnstrukturen verändern. Und dank der Neuroplastizität könne unser Gehirn paradoxerweise nicht nur erstaunlich flexible Fähigkeiten entwickeln, sondern auch starre Verhaltensweisen und Gewohnheiten, meint Neuropsychiater Droidge – bis hin zur Sucht: «Nur wenn wir die positiven und negativen Auswirkungen der Neuroplastizität verstehen, können wir das Ausmaß der menschlichen Möglichkeiten wirklich erkennen.» Und es ist wiederum die Macht des Denkens auf unser Gehirn, die uns helfen kann, die Schattenseiten der Neuroplastizität zu überwinden.

«Die Fähigkeit, unser Gehirn willentlich zu verändern, wird ein zentraler Teil unseres Lebens werden – und unseres Verständnisses davon, was es bedeutet, ein Mensch zu sein», schreibt Autorin Begley.

Um die Plastizität unseres Gehirns zu nutzen, müssen wir uns nicht die buddhistischen Lehren zu eigen machen. Der «Buddha in uns» hat keine bestimmte religiöse Überzeugung. Eher ist es die Erkenntnis, dass wir Menschen uns in einer «seltsamen Schleife» befinden, wie es der Philosoph Douglas Hofstadter in seinem gleichnamigen Buch ausdrückt. Unser Gehirn bringt zwar das Denken hervor. Doch das Denken kann auch unser Gehirn verändern.

Fokus

Napoleons Entschluss stand fest. Er war besessen von seinem Ziel. Und er sah keine Alternative. Das riesige, mächtige Russland wollte er in die Knie zwingen – mit allen Mitteln, um jeden Preis.

Ihm gegenüber stand General Kutusow, der Befehlshaber der russischen Armee, ein älterer Herr mit Hang zum Wodka. Als die Grande Armee anrückte, zog Kutusow seine eigenen Truppen zurück. Kutusow spielte mit Napoleons Truppen Katz und Maus. Der General setzte auf den russischen Winter. Bald kämpfte die Grande Armee, abgeschnitten von ihren Versorgungslinien, gegen bittere Kälte und Schnee. Entkräftet treffen Napoleons Soldaten schließlich in Moskau ein, doch sie stoßen auf keinen Widerstand. Stattdessen stehen sie vor abgebrannten Häusern. Es gibt nichts mehr zu erobern: Kutusow hat Moskau evakuieren und in Brand stecken lassen.

Entnervt tritt die Grande Armee den Rückzug an. Jetzt erst greift Kutusow an. Es gelingt ihm, das russische Volk zu mobilisieren. Schließlich hat Napoleon ganz Russland gegen sich; seine Armee wird vernichtet. Hitler wiederholt später Napoleons Fehler – und führt die Wehrmacht ins gleiche Desaster.

General Kutusow siegte dank seiner umsichtigen Strategie. Flexibel passte er seine Entscheidungen an das Geschehen an. Kutusow war offen für neue Informationen, und er sah die Situation aus verschiedenen Perspektiven. Die Evakuierung einer Stadt gilt eigentlich als Zeichen der Niederlage, doch Kutusow benutzte sie als taktischen Trick. Napoleon hingegen handelte gedankenlos. Blind vertraute er auf die Schlagkraft seiner

Truppen; seinen schnellen Vormarsch sah er als militärischen Erfolg.

Die US-Psychologin Ellen Langer sieht Kutusows Agieren als Beispiel für eine Fähigkeit, die sie «Mindfulness» (Achtsamkeit) nennt. Napoleon hingegen handelte achtlos – statt mehrere Alternativen zu sehen, verbiss er sich stur in seinen Plan und missachtete alle Warnungen. Statt das Verhalten seines Gegners zu antizipieren, folgte er bloß der Logik seines Vormarsches.

Achtlosigkeit ist für Langer nicht Zerstreutheit – sondern starres, eindimensionales, in Routinen gefangenes Denken. Oft tun wir Dinge aus Gewohnheit. Wir denken in Schubladen und Stereotypen. Und statt eine Sache aus verschiedenen Blickwinkeln zu betrachten, fixieren wir uns auf eine einzige Perspektive.

In einer Reihe von einfallsreichen Experimenten untersuchte Ellen Langer das Phänomen. Einmal schickte sie ein Memo zwischen verschiedenen Universitätsinstituten herum. Der einzige Inhalt bestand aus der Aufforderung, das Memo umgehend an den Absender zurückzuschicken. Ein achtsamer Mensch, so Langer, müsste sich beim Durchlesen des Memos eigentlich fragen, warum der Absender das Memo überhaupt verschickt hat – wenn er es doch sofort wieder zurückhaben möchte. Das verblüffende Ergebnis des Experiments: 90 Prozent der Adressaten retournierten das sinnlose Memo tatsächlich!

Wie leicht wir uns auf einen einzigen Blickwinkel festlegen, zeigte Langer in folgendem Experiment. Einer der Forscher postierte sich auf einer belebten Straße und erzählte Passanten, dass er sich am Knie verletzt habe. Wenn jemand stehen blieb, bat er ihn, Bandagen der Marke «Ace» aus der Apotheke nebenan zu besorgen. Der Apotheker war in das Experiment eingeweiht und behauptete, die Bandagen dieser Marke seien ausverkauft. Langer stand in der Apotheke und hörte zu. Jeder der potenziellen Helfer kehrte mit leeren Händen wieder zurück. Von 25 Personen kam nicht einer auf die Idee, nach einer alternativen Marke zu fragen. Ihr Denken war auf einen einzigen Blickwinkel verengt.

Schon früh entwickeln wir Kategorien und Regeln, um die Welt besser zu verstehen. Doch wie schon Sigmund Freud erkannte, können die gleichen geistigen Werkzeuge, die unser Leben vereinfachen, später zu falschen Sichtweisen führen. Wenn wir immer nur blind unseren Denkgewohnheiten folgen, laufen wir Gefahr, wesentliche Dinge zu übersehen.

Die Gründe für Achtlosigkeit sind vielfältig. Eine Ursache liegt in ständiger Wiederholung: Wenn wir eine Vorgang immer wieder ausführen, beherrschen wir ihn irgendwann «blind». Wir müssen nicht mehr darüber nachdenken. Die Tätigkeit verschwindet einfach aus unserem Bewusstsein – bis wir gar nicht mehr wissen, was wir da eigentlich tun.

Achtlosigkeit kann aber auch auf einem «Mindset» beruhen, einem Denkmuster, das wir uns irgendwann, oft schon in unserer Kindheit, angeeignet haben. Statt über eine Situation neu nachzudenken, reagieren wir einfach so, wie wir auf ähnliche Situationen schon früher reagiert haben. Langer nennt diesen Mechanismus «voreilige kognitive Festlegung».

Auch ergebnisorientiertes Denken kann zu Achtlosigkeit führen. Wenn wir uns bei einer Tätigkeit nur auf das Endresultat konzentrieren, laufen wir Gefahr, den Prozess selbst aus den Augen zu verlieren.

Achtlosigkeit bedeutet, dass wir Kontrolle über unser Leben verlieren. Sie verengt unser Selbstbild und schränkt unsere Optionen ein. Wer nur noch das Gewohnte tut, kann seine Möglichkeiten nicht ausschöpfen – und gerät in Probleme, wenn er mit einer neuen Situation konfrontiert ist. Unternehmen gehen unter, weil sie in ihren Denkgewohnheiten so gefangen sind, dass sie Bedrohungen oder Chancen nicht mehr erkennen.

Achtlosigkeit heißt, sich auf die alten Kategorien und Gewohnheiten zu verlassen. Achtsamkeit hingegen bedeutet, ständig neue Kategorien zu bilden, neue Informationen aufzunehmen und verschiedene Perspektiven auszuprobieren. Durch Achtsamkeit gewinnen wir Kontrolle zurück.

Im Jahr 1976 führte Ellen Langer zusammen mit einer Kollegin ein Experiment an einem Pflegeheim in Connecticut, USA, durch. Eigentlich wollte die Psychologin Entscheidungsprozesse untersuchen. Dazu sollten einige der Bewohner selbst über Alltagsabläufe entscheiden, etwa welche Filme gezeigt oder wo Besucher empfangen werden sollten. Außerdem bekam jeder von ihnen Verantwortung für eine Zimmerpflanze – von der Wahl des geeigneten Platzes bis zur Entscheidung, wie oft sie gegossen werden musste.

Als Ellen Langer 18 Monate später wiederkam, waren diese Heimbewohner nicht nur fröhlicher und aktiver als die Kontrollgruppe, der die Forscher weniger Verantwortung eingeräumt hatten. Vor allem aber: Von den «Entscheidern» waren weniger als halb so viele gestorben wie von der anderen Gruppe. «Die durch das Experiment ausgelösten Veränderungen brachten offenbar mehr Leben in das Heim – bildlich und buchstäblich», schreibt Langer rückblickend. Für Langer ist die niedrigere Todesrate eine Konsequenz erhöhter Achtsamkeit. «Zahlreiche Forschungsarbeiten haben diese Resultate seither bestätigt. Unter anderem scheint erhöhte Achtsamkeit die Depressionsneigung im Alter zu vermindern», schreibt Langer.

Achtsamkeit kann man trainieren. Eine effektive Methode besteht darin, alltägliche Entscheidungen zu dokumentieren. Das zwingt uns dazu, über mögliche Alternativen nachzudenken.

«Wenn ich jeden Tag Orangensaft zum Frühstück trinke, obwohl es viele Alternativen gibt, treffe ich wahrscheinlich keine sinnvolle Entscheidung. Eine sinnvolle Entscheidung erfordert, dass wir uns der Alternativen zumindest bewusst sind, auch wenn wir sie nicht gewählt haben. Dadurch lernen wir etwas über uns selbst, unseren Geschmack und unsere Präferenzen.» Unterscheidungen dieser Art machen uns bewusst, wie wir eigentlich unser Leben verbringen.

Im täglichen Leben verlassen wir uns ständig auf unsere Kategorien. Ein Orangensaft ist ein Orangensaft, ein Pferd ein Pferd, ein Fluss ein Fluss. Unser Kategoriensystem vereinfacht unser Leben erheblich. Andererseits gehen uns dadurch auch Unterscheidungen verloren. Kein Orangensaft ist genau wie der andere. Jeder Fluss verändert sich ständig. Die Identität eines Objekts hängt vom Kontext ab: Wenn wir ein Saftglas ausspülen, mit einer Folie bekleben und Stifte hineintun – ist es dann noch ein Saftglas? Wenn wir lernen, die Unterschiede zu erkennen, schaffen wir neue Kategorien. Und damit fördern wir unsere Kreativität wie unsere Achtsamkeit, meint Langer. Das Gleiche gilt, wenn wir einen Begriff von einem Kontext in einen anderen übertragen – also eine Analogie bilden.

Achtsamkeit kann auch dazu beitragen, Vorurteile und Stereotypen zu überwinden. Nach Langer müssen wir dazu lernen, nicht weniger, sondern mehr Unterscheidungen zu treffen – also etwa einen körperbehinderten Menschen nicht bloß als «Körperbehinderten» zu sehen, sondern als Menschen mit einem bestimmten körperlichen Defizit, das wir kontextabhängig wahrnehmen.

Wir können nicht auf alles achten. Aber wir können zumindest darauf achten, worauf wir achten wollen. Langer nennt dies «Achtsamkeit zweiter Ordnung».

Es gibt magische Momente im Leben. Die Welt um uns scheint zu versinken. Nichts spielt mehr eine Rolle. Die Stunden fliegen dahin. Wir sind ganz bei der Sache – und dennoch ganz bei uns selbst.

Der Psychologe Mihaly Csikszentmihalyi nennt solche Erlebnisse «Flow»-Erfahrungen. Darunter versteht er Momente, in denen wir ganz in einer Tätigkeit aufgehen, die uns Freude bereitet – in unserer Arbeit, beim Sport oder beim Hobby. Wenn wir «Flow» erleben, sind wir aktiv. Wir stehen unter höchster körperlicher oder geistiger Anspannung. Doch plötzlich beginnt unsere Tätigkeit zu fließen. Der Sportkletterer findet zu seinem Bewegungsrhythmus. Der Schreiber spürt, wie seine Sätze Leben gewinnen. Flow-Erlebnisse schaffen Ordnung in unserem Bewusstsein. Wir empfinden Freude und Glücksgefühle. «Der Flow bringt das Leben auf eine höhere Ebene. Aus Entfremdung wird Engagement, Freude ersetzt Langeweile, und die psychische Energie hilft dem Selbst, sich zu stärken, statt sich im Dienst äußerer Ziele zu verlieren», schreibt Csikszentmihalyi.

Das Wesentliche an der Flow-Erfahrung liegt darin, dass wir sie um ihrer selbst willen suchen. Wir brauchen keine äußere Motivation. Csikszentmihalyi bezeichnet solche Erfahrungen als «autotelische Erfahrungen». Der Begriff leitet sich von den griechischen Wörtern autos (Selbst) und telos (Ziel) ab.

Autotelische Menschen grübeln nicht ständig über ihr eigenes Leben nach. Sie richten ihre Aufmerksamkeit nach außen statt auf sich selbst. «Jemand, der sich auf eine Tätigkeit konzentriert, statt sich um sein Selbst zu sorgen, erfährt ein Paradox: Er fühlt sich nicht mehr wie ein eigenständiges Individuum, doch sein Selbst wird stärker», schreibt Csikszentmihalyi: «Das autotelische Individuum wächst über die Grenzen der Individualität hinaus, indem es psychische Energie in einem System einsetzt, an dem es Anteil hat. Aufgrund dieser Vereinigung der Person mit dem System geht das Selbst mit höherer Komplexität daraus hervor.»

Flow-Erlebnisse kann man auf ganz unterschiedliche Weise machen. Manche erleben Flow beim Lesen, andere beim Musikhören, beim bewussten Essen oder beim Lösen mathematischer Probleme.

Um Kontrolle über unser Bewusstsein zu erreichen, müssen wir unsere Aufmerksamkeit auf etwas richten können. Ordnung in unser Bewusstsein zu bringen, ist schwierig: «Im Gegensatz zur allgemeinen Annahme ist der Normalzustand des Geistes chaotisch. Ohne Übung und ohne ein Ziel in der Außenwelt, das Aufmerksamkeit fordert, kann sich kaum jemand länger als ein paar Minuten konzentrieren.»

Die Informationsflut der Internet-Welt unterminiert zunehmend unsere Aufmerksamkeit. Forscher haben festgestellt, dass User im Web kaum einen Text zu Ende lesen. Stattdessen springen sie von einer Seite zur nächsten. Als Wissenschaftler der Universität von Kalifornien, Irvine, den Arbeitsalltag in einer Computerfirma untersuchten, fanden sie heraus, dass die Mitarbeiter sich im Durchschnitt nur elf Minuten mit einer Aufgabe beschäftigen konnten, ehe sie durch einen Anruf oder eine E-Mail abgelenkt wurden. Danach brauchten sie rund 25 Minuten, um ihre ursprüngliche Tätigkeit wieder aufzunehmen. Kurze Zeit später wurden sie erneut gestört.

Der Autor Nicholas Carr sorgte mit einem Artikel für Diskussionen, in dem er behauptete, das Internet mache uns dumm. «Mich beschleicht das unangenehme Gefühl, als ob jemand oder etwas an meinem Gehirn herumgebastelt hat. (…) Früher fiel es mir leicht, mich in einem Buch zu verlieren. Heute kommt das kaum noch vor. Nach zwei Seiten werde ich zappelig und schaue mich nach einer anderen Beschäftigung um. Das konzentrierte Lesen, das mir früher leichtfiel, wird zu einem anstrengenden Akt.»

Einige Forscher sprechen bereits von einem Attention Deficit Trait (Aufmerksamkeit-Defizit). Der Psychologe Glenn Wilson von der Universität London ließ Probanden einen Intelligenztest machen, während sie im Web surften. Eine Kontrollgruppe konnte den Test ungestört durchführen. Die abgelenkten Probanden erzielten durchschnittlich zehn IQ-Punkte weniger als die andere Gruppe. Und ihr Ergebnis war sogar noch schlechter als jenes einer weiteren Gruppe, die während des Tests Marihuana rauchte.

Das Web stellt uns das Wissen der Welt gewissermaßen per Mausklick zur Verfügung. Bis zum Jahr 2006 wurden 161 Milliarden Gigabyte an digitalen Inhalten produziert – das ist das Dreieinhalbmillionenfache aller jemals geschriebenen Bücher. Der einfache Zugang zu Informationen erleichtert uns einerseits das Leben. Andererseits wird es immer schwieriger zu entscheiden, was wirklich wichtig ist.

Aufmerksamkeit spielt für unser Leben eine zentrale Rolle. Ohne sie können wir weder sinnvolle Gespräche führen, noch arbeiten oder studieren. Unsere Aufmerksamkeit beeinflusst unsere Urteile, unseren Willen und unser Verhalten. Wenn wir unaufmerksam sind, können wir die Realität nicht einmal richtig wahrnehmen. Was wir nicht beachten, existiert für uns nicht. Unsere Welt, unser persönliches Universum ist das, worauf wir unsere Aufmerksamkeit lenken. Dabei können wir nicht alles beachten. Ständig müssen wir uns entscheiden, was unsere Aufmerksamkeit verdient – Menschen, Dinge, Entscheidungen, Probleme.

Philosophen und Geistliche erkannten schon vor über 2000 Jahren, dass der Mangel an Aufmerksamkeit nicht nur unser Denken zerrüttet, sondern auch unser Verhalten beeinflusst.

Ein unsteter Geist kommt leicht vom Weg der Tugend, vom gottgefälligen Leben ab.

Aus Sicht des Buddhismus können wir unsere Aufmerksamkeit gezielt fördern, um negativen Versuchungen zu widerstehen. Buddhistische Meditation ist vor allem Aufmerksamkeitstraining. Die Methode des Shamatha etwa kulminiert in einem Zustand höchster Aufmerksamkeit, der über viele Stunden beibehalten werden kann.

Werkzeug
Auskosten

Die Forscher Fred B. Bryant und Joseph Veroff von der Universität Loyola haben ein Modell der Lebensführung entwickelt, das sie «Auskosten» nennen. «Auskosten» bedeutet, sich lustvolle Erlebnisse und Erfahrungen bewusst zu machen. Jeder von uns erinnert sich an schöne Momente im Leben. Das kann ein Gespräch mit Freunden sein, gutes Essen, ein absolvierter Marathon, ein Lob vom Chef – was auch immer. Doch oft genießen wir diese Augenblicke nicht richtig. Stattdessen wenden wir uns gleich wieder anderen Dingen zu – bis die Erinnerung an das «Highlight» verblasst. Bryant und Veroff haben auf Basis von Befragungen einige Methoden entwickelt, um das Auskosten zu fördern.

Mitteilen: Behalten Sie Ihre schönen Erlebnisse nicht für sich – sondern erzählen Sie anderen davon.

Erinnerung: Versuchen Sie, geistige Bilder des Augenblicks im Gedächnis zu behalten. Schreiben Sie darüber – oder bewahren Sie einen Gegenstand auf, der Sie an den Moment erinnert.

Wahrnehmung: Versuchen Sie, sich ganz auf den Moment zu konzentrieren und dabei an nichts anderes zu denken.

Selbstlob: Beglückwünschen Sie sich selbst. Seien Sie stolz auf Ihr Erlebnis – und denken Sie daran, wie sehr Sie sich einen solchen Moment gewünscht haben.

Aktivität
Selbstinterview

Stellen Sie sich vor, Sie seien Journalist. Welche Fragen würden Sie sich selbst in einem Interview stellen? Wir wollen hier annehmen, dass Journalisten tatsächlich an so etwas wie Objektivität interessiert sind. Klassische journalistische Fragetechniken zielen nicht darauf ab, den Interviewpartner mit einseitigen Fragen in die Enge zu treiben. Beginnen Sie die Vorbereitung für Ihr Selbstinterview damit, dass Sie ein Ziel festlegen. Eine klar umrissene Entscheidungssituation ist dafür gut geeignet. Nun spielen Sie eine Art Rollenspiel mit sich selbst. Einerseits sind Sie der Journalist, andererseits sein Interviewpartner. Am besten Sie machen es so wie ein guter Interviewer und bereiten Ihre Fragen schriftlich vor. Beginnen Sie mit einfachen Fragen, von denen Sie die Antwort schon wissen – das sind die Aufwärmfragen, wie jeder Journalist weiß. Der Interviewpartner soll sich in der Gesprächssituation erst mal wohlfühlen. Als Journalist sollten Sie versuchen, möglichst nicht zu bewerten. Bestätigen Sie Ihren Interviewpartner, also sich selbst, nicht in seiner Antwort. Bleiben Sie kühl. Wenn das Interview vom Thema abschweift, sollten Sie Fragen stellen, die eine konkrete Antwort erfordern. Umgekehrt können Sie es mit offenen Fragen versuchen, wenn Sie das Gefühl haben, dass Ihr Gesprächspartner noch etwas auf dem

Herzen hat. Geben Sie sich schließlich einen überschaubaren Zeitrahmen für das Interview vor. 30 Minuten sollten genügen. Natürlich ist ein Selbstinterview eine etwas befremdliche Situation. Schließlich sind Sie keine multiple Persönlichkeit. Aber ein solches Rollenspiel kann Ihnen dabei helfen, Ihre Gedanken zu einer Frage zu klären – vor allem dann, wenn Sie Ihre Rolle als harter Interviewer wirklich ernst nehmen.

Werkzeug
  Meditation: Achtsamkeit des Atmens

Achtsamkeit ist eine zentrale Fähigkeit in buddhistischen Meditationstechniken. Bei der Shamatha-Methode geht es darum, die Aufmerksamkeit möglichst kontinuierlich auf einen vertrauten Gegenstand zu richten, ohne sich dabei von äußeren Ereignissen oder Gedanken ablenken zu lassen. Der Buddhismus-Experte Allan Wallace beschreibt in seinem Buch *The Attention Revolution* zehn Stufen der Shamatha-Methode. Hier die erste Stufe, die «gerichtete Aufmerksamkeit».

1. Nehmen Sie eine komfortable, möglichst aufrechte, «wachsame» Sitzhaltung ein, am besten mit gekreuzten Beinen auf einem Kissen. Versuchen Sie, Ihren Körper so ruhig zu halten wie möglich. Sie können Ihre Augen schließen, aber auch offen lassen. Atmen Sie kräftig ein, als würden Sie Wasser in einen Krug füllen.

2. Atmen Sie dreimal langsam und tief durch die Nase ein und aus. Konzentrieren Sie sich dabei ganz auf Ihre körperlichen Wahrnehmungen. Achten Sie besonders auf Ihren Atem, ohne dabei zu versuchen, ihn zu beeinflussen.

3. Versuchen Sie nicht, Gedanken bewusst zu unterdrücken. Lassen Sie sie einfach vorbeiziehen oder beim Ausatmen «entweichen». Nehmen Sie Notiz von der Ablenkung – und konzentrieren Sie sich wieder aufs Atmen.
4. Meditieren Sie 20 Minuten lang, bevor Sie wieder zu Ihren Alltagsaktivitäten zurückkehren.

Werkzeug
Die Wenn-Dann-Methode

Stellen Sie sich vor, Sie versuchen bei einer Rede, Ihre zittrige Stimme in den Griff zu bekommen. Wussten Sie, dass Sie anschließend wahrscheinlich mehr essen und trinken als normalerweise? Selbstbeherrschung ist anstrengend. Unser Gehirn hat dafür nur begrenzte Ressourcen zur Verfügung. Wenn diese erschöpft sind, ist unser Selbst nur mehr eingeschränkt handlungsfähig. Der australische Sozialpsychologe Roy Baumeister hat dafür den Begriff «Ich-Erschöpfung» geprägt. So kann die Unterdrückung eines «verbotenen» Gedankens anschließende Versuche, Emotionen zu zügeln, messbar beeinträchtigen. Und wer zu lange dem Impuls widersteht, Süßigkeiten zu naschen, hat später mehr Mühe, Entscheidungen zu treffen. Übertriebene Selbstkontrolle kann also kontraproduktiv sein – und dazu führen, dass wir erst recht unseren Impulsen erliegen. Neue psychologische Methoden setzen daher nicht beim Selbst an, sondern bei der Steuerung des Verhaltens. Die Idee ist simpel: Man nimmt sich nicht vor, ein Ziel zu erreichen. Stattdessen erstellen Sie eine Art Handlungsanweisung: «Wenn X passiert, tue ich Y.» Angenommen, Sie wollen sich gesünder ernähren. Eine Wenn-Dann-Anweisung könnte lauten: «Wenn der Kellner die Bestellung aufnimmt, dann frage ich nach einem fettarmen Gericht.» Je konkreter die Anweisung, umso besser ist es. Die Methode zwingt Sie nicht, Ihr Selbst oder Ihre Umgebung zu verändern. Stattdessen schafft Ihr Gehirn ein mentales Link zwischen einem bestimmten Abrufreiz (zum Beispiel einer Essenbestellung) und einem angemessenen Verhalten. Dadurch entsteht eine Gewohnheit. Eine Reihe von Studien hat gezeigt, dass diese Methode Menschen tatsächlich hilft, ihre Ziele zu erreichen.

Prinzip

Die meisten von uns wollen ihre Ziele erreichen. Einige wollen reich und berühmt werden. Andere wollen mit dem Rauchen aufhören. Wir wollen ins Kino gehen, ein Bier trinken, Sport treiben, Sex haben oder einfach nur mal gar nichts tun. Ständig wollen wir irgendwas – oder irgendetwas nicht.

Willensstarke Menschen halten wir für Helden. Und wenn wir ein Ziel verfehlen, einen Vorsatz brechen, machen wir unsere Willensschwäche dafür verantwortlich. Wo ein Wille ist, so heißt es, da ist auch ein Weg.

Aber wie entsteht unser Wille? Wie können wir ihn beeinflussen? Haben wir überhaupt einen freien Willen – oder unterliegen wir bloß einer Illusion?

Unser Wille, so denken wir, lenkt unser Handeln. Wir gehen davon aus, dass wir die meisten Dinge, die wir tun, auch tun wollen. Wir fühlen uns im Allgemeinen nicht wie Roboter. Wenn wir einen Lichtschalter umlegen, dann meinen wir, dass wir diese Handlung auch tatsächlich gewollt haben – und dass uns keine fremde Macht dabei gelenkt hat.

Wille ist eine Art geistiges Gefühl, ähnlich wie das Glauben. Der schottische Philosoph David Hume verstand darunter «nichts als den inneren Eindruck, den wir spüren und dessen wir uns bewusst sind, wenn wir wissentlich eine neue Bewegung unseres Körpers oder eine neue Wahrnehmung unseres Geistes herbeiführen». Ohne dieses «Gefühl» können wir eine Handlung gar nicht unserem Willen zuschreiben.

Stellen Sie sich vor, Sie fassen den Plan, das Abendessen zu kochen. Sie kündigen es sogar an. Schließlich kochen Sie eine

Stunde lang. Danach berichten Sie einem Freund, dass Sie eben gekocht haben – doch Sie hätten das nicht bewusst gewollt. Es sei irgendwie passiert. Ohne den Willen verlieren wir den persönlichen Bezug zu unserem Handeln. Zwar sagt uns unser Denken, dass wir tatsächlich gekocht haben. Wir wissen definitiv, dass wir es waren – aber wir fühlen es nicht. Nur wenn wir eine Handlung tatsächlich gewollt haben, können wir uns mit ihr identifizieren. Sonst bleibt sie uns rätselhaft, dunkel und fremd.

Menschen sind handelnde Wesen. Wir verfolgen Absichten. Wir wollen Ziele erreichen, unsere Wünsche realisieren, Pläne verwirklichen. Dabei sehen wir uns als Ursache: Was wir tun, hat eine Wirkung. Ohne das Konzept von Kausalität können wir unser Handeln nicht verstehen. Wir hätten Schwierigkeiten, uns überhaupt als Person zu sehen. Zum einen erfahren wir unseren Willen, wenn wir bewusst handeln. Wir spüren einfach, ob wir etwas tun wollen oder nicht. Andererseits scheint der Wille eine Kraft zu sein, die unser Denken mit unserem Handeln verbindet. Unser Wille bewirkt etwas.

Schon der Philosoph David Hume erkannte, dass wir kausale Beziehungen nicht direkt wahrnehmen können. Stattdessen ziehen wir Schlüsse auf Basis unserer Erfahrung. Wenn auf Ereignis A immer wieder Ereignis B folgt, nehmen wir an, dass zwischen beiden Ereignissen ein kausaler Zusammenhang besteht. Auf ähnliche Weise «erkennt» unser Gehirn auch, dass wir selbst der Urheber einer Handlung sind. Einen wichtigen Hinweis gibt uns etwa der Ablauf von Ereignissen. Wenn Sie im Restaurant einen Salat bestellen und wenig später bringt Ihnen der Kellner den Salat, dann werden Sie annehmen, dass Sie den Salat auch tatsächlich gewollt haben. Kommt der Salat hingegen, bevor Sie ihn bestellt haben, werden Sie Zweifel haben. «Wir fühlen, dass wir die Ursache unseres Verhaltens sind», schreibt der Psychologe Daniel Wegner. Doch unser bewusster Wille sei eine «Illusion» – wie der Trick eines Magiers, der einen Hasen aus dem Taschentuch hervorzaubert. «Es ist eine Illusion in dem Sinne, dass die Erfahrung, eine Handlung gewollt zu haben, keinen Indikator dafür darstellt, dass der bewusste Gedanke die Handlung verursacht hat.»

Angenommen Sie stehen vom Sofa auf, um sich etwas zu essen zu holen. Bevor Sie aufstanden, hatten Sie den Gedanken: «Ein Stück Schokolade wäre jetzt prima.» Es wäre aber möglich, dass Ihr Gedanke – und damit die ganze Aktion – von einem unbewussten Prozess in Ihrem Gehirn ausgelöst wurde. In diesem Fall wäre Ihr bewusster Wille nicht der eigentliche kausale Auslöser der Handlung – sondern irgendetwas anderes, in das Sie keinen Einblick haben.

Wie leicht sich unser Gefühl für Kausalität ausheben lässt, zeigte Psychologe Wegner in einem trickreichen Experiment. Dabei mussten zwei Probanden gemeinsam mit Hilfe einer speziellen Maus einen Cursor auf einem Bildschirm steuern, der Bilder verschiedener Gegenstände zeigte. Über Kopfhörer hörten sie die Namen der Objekte. Einer der beiden Teilnehmer, ein «Komplize» des Forscherteams, erhielt jedoch versteckte Instruktionen, den Cursor auf ein bestimmtes Objekt (zum Beispiel einen Schwan) zu bewegen. Spielte man dem anderen Teilnehmer den Namen dieses Gegenstandes vor, kurz bevor der Cursor das Objekt erreichte, dann glaubte dieser anschließend, dass er selbst der Urheber der Handlung war!

«Die Illusion des Willens ist so stark, dass sie zum Glauben führen kann, Handlungen wären beabsichtigt gewesen, obwohl sie es gar nicht sein konnten», meint Wegner. Ständig tun wir unbewusst Dinge – und erklären hinterher, wir hätten es so gewollt. Dabei gehen wir von der Vorstellung eines «idealen Agenten» aus – von der Idee, dass wir alle unsere Handlungen unter bewusster Kontrolle haben. Doch häufig sind uns die Gründe, warum wir etwas tun, eben gar nicht bewusst. «Die Geisterarmee unbewusster Handlungen ist eine ernste Bedrohung für die Vorstellung eines idealen Agenten. In solchen Situationen müssen wir unsere Illusion schützen, glaubt Wegner: «Wir erfinden relevante Gedanken entsprechend dem Schema, welches das unbewusste Handeln nahelegt.»

«Der bewusste Wille ist der Kompass des Geistes», sagt Wegner. Unser Wille steuert unser Handeln nicht direkt. Doch er gibt uns eine Richtung vor. Das Gefühl sagt uns, dass wir die Urheber einer Handlung sind. Dieses Gefühl ist viel stärker als der bloße Gedanke. Wir wissen nicht nur, dass wir etwas getan haben. Vielmehr fühlen wir, dass wir selbst es waren – weil wir es eben so wollten. «Die Erfahrung des Willens markiert unsere Handlungen für uns. Sie hilft uns, den Unterschied zu erkennen zwischen einem Licht, das wir selbst mit einem Schalter angemacht haben, und einem Licht, das einfach ohne unseren Einfluss angegangen ist. Der Wille ist die Emotion der Urheberschaft.»

Nach Wegner führt uns der Wille zu uns selbst. Er hilft uns zu erkennen, welchen Teil unserer Erfahrung wir steuern können. Unser Wille sagt uns, wer wir sind – und wer nicht. Und er ermöglicht uns letztlich, für unsere Handlungen Verantwortung zu übernehmen. Nur wenn wir etwas tatsächlich gewollt haben, können wir auch Schuldgefühle, Stolz oder andere «moralische Emotionen» haben. Auch wenn unser bewusster Wille eine Illusion ist, fungiert er als Kompass für unsere moralische Verantwortung. «Wir denken, dass wir gut oder böse sind auf der Basis des Gefühls unserer Urheberschaft.»

In den vierziger und fünfziger Jahren führte der amerikanische Neurochirurg Wilder Penfield eine Reihe von ziemlich gespenstischen Experimenten durch. Dabei stimulierte er mit

Hilfe von Elektroden motorische und sensorische Hirnareale, während sich die Probanden gerade einer Hirnoperation unterzogen. Die elektrische Stimulation löste bei den Probanden körperliche Bewegungen aus. Da die Operation unter lokaler Betäubung durchgeführt wurde, konnte Penfield seine Versuchspersonen während des Experiments befragen. Einer der Probanden, der gerade seine Hand bewegt hatte, sagte: «Ich habe das nicht gemacht. Das haben Sie gemacht.» Die Versuchspersonen taten also etwas, ohne es bewusst zu wollen. Offensichtlich sind für Wille und Handeln nicht die gleichen Hirnareale zuständig. Aber wo sitzt unser «Willens-Zentrum» dann? Und was passiert in unserem Gehirn in den Augenblicken, bevor wir eine willentliche Handlung ausführen?

Genau diese Frage untersuchten Forscher im Jahr 1965. In einem Experiment leiteten sie elektrische Potenziale von der Kopfhaut ihrer Probanden ab, kurz bevor diese einen Finger bewegten. Das Ergebnis: Die elektrische Hirnaktivität begann ungefähr 0,8 Sekunden vor dem Beginn der Fingerbewegung anzusteigen – und zwar in weiten Teilen des Gehirns. Erst unmittelbar vor der Bewegung selbst wurden die motorischen Areale aktiv, die für die Bewegungssteuerung eigentlich zuständig sind. Diese Aktivität heißt heute «Bereitschaftspotenzial». Das Resultat sorgte in der Forschergemeinde für große Aufregung. Hatte man die Hirnaktivität gefunden, die mit unserem bewussten Willen einhergeht?

Im Grunde zeigte das Ergebnis nur, dass jeder willentlichen Handlung bestimmte Hirnaktivitäten vorangehen. Doch die entscheidende Frage war: Wann genau setzt der bewusste Wille ein – vor oder nach dem «Bereitschaftspotenzial»?

Um diese Frage zu klären, ließ sich der Hirnforscher Benjamin Libet einen ausgeklügelten Versuchsaufbau einfallen. Wieder sollten die Probanden willentlich einen Finger bewegen.

Doch diesmal sollten sie angeben, in welchem Augenblick sie den Willen verspürten, die Handlung tatsächlich auszuführen. Das Ergebnis war eine wissenschaftliche Sensation: Der bewusste Wille, den Finger zu bewegen, formierte sich zwar schon 200 Millisekunden vor der eigentlichen Handlung – aber 300 Millisekunden nach Einsetzen der vorbereitenden Hirnaktivitäten. Mit anderen Worten: Nicht der bewusste, freie Wille setzte die Handlung in Gang – sondern ein unbewusster Hirnprozess. Was genau hinter dem mysteriösen «Bereitschaftspotenzial» steckt, wissen die Forscher bis heute nicht. Sicher scheint allerdings, dass unser bewusster Wille das Produkt früherer Ereignisse im Gehirn ist: «Anscheinend ist das bewusste Wollen nicht der Beginn des Prozesses, der zu einer Handlung führt, sondern nur eines der Ereignisse in einer Kaskade, die schließlich die Handlung hervorbringt.»

Die Ergebnisse von Libet haben eine wilde Diskussion unter Hirnforschern, Psychologen und Philosophen ausgelöst. Einige Neurowissenschaftler verkündeten bereits das «Ende des freien Willens».

Oberflächlich betrachtet, genießen wir in unserer modernen Gesellschaft jede Menge Freiheit. Wir können entscheiden, welches Buch wir kaufen, was wir im Restaurant essen, welchen Film wir uns ansehen. Und wenn Sie in diesem Augenblick den Wunsch verspüren, Ihren Arm zu heben, können Sie das tun. Aber woher wissen Sie, dass Ihr Wille frei ist? Könnten nicht alle unsere Handlungen und Entscheidungen vorherbestimmt sein?

Seit Jahrtausenden fragen sich die Menschen, was eigentlich ihr Handeln bestimmt. Im Altertum glaubte man an die Macht des Schicksals. Das Mittelalter machte Gott verantwortlich. Und heute beschäftigt uns die Frage, wie neurobiologische Prozesse unser Verhalten steuern.

Die Auffassung, nach der alles Geschehen kausal vorherbestimmt ist – ob durch Gott oder durch die Naturgesetze –, heißt Determinismus. Allen deterministischen Doktrinen ist eine Kernidee gemeinsam: Demnach ist ein Ereignis (eine Handlung oder Entscheidung) vorherbestimmt, wenn es zwangsläufig aus bestimmten früheren Ereignissen folgt. Das bedeutet nicht, dass dieses Ereignis unter allen Umständen eintreten muss. Allerdings muss es eintreten, wenn bestimmte Bedingungen vorliegen.

Angenommen, Sie kaufen sich ein neues Auto. Nach deterministischer Auffassung müssen Sie das keineswegs unter allen Umständen tun. Allerdings folgt Ihre Entscheidung aus einer bestimmten Kette von Ereignissen, von Ihrem Wunsch nach einem neuen Auto bis zum Besuch im Autohaus. Unter diesen Bedingungen, sagen Deterministen, können Sie nun tatsächlich nicht anders, als das Auto zu kaufen.

Auf den ersten Blick scheint diese Auffassung der Annahme eines freien Willens zu widersprechen. Wie sollen wir frei entscheiden können, wenn all unsere Entscheidungen durch eine Kausalkette vorherbestimmt sind?

Sogenannte «Kompatibilisten» glauben, dass Determinismus und Willensfreiheit grundsätzlich miteinander vereinbar sind. Diese Richtung vertrat Aristoteles genauso wie David Hume oder John Stuart Mill. Und bis heute haben sich viele Philosophen und Wissenschaftler dieser Sicht angeschlossen. Der Grund liegt darin, dass es diese Auffassung erlaubt, die Erkenntnisse der modernen Naturwissenschaft mit unserer alltäglichen Erfahrung von Freiheit in Einklang zu bringen.

Freiheit bedeutet für Kompatibilisten einfach, dass wir tun können, was wir wollen. Dazu gehört, dass wir in unserem Handeln keinen Einschränkungen unterliegen, die uns davon abhalten. Der Determinismus muss unsere Freiheit keineswegs

245

einschränken. Nehmen Sie wieder das Beispiel des Autokaufs: Wenn Sie einen anderen Wunsch gehabt hätten, wären Sie eben nicht ins Autohaus gegangen und hätten den Vertrag unterschrieben. Da Sie aber nun mal diesen Wunsch hatten, war die Kaufentscheidung unausweichlich.

Was immer wir tun, steht in einem Zusammenhang. Jede Handlung hat eine Vorgeschichte. Einen unbedingt freien Willen kann es daher gar nicht geben. Der Philosoph Peter Bieri schreibt: «Es wäre ein Wille, der von nichts abhinge: ein vollständig losgelöster, von allen ursächlichen Zusammenhängen freier Wille. Ein solcher Wille wäre ein aberwitziger, abstruser Wille. Seine Losgelöstheit nämlich würde bedeuten, dass er unabhängig wäre von Ihrem Körper, Ihrem Charakter, Ihren Gedanken und Empfindungen, Ihren Phantasien und Erinnerungen. Es wäre, mit anderen Worten, ein Wille ohne Zusammenhang mit all dem, was Sie zu einer bestimmten Person macht. In einem substanziellen Sinne des Worts wäre er deshalb gar nicht Ihr Wille.»

Nehmen wir an, bei Ihrer Autokauf-Story wäre alles haargenau so abgelaufen. Sie hätten genau den gleichen Wunsch verspürt, die gleichen Überlegungen angestellt, hätten sich für ein Modell entschieden und so weiter – und doch hätten Sie am Ende das Auto nicht gekauft. Auf welcher Grundlage hätten Sie dann überhaupt entschieden? Und was hätte Ihre Entscheidung mit Ihrer Person zu tun gehabt? Unter diesen Umständen könnten wir gar keine Entscheidungen treffen, meint Bieri.

So betrachtet müssen wir uns allerdings mit einer Kompromissvariante von Freiheit zufriedengeben. Frei zu sein heißt zwar, dass wir uns frei entscheiden können. Doch wir müssen erkennen, dass alle unsere Entscheidungen bedingt sind. Wir sind frei, aber nur in einem deterministisch vorgegebenen Rahmen. Wirklich befriedigend ist das nicht.

Der Philosoph Harry Frankfurt, emeritierter Professor der Princeton University, hat versucht, Wille und Freiheit auf substanziellere Weise in Einklang zu bringen.

Frei sind wir nach Frankfurts Theorie nur dann, wenn wir uns mit unserem Willen identifizieren können – wenn wir auch tatsächlich wollen, was wir wollen. Frankfurt nennt das «Wille zweiter Ordnung». Angenommen, ein Drogensüchtiger ist von seinem Verlangen nach der Droge getrieben. Einerseits will er seine Dosis. Zugleich will er aber von seiner Sucht loskommen – das ist sein Wille «zweiter Ordnung». Er will also nicht weiter Drogen konsumieren wollen. Stattdessen will er, dass sein Verlangen nach Drogen aufhört. Doch er schafft es nicht, seine Sucht zu überwinden. Sein eigentlicher Wille setzt sich nicht durch. Er hat also nicht den Willen, den er eigentlich haben will – damit hat er nach Frankfurt auch keinen freien Willen.

Wenn wir uns nur von unseren Wünschen erster Ordnung treiben lassen, sind wir keine Personen, sagt Frankfurt. Auch Tiere können tun, was sie wollen. Dennoch würden wir ihnen keine Willensfreiheit zusprechen. Was uns von Tieren unterscheidet, ist eben unsere Fähigkeit zur Selbstreflexion – zu entscheiden, ob wir wirklich wollen, was wir wollen. Mit anderen Worten: Was unseren freien Willen ausmacht, ist unsere Fähigkeit zur Selbstkontrolle.

Wir können dies auch als Konflikt zwischen unseren Werten und unseren Wünschen sehen, wie der Philosoph Gary Watson. Unsere Werte sagen uns, was wir eigentlich tun sollten. Eigentlich sollten wir ein gutes Buch lesen, weil Bücher für uns einen Wert darstellen. Doch stattdessen wollen wir fernsehen. Wenn wir tatsächlich den Fernseher anmachen, haben unsere Wünsche über unsere Werte gesiegt – wir befinden uns in einem inneren Konflikt. Widerstehen wir aber der Versuchung, sind wir mit uns selbst in Einklang. Wir haben unsere rationale Selbstkontrolle behalten.

Harry Frankfurt schreibt: «Uns selbst ernst zu nehmen bedeutet, nicht dazu bereit zu sein, uns einfach so zu akzeptieren, wie wir sind. Wir wollen, dass unsere Gedanken, unsere Gefühle, unsere Entscheidungen und unser Verhalten Sinn machen. Wir sind nicht damit zufrieden zu denken, dass unsere Ideen fahrlässig entstehen, dass unsere Handlungen von flüchtigen und undurchsichtigen Impulsen oder gedankenlosen Entscheidungen gesteuert werden. Wir müssen uns selbst steuern – oder zumindest glauben, dass wir uns selbst steuern – in bewusstem Einklang mit stabilen und angemessenen Normen. Wir wollen die Dinge richtig machen.»

Was uns wirklich wichtig ist, können wir nicht rein rational entschciden, sagt Frankfurt. Wichtig ist uns das, worum wir uns «sorgen». Das können Freunde sein, Bücher, Musik, Fußball – was auch immer. Sich um etwas zu sorgen, ist etwas anderes, als es bloß zu wollen. Es bedeutet auch mehr, als eine Sache für wichtig zu halten. Für wichtig halten können wir alles Mögliche, von der Politik bis zur Wissenschaft – und doch hat es für uns persönlich keine Relevanz. Sich um etwas zu sorgen heißt, dass wir darauf fokussiert sind, dass wir Zeit und Mühe investieren.

Wir definieren uns über Dinge, die uns persönlich wichtig sind. Das Sorgen integriert unser Selbst über die Zeit hinweg. Es schafft Kontinuität und Ordnung in unserem Leben.

Stellen Sie sich vor, wir würden jeden Tag etwas anderes wollen. Einmal wollen wir freundlich zu anderen Menschen sein, dann wieder nicht. Wir wären unglaubwürdig, ja unberechenbar. Wir könnten uns nicht einmal auf uns selbst verlassen.

Das rationale Denken allein kann uns nicht sagen, worum wir uns sorgen sollen. David Hume schrieb: «Es widerspricht nicht der Vernunft, die Zerstörung der Welt einem Kratzer in meinem Finger vorzuziehen.» Trotzdem würden wir jemanden, der diese Auffassung hat, schlichtweg für verrückt halten. Manche Optionen sind eben undenkbar. Das können wir einerseits mit ethischen oder religiösen Normen begründen.

Doch worum wir uns sorgen, hängt nicht allein von uns ab. Manchmal können wir einfach nicht anders. Es gibt Dinge, um die wir uns sorgen müssen – das sind die Dinge, die wir «lieben». Den Begriff Liebe versteht Frankfurt nicht im rein romantischen Sinne. «Das Objekt von Liebe kann fast alles sein – ein Leben, die Qualität einer Erfahrung, eine Person, eine Gruppe, ein moralisches Ideal, eine Tradition, was auch immer.» Liebe ist keine freiwillige Angelegenheit. Wir können uns nicht aussuchen, was wir lieben wollen. «Liebe ist kein Ergebnis von Nachdenken, oder eine Folgerung aus Gründen. Liebe schafft Gründe.»

Die Liebe schränkt unsere Alternativen ein. Sie schafft eine «willentliche Notwendigkeit». So brauchen die meisten von uns keine Begründung, warum wir leben wollen. Es ist uns einfach wichtig zu leben. Wir lieben das Leben. Genau deshalb können wir nicht, wie in Humes Beispiel, die Zerstörung der Welt wollen. Ein solcher Wille wäre ein irrationaler, unmenschlicher Wille.

«Rationalität und die Fähigkeit zu lieben sind die mächtigsten und am meisten geschätzten Merkmale der menschlichen Natur. Die Erste leitet uns beim Gebrauch unseres Denkens, die Zweite gibt uns die stärkste Motivation für unser persönliches und soziales Leben. Beide verleihen unserem Leben Würde», sagt Frankfurt.

Wir haben unser Leben nicht unter rationaler Kontrolle. Aber wir können unsere Handlungen an Werten und Prinzipien messen – an den Dingen, die uns wichtig sind. Nach einer deterministischen Auffassung können wir nicht sinnvoll leben. Wenn es den freien Willen nicht gäbe, müssten wir ihn erfinden. Der Philosoph John Searle drückt es so aus: «Wann immer wir eine Entscheidung treffen oder willentlich handeln, was wir den ganzen Tag über tun, tun wir das unter der Voraussetzung unserer Freiheit. Anders wären unsere Entscheidungen und Handlungen für uns unverständlich. Wir können unseren eigenen freien Willen nicht wegdenken.»

Werkzeug
Die sieben Gewohnheiten

Der US-Autor Stephen Covey (*Die 7 Wege zur Effektivität*) geht von einem prinzipienorientierten Ansatz aus. Covey glaubt, dass es objektive, allgemeingültige «Leuchtturm-Prinzipien» gibt, an denen wir uns orientieren können. Aus Prinzipien wie «Fairness», «Integrität», «Qualität» leitet Covey sieben praktische Tugenden ab, die er «Gewohnheiten» nennt. Unter einer Gewohnheit versteht er eine Kombination aus Wissen, Fähigkeiten und Wille, die wir uns antrainieren können.

«Proaktives Handeln» bedeutet, nicht bloß auf Situationen zu reagieren, sondern selbst die Initiative zu ergreifen. Wenn wir «proaktiv» sind, fühlen wir uns nicht hilflos. Wir behalten die Kontrolle über unser Handeln.

«Immer das Ende im Blick haben»: Darunter versteht Covey, dass wir uns in allem, was wir tun, an unseren Zielen orientieren – dass wir also das «große Ganze» vor unseren Augen haben.

«Das Wichtigste zuerst»: Ständig müssen wir Aktivitäten und Pläne «priorisieren». Nach der Covey-Methode hat das

«Wesentliche», das mit unseren Zielen und Prinzipien zu tun hat, immer Vorrang vor dem bloß «Dringlichen».

«Win-Win-Denken»: Bloß egoistisch den eigenen Vorteil zu suchen, bringt uns nicht weiter. «Win-Win-Denken» heißt, Situationen zu schaffen, von denen auch andere profitieren.

«Erst die anderen verstehen»: Empathie und Respekt sind die Grundlagen einer effektiven Kommunikation. Nur wenn wir die Sichtweisen und Beweggründe anderer verstehen, können wir uns auch selbst verständlich machen.

Synergie: Oft ist es effektiver, Kräfte zu bündeln, als bloß auf die eigenen Fähigkeiten zu setzen.

«Die Säge schärfen»: Nur wenn wir laufend an unseren Fähigkeiten arbeiten, können wir uns weiterentwickeln.

Der Weg zum Glück

Sokrates kommt spät. Das Essen hat schon angefangen. Immerhin, der Philosoph trägt wenigstens Sandalen, während er sonst barfuß läuft.

Im Hause des Dichters Agathon hat sich eine Männerrunde eingefunden, darunter der berühmte Komödienschreiber Aristophanes. Einige Gäste sind noch verkatert von der letzten Nacht. Heute will man sich beim Trinken zurückhalten. Denn Sokrates schätzt wilde Saufgelage nicht. Sogar die Flötenspielerin wird weggeschickt. Die Gesellschaft beschließt, sich ganz aufs Geistige zu konzentrieren. Der Gastgeber schlägt vor, Lobreden auf Eros zu halten – den Gott des Begehrens.

Ein Gast nach dem anderen rühmt die Gottheit. Eros sei nicht bloß der zarteste, schönste und glücklichste Gott. Er verhelfe auch den Menschen zum Besitz von Tugend und Glückseligkeit. Aristophanes erzählt den alten Mythos, nach dem Mann und Frau ursprünglich nicht voneinander getrennt waren. Um die Menschen für ihren Übermut zu bestrafen, habe Zeus die ursprüngliche Einheit auseinandergerissen. Doch Eros, das Begehren, führe die Menschen wieder zu ihrer Natur zurück, um sie «glücklich und selig» zu machen.

Schließlich ist die Reihe an Sokrates. Wie üblich nimmt der Philosoph die Argumente seiner Vorredner auseinander. Eros sei eigentlich ein zwiespältiges Wesen, ein Botschafter zwischen Göttern und Menschen. Der Gott sei selbst unvollkommen und bedürftig: ein Begehrender, der sich nach dem Guten und Schönen sehnt. Eros begehrt das Glück. Doch er ist auch undiszipliniert und leicht in die Irre zu führen. Die Menschen können nur versuchen, ihren «Eros», ihr Begehren, in die richtige Richtung zu lenken. Für Sokrates ist das ein stufenweiser Prozess – von der Liebe zum physisch Schönen bis zur Anschauung der höchsten Wahrheit. Am Ende steht eine Art geistiger Orgasmus, ein Zustand von Glück und Harmonie. Erst in diesem Moment, sagt Sokrates, wird das «Leben lebenswert».

Platons Botschaft in seinem berühmten Dialog «Symposion» ist unmissverständlich: Der Mensch kann den Traum vom Glück aus eigener Kraft, aus eigenem Willen realisieren. Doch nicht irdische Güter und Vergnügungen führen zum Ziel. Wer das Glück erreichen will, muss Ordnung in seinen Geist bringen und seine Triebe kontrollieren. Der wahre Philosoph lässt die Widrigkeiten und Zufälle des Lebens hinter sich. Statt auf göttliche Fügung zu vertrauen, schafft er sich sein Glück selbst.

In der antiken Welt ist das eine ungeheuerliche Provokation. Für die alten Griechen herrschen Götter und Schicksal über das Leben. «Eudaimonia», das griechische Wort für Glück, bedeutet eigentlich «von den Göttern gesegnet». Glück ist das, was einem widerfährt. Unbegreifbare Kräfte lenken alles menschliche Streben. Wer glücklich ist, lässt sich daher erst nach dem Tod bestimmen – als Lebensbilanz, nicht als Gefühl oder Zustand. Erst Sokrates stellt die Frage neu. «Welches Wesen begehrt nicht das Glück?», fragt er einmal, und: «Wenn alle das Glück begehren – wie können wir glücklich sein, das ist die nächste Frage.»

Die sokratische Frage hat die Denker 2500 Jahre lang nicht losgelassen. Bis heute fragen wir uns, was Glück bedeutet und wie wir es erreichen können. Kommt es von außen – aus Wohlstand, erfüllter Arbeit und geglückten Beziehungen? Oder kommt es ganz aus uns selbst? Welche Faktoren begünstigen, welche hemmen das Glück? Wie kann unser Denken das Glück fördern? Und ist Glück überhaupt ein Ziel, an dem wir uns orientieren können?

«Jede Kunst und jede Lehre, ebenso jede Handlung und jeder Entschluss, scheint irgendein Gut zu erstreben», so lautet der berühmte erste Satz in Aristoteles' Nikomachischer Ethik. Aber was ist das höchste Gut? «Glückseligkeit nennen es die Leute ebenso wie die Gebildeten.» In der Welt des Aristoteles dient alles irgendeinem Zweck (telos) – jeder Baum, jede Fertigkeit, jede Handlung. Nur die Glückseligkeit suchen wir um ihrer selbst wegen. Aristoteles definiert sie als «Tätigkeit der Seele gemäß der vollkommenen Tugend». Doch sein Glücksbegriff ist lebensnäher als Platons vergeistigte, mystische Vorstellung. Aristoteles schaut sich um in der Welt. Zum Glück gehört für ihn auch eine lange Liste glücklicher Lebensformen – von der «vornehmen Abstammung» über Wohlstand bis zu Familie und Freundschaft. Tugend allein macht uns nicht glücklich, glaubt Aristoteles, ganz im Unterschied zu Sokrates und Platon – selbst dem tugendhaftesten Menschen kann schließlich furchtbares Unglück widerfahren. Allerdings können wir durch ein tugendhaftes Leben im Einklang mit der Vernunft unsere Chancen verbessern. Aristoteles empfiehlt lebenslange praktische Übung in tugendhaftem Verhalten. Indem wir die «Regel der Mitte» befolgen, also Extreme meiden, können wir unsere Triebe steuern und unser Leben unter rationale Kontrolle bringen. Doch dieser Weg, erkennt auch Aristoteles, ist letztlich einigen wenigen Auserwählten vorbehalten – einer geistigen Elite.

Auch die Epikureer und Stoiker sehen in der Triebkontrolle den Weg zum Glück. Für Epikur ist zwar die Lust das zentrale Motiv des menschlichen Daseins. Doch darunter versteht er keineswegs enthemmten Hedonismus. Vielmehr ist das Glück das Verhältnis von erfüllten und nichterfüllten Bedürfnissen. Glücklich können wir daher nur sein, wenn wir uns auf Bedürfnisse beschränken, die sich auch tatsächlich erfüllen lassen. Wer keinen Hunger leiden möchte, muss eben seinen Appetit unterdrücken. Nach der Lehre der Epikureer und Stoiker können wir uns nur durch Askese von der Außenwelt und ihren Zufälligkeiten unabhängig machen. Glück erfordert demnach eine geistige Radikaloperation – die Auslöschung des Begehrens selbst. Nur so können wir trotz des Leidens in der Welt glücklich sein.

Nach den antiken Vorstellungen ist Glück eine Belohnung für Tugend – ein harmonischer Seelenzustand, den wir durch rationale Selbstkontrolle erreichen. Gefühle spielen dabei kaum eine Rolle. Selbst Epikur, ein Freund der Lüste, empfiehlt letztlich geistige Disziplin statt sinnliche Ausschweifungen. Aus heutiger Sicht wirkt der antike Glücksbegriff abstrakt und kühl auf uns. Emotionen beherrschen weite Teile unseres Lebens. Viele von uns erleben Glück in Liebe und Partnerschaft.

Erst die Aufklärer des 18. Jahrhunderts verbinden das Glück stärker mit Lust und Gefühl. Und einige, wie der Verführer Casanova und Marquis de Sade, propagieren das hemmungslose Ausleben sinnlicher Lüste. Die Visionäre der Aufklärung proklamieren sogar ein Anrecht auf Glück. Für den englischen Rechtsanwalt und Philosophen Jeremy Bentham ist «das größte Glück der größten Zahl von Menschen das Maß für richtig und falsch». In einer von Leiden und Lust beherrschten Welt soll das «Nutzenprinzip» als Richtschnur des Handelns dienen – die Maximierung der Lust und die Minimierung des Leids.

Doch zugleich wachsen die Zweifel, ob wir dieses Ziel jemals erreichen können. Die moderne Welt habe uns nicht glücklich gemacht, glaubte der französische Philosoph Jean-Jacques Rousseau – im Gegenteil. «Wo ist das Glück: Wer kennt es? Jeder sucht es, und niemand findet es.» Die Menschen sind unglücklich, weil sie von immer mehr unstillbaren Bedürfnissen getrieben sind. Das authentische Glück findet Rousseau in der vorzivilisatorischen Welt. Die Natur habe den Menschen nur mit jenen Bedürfnissen ausgestattet, die er sich auch erfüllen konnte. Nur ein «Zurück zur Natur» kann die alte Harmonie zwischen Bedürfnis und Möglichkeiten wiederherstellen.

Während Rousseau vom glücklichen Inselleben schwärmt, fragen sich andere Denker, was das ständige Gerede vom Glück überhaupt soll. Kann es nicht sein, dass Glück und Vernunft sogar Gegensätze sind? «Allein es ist ein Unglück, dass der Begriff der Glückseligkeit ein so unbestimmter Begriff ist, dass, obgleich jeder Mensch zu dieser gelangen wünscht, er doch niemals bestimmt und mit sich einstimmig sagen kann, was er eigentlich wünsche und wolle», schreibt Immanuel Kant. Mehr noch: Das Glücksprinzip sei sogar ausgesprochen schädlich: «In der Tat finden wir auch, dass je mehr eine kultivierte Vernunft sich mit der Absicht auf den Genuss des Lebens und der Glückseligkeit abgibt, desto weiter der Mensch von der wahren Zufriedenheit abkomme.» Das Streben nach Glück lässt sich, im Unterschied zu moralischen Prinzipien, nicht rational, sondern nur empirisch begründen. Glückseligkeit sei «kein Ideal der Vernunft, sondern der Einbildungskraft». Damit erledigte der Königsberger Vernunftmensch die Glücks-Theorien seit Sokrates. Die Glücksskeptiker hatten das Sagen.

Für Arthur Schopenhauer, den größten Pessimisten der Geistesgeschichte, ist die Welt nichts als Leiden. Schlimmer noch: Das Leiden kommt von innen – verantwortlich ist der «Wille», eine tief im Dasein wirkende Kraft, die alles durchdringt. Alles Streben nach Glück ist folglich ein Irrtum, das Glück selber nichts als eine Chimäre. Rettung bringen nach Schopenhauer nur Triebverzicht – und Kunstgenuss.

Friedrich Nietzsche geht noch einen großen Schritt weiter. Sein «Übermensch» schafft sich selbst das Glück. In der griechischen Tragödie sieht Nietzsche ein «dionysisches» Prinzip – eine schöpferische Kraft von Rausch, Ekstase und Entgrenzung. Für Nietzsche ist das Dionysische ein elementarer Lebenspro-

256

zess. Ihm gegenüber steht das apollinische Prinzip von Reflexion und Vernunft. Nietzsche hält den Untergang der griechischen Tragödie für ein großes Unglück. Verantwortlich dafür macht er Sokrates – den «Typus des theoretischen Menschen». Nietzsche wirft ihm vor, Vernunft, Tugend und Glück gleichzusetzen. Dahinter stehe eine «tiefsinnige Wahnvorstellung, jener unerschütterliche Glaube, dass das Denken bis in die tiefsten Abgründe des Seins reiche und dass das Denken das Sein nicht nur zu erkennen, sondern sogar zu korrigieren imstande sei». Der Wille zum Wissen habe die «gesunde schöpferische Naturkraft» beseitigt. Das Vertrauen zum Leben sei dahin, sagt Nietzsche. Nietzsches Lehre vom Übermenschen soll diesen Zustand überwinden. Dazu muss der Mensch alle Bindungen abstreifen und sich neu erschaffen. In seinem unvergleichlichen Pathos schreibt Nietzsche: «… dies müsste doch ein Glück ergeben, das bisher der Mensch noch nicht kannte, eines Gottes Glück voller Macht und Liebe, voller Tränen und voll Lachens, ein Glück, welches wie die Sonne am Abend, fortwährend aus seinem unerschöpflichen Reichtum wegschenkt und ins Meer schüttet und wie sie sich erst dann am reichsten fühlt, wenn auch der ärmste Fischer noch mit goldenem Ruder rudert. Dieses göttliche Gefühl hieße dann – Menschlichkeit.» Nietzsches Übermensch erreicht das Glück weder durch Vernunft noch durch Askese – sondern durch das «triumphierende Gefühl der Macht». Der Übermensch schafft sich die Maßstäbe selbst – eine Idee, die später die Nationalsozialisten dankbar aufgriffen.

Ausgerechnet Sigmund Freud, der Begründer der Psychoanalyse, betrachtete das Glücksstreben der Menschen mit besonderer Skepsis. «Es ist überhaupt nicht durchführbar, alle Einrichtungen des Alls widerstreben ihm, man möchte sagen, die Absicht, dass der Mensch glücklich sei, ist im Plan der Schöpfung nicht enthalten», schreibt Freud. Glück sei nur als «episodisches Phänomen» möglich. Von drei Seiten drohe das Leiden – vom eigenen Körper, von der Außenwelt und schließlich von den Beziehungen zu anderen. Und keine «Methode der Leidverhütung» funktioniert nach Freud wirklich. Zwar dürfe man die Bemühungen nicht aufgeben, meint Freud. Doch es gibt eben kein für alle gültiges Rezept: «Es gibt hier keinen Rat, der für alle taugt, ein jeder muss selbst versuchen, auf welche besondere Fasson er selig werden kann.»

Was Freud uns da vermittelt, ist vielleicht die pessimistischste Sicht auf das Glück. Irgendetwas stimmt nicht mit uns Menschen. Wir sind zwar zu höchsten Denkleistungen fähig, wir haben die Relativitätstheorie und das Internet erfunden – aber glücklich werden können wir nicht. Wir haben uns zur Gottähnlichkeit aufgeschwungen, schreibt Freud. Aber wir sollten «nicht daran vergessen, dass der heutige Mensch sich in seiner Gottähnlichkeit nicht glücklich fühlt». Tief in uns wüten nach Freud Konflikte, die sich unserer rationalen Kontrolle entziehen.

Der US-Psychologe Martin Seligman nennt dies heute das «Dogma der Kernfäule». Nach Freud und seinen Anhängern gibt es kein authentisches Glücksempfinden. Letztlich «verdrängen» oder «sublimieren» wir nur unsere Konflikte, die aus der frühkindlichen Sexualität stammen. Ein halbes Jahrhundert lang habe sich die Psychologie an seelischen Krankheiten abgearbeitet – und dabei die positiven Emotionen vernachlässigt. Seligman ist einer der Begründer einer neuen wissenschaftlichen Richtung, die einen anderen Weg geht: Die «positive Psychologie» beschäftigt sich damit, welche Faktoren das Glück beeinflussen – und wie wir sie verändern können.

Seligman hat in seinem Buch *Der Glücksfaktor* seine Theorie über das Glück auf eine einprägsame Formel gebracht. Sie lautet schlicht: $G = V + L + W$ (Glück ist gleich Vererbung plus Lebensumstände + Wille).

Die Forschungsergebnisse wirken auf den ersten Blick ernüchternd. In einer Studie befragte man eineiige Zwillinge, die exakt die gleichen Gene haben, im Abstand von neun Jahren nach ihrer Lebenszufriedenheit. Dabei zeigte sich, dass sich die genetisch identischen Zwillinge im «Glückslevel» kaum voneinander unterschieden – und zwar auch dann, wenn sie getrennt voneinander aufgewachsen waren. Unsere Glücksneigung ist offenbar in hohem Masse genetisch bedingt. Die Forscher sprechen heute von einem «happiness set point», einem festen Glückslevel, das nur innerhalb einer gewissen Bandbreite veränderbar ist.

So neigen Menschen, die mit negativen Emotionen zu kämpfen haben, zum Unglücklichsein. Extrovertierte Menschen sind wiederum tendenziell glücklicher als introvertierte. Offenbar hängt unser Glück damit zusammen, wie wir die Welt sehen. Materielle Faktoren scheinen unser Glückslevel dagegen kaum zu beeinflussen. So haben Studien über Lotteriegewinner gezeigt, dass das Glück über den Haupttreffer gerade mal ein paar Monate anhält – dann fallen die meisten wieder auf ihr ursprüngliches Glückslevel zurück. Materieller Wohlstand und Glück korrelieren nur schwach miteinander. Trotz erheblicher Steigerung des Lebensstandards ist die Lebenszufriedenheit in den letzten 50 Jahren kaum gestiegen. Zugleich scheint der «Glückseffekt» materieller Güter vom Vergleich mit anderen abzuhängen. Die Psychologen Kahneman und Tversky illustrieren das mit einem alltäglichen Beispiel: Wenn Sie eine Gehaltssteigerung von fünf Prozent bekommen, sind wir nur so lange zufrieden, bis wir erfahren, dass ein Kollege eine zehnprozentige Erhöhung bekommen hat.

Einer Legende zufolge soll die Opernsängerin Maria Callas immer einen Dollar mehr als die am zweitbesten bezahlte Sängerin verlangt haben. «Die Evolutionstheorie sagt voraus, dass ein Mensch mehr erreicht, als er schon hat – aber nicht viel mehr», schreibt der Evolutionspsychologe Steven Pinker. Die Forscher sprechen von der «hedonistischen Tretmühle». Menschen passen sich schnell an positive Veränderungen ihrer Lebensumstände an. Was uns heute glücklich macht, ist morgen fast schon wieder vergessen.

Psychologische Effekte können unser Gefühl von Zufriedenheit erheblich verzerren. So riefen Forscher Personen an sonnigen und regnerischen Tagen an, um sie über ihre Lebenszufriedenheit zu befragen. An den schönen Tagen fühlten sich die Versuchspersonen zwar glücklicher – aber nur so lange, bis der Befrager auf das Wetter zu sprechen kam. Dann wurde den Leuten bewusst, dass ihre Stimmung offenbar vom Wetter beeinflusst war – worauf sie ihre Einschätzung gleich wieder «nach unten» korrigierten. In einem anderen Experiment ließ man die Versuchspersonen erst ein Geldstück finden, bevor man sie über ihre Lebenszufriedenheit befragte. Prompt beurteilten die glücklichen Finder gleich ihr ganzes Leben positiver.

Oft hängt die Zufriedenheit auch vom Bezugsrahmen ab. In einem Experiment befragte man Probanden nach der Zufriedenheit mit dem jeweiligen Partner – einmal bevor und einmal nachdem man ihnen Bilder von Fotomodellen gezeigt hatte. Vor allem die Männer äußerten sich weniger zufrieden, wenn sie vor ihrer Antwort das Model gesehen hatten. Aus dem gleichen Grund sind Bronzemedaillen-Gewinner häufig zufriedener als die Gewinner der Silbermedaille: Während sich der Zweitplatzierte ärgert, dass er nicht Gold geholt hat, sind die Drittplatzierten froh, dass sie überhaupt eine Medaille gewonnen haben.

Kant hatte recht, als er das Glück als «Ideal der Einbildungskraft» bezeichnete, meint der Psychologe Daniel Nettle: «Wir sind nicht für Glück oder Unglück geschaffen, sondern dafür, uns für die Ziele anzustrengen, die die Evolution in uns eingebaut hat. Das Glück ist ein Handlanger der Evolution, es fungiert nicht so sehr als tatsächliche Belohnung, sondern als imaginäres Ziel, das uns eine Richtung und einen Sinn gibt.»

Wenn wir zur Welt kommen, sind wir hilflos. Erst im Laufe der Monate entwickeln Babys die Fähigkeit, Dinge willentlich zu beeinflussen, die ersten Schritte zu machen, die ersten Worte zu sagen. Im Verlauf unseres Lebens gewinnen wir immer mehr Kontrolle. «Persönliche Kontrolle bedeutet die Fähigkeit, Dinge durch Willenshandlungen zu verändern. Das ist das Gegenteil von Hilflosigkeit», schreibt Psychologe Seligman.

Zwar entziehen sich viele Dinge im Leben unserem Einfluss, schreibt Psychologe Seligman – unsere Augenfarbe, der Milchpreis oder die Wirtschaftskrise. Aber es gibt auch Bereiche, die wir steuern können – wie wir unser Leben führen, wie wir mit anderen Menschen umgehen, wie wir unseren Lebensunterhalt verdienen: «Wie wir über diesen Bereich des Lebens denken, kann unsere Kontrolle darüber vergrößern oder vermindern. Unsere Gedanken sind nicht nur Reaktionen auf Ereignisse, sie verändern auch, was passiert.»

Zum ersten Mal in der Geschichte, meint Seligman, haben viele Menschen einen bedeutenden Entscheidungsspielraum und damit die Möglichkeit, ihr Leben zu steuern: «Nicht wenige dieser Entscheidungen betreffen unsere Denkgewohnheiten.»

Zu diesen Denkgewohnheiten gehört die Art, wie wir uns Ereignisse erklären. Halten wir jedes Versagen für unseren eigenen Fehler? Glauben wir, dass der Fehler unser ganzes Leben zerstören wird? Und denken wir, dass eine Katastrophe die nächste jagt – dass es «nie aufhören wird»?

«Es gibt eine besonders ruinöse Art zu denken: persönliche,

permanente und allumfassende Erklärungen für negative Ereignisse zu geben», meint Seligman. Der Forscher hat die Theorie aufgestellt, dass der Erklärstil eine wichtige Ursache für die Entstehung von Depressionen ist: «Die zentrale Vorhersage meiner Theorie lautet: Menschen mit einem pessimistischen Erklärstil werden bei negativen Ereignissen wahrscheinlich depressiv, während Menschen mit einem optimistischen Erklärstil dazu tendieren, der Depression zu widerstehen.»

Pessimismus kann man ebenso lernen wie Optimismus, behauptet Seligman. Der Psychologe hat selbst eine Methode entwickelt, um optimistisches Denken aufzubauen. Die Kernidee liegt darin, pessimistische Gedanken zu erkennen und zu «disputieren», also in Frage zu stellen.

Wenn wir auf Widerstand stoßen, reagieren wir darauf – wir denken darüber nach. Ein solcher Widerstand kann fast alles sein: Jemand schnappt uns eine Parklücke weg. Rasch kommen wir zu einem bestimmten Glauben – zu einer Interpretation des Ereignisses. Daraus ziehen wir dann entsprechende Konsequenzen.

Glauben können wir vieles – dass wir unfähig sind, dass niemand uns liebt. Etwas zu glauben heißt noch nicht, dass es wahr ist. «Wesentlich ist, einen Schritt zurückzutreten und den Glauben für einen Augenblick zu suspendieren, uns von unseren pessimistischen Erwartungen zumindest so lange zu distanzieren, bis wir ihre Richtigkeit verifiziert haben.» Um einen Glauben zu disputieren, kann man nach Seligman vier Fragen stellen: Was sind die Beweise? Was sind die Alternativen? Schließlich: Was sind die Konsequenzen? Viertens: Wie nützlich ist der Glaube?

Ein Glaube kann einfach faktisch falsch oder übertrieben sein. Meist gibt es für ein Ereignis mehr als eine Erklärung. Viele Menschen neigen zum «Katastrophieren», also dazu, aus einer

«Mücke einen Elefanten» zu machen. Selbst wenn ein Glaube tatsächlich den Tatsachen entspricht – wie schlimm sind die Konsequenzen tatsächlich?

Optimismus sei allerdings nur ein «Verbündeter der Weisheit», sagt Seligman. Optimismus selbst stiftet keinen Sinn. Und in vielen Situationen ist optimistisches Denken auch gar nicht angebracht. Wenn wir eine Entscheidung unter Unsicherheit treffen müssen, kann Optimismus unser Denken verzerren – mit katastrophalen Konsequenzen. Wenn wir uns in andere einfühlen wollen, hilft Optimismus ebenso wenig. «Pessimismus hat seine Rolle zu spielen, sowohl in der Gesellschaft im Ganzen wie in unserem eigenen Leben; wir müssen den Mut haben, Pessimismus auszuhalten, wenn seine Perspektive wertvoll ist. Was wir wollen, ist nicht blinder, sondern flexibler Optimismus – einen Optimismus mit offenen Augen.»

Können wir wirklich ein Leben der intellektuellen Reflexion oder emotionaler Indifferenz führen, wie es die griechischen Philosophen vertraten? Und können wir auf die intellektuelle Befreiung von allen Leidenschaften vertrauen, wie es Buddha empfahl? «Ein Leben ohne Leidenschaft ist kein menschliches Leben», sagt der Philosoph Robert Solomon.

Einige Denker witterten schon vor längerem, dass ständiges Nachgrübeln über das eigene Glück nicht glücklich macht. Bezeichnenderweise waren es vor allem britische Philosophen, die den Glückssuchern rieten, sich lieber um andere Dinge zu kümmern als um sich selbst. David Hume berichtet in seiner Abhandlung über die menschliche Natur, wie er Anflüge von Melancholie bekämpfte: «Ich esse, spiele Backgammon, ich unterhalte mich und verbringe eine fröhliche Zeit mit meinen Freunden …»

John Stuart Mill beschreibt in seiner Autobiographie, wie

er unter schweren Depressionen litt – und seinen Glauben ans Glück verlor. Schließlich führte ihn die Krankheit zu einer neuen Lebensphilosophie: «Nur die sind glücklich, deren Geist auf einen anderen Gegenstand gerichtet ist als auf ihr eigenes Glück; auf das Glück von anderen, auf die Verbesserung der Menschheit, vielleicht sogar auf irgendeine Kunst oder Beschäftigung, die sie nicht als Mittel, sondern selbst als idealen Zweck ansehen.» Und der alte Lord Bertrand Russell, einer der größten Philosophen des 20. Jahrhunderts, verrät in seinem Buch *Eroberung des Glücks* seinen eigenen Weg zum Glück: «Wie andere, die eine puritanische Erziehung genossen, hatte ich die Gewohnheit, über meine Sünden, Fehler und Unzulänglichkeiten nachzudenken. Ich hielt mich selbst für ein elendes Wesen. Schrittweise lernte ich, mir selbst und meinen Defiziten gegenüber gleichgültig zu werden; ich begann, meine Aufmerksamkeit auf äußere Objekte zu konzentrieren: den Zustand der Welt, die verschiedenen Zweige des Wissens und Menschen, denen ich mich verbunden fühlte.»

Der Glückspessimist Freud empfahl den Glückssuchern schlicht «Liebe und Arbeit». Tatsächlich bestätigen Ergebnisse der «positiven Psychologie», dass menschliche Beziehungen und ein befriedigender Job für unser Glücksempfinden wesentlich sind.

«Liebe und Arbeit sind entscheidend für das menschliche Glück. Wenn man es richtig macht, holen sie uns aus der Beschäftigung mit uns selbst heraus und bringen uns in Verbindung mit anderen Menschen und Projekten. Das Glück beruht darauf, diese Verbindungen richtig hinzukriegen», schreibt der Psychologe Jonathan Haidt in seinem Buch *Die Glückshypothese*. Wahres Glück komme daher weder von außen noch von innen, sagt Haidt: «Die richtige Version der Glückshypothese lautet, dass das Glück dazwischenliegt.»

Der Psychologe Mihaly Csikszentmihalyi hat dafür den Begriff «vitales Engagement» entwickelt. Darunter versteht er «eine Beziehung zur Welt, die sowohl durch Flow-Erfahrungen, also durch das Aufgehen in einer Sache, als auch durch Sinn gekennzeichnet ist». Zwischen dem Selbst und seinem Gegenstand besteht demnach eine enge Beziehung. Vitales Engagement passiere weder in der Person noch in der Umwelt: «Es liegt in der Beziehung zwischen beiden.»

Der amerikanische Philosoph Robert Nozick hat sich in einem Gedankenexperiment eine Art «Glücksmaschine» ausgedacht. Ein solches hypothetisches Gerät würde uns jede erdenkliche angenehme Erfahrung verschaffen. Wir könnten uns alle möglichen Erfahrungen gleichsam ausleihen wie in einer Bibliothek – Glücksgefühle, erotische Erlebnisse, Gedankenblitze, geniale Eingebungen, einfach alles. Mit Hilfe der Glücksmaschine könnten wir alle möglichen Großtaten vollbringen – einen Bestsellerroman schreiben, die Relativitätstheorie erfinden oder die Welt retten. Wir könnten Momente aus dem Leben berühmter Persönlichkeiten erleben. Unsere Erlebnisse wären so realistisch, dass wir sie für die Wirklichkeit hielten. Würden Sie sich an eine solche Maschine anschließen? Würden Sie sich in eine künstliche Wirklichkeit einklinken, in der Sie vollkommenes Glück erfahren können? Das wäre eine Art von Selbstmord, glaubt Nozick. Die meisten von uns, so vermutet er, würden die Maschine nicht benutzen, sondern ihr eigenes Selbst vorziehen.

Ich weiß nicht, ob das stimmt. Aber ich denke, es wäre sehr unbefriedigend, unser Leben einer Maschine zu überlassen. Unser Denken und Handeln macht uns vielleicht nicht glücklich. Aber es schafft jenen Zusammenhang, jene «Geschichte», die wir unser Selbst nennen. Es macht uns zu dem, was wir sind.

Literaturverzeichnis

Vorwort

FREGE, GOTTLOB: *Der Gedanke.* In: Logische Untersuchungen. Göttingen 1976

René Descartes

DESCARTES, RENÉ: *Meditationen über die Erste Philosophie.* Stuttgart 1986

DESCARTES, RENÉ: *Discours de la Methode.* Hamburg 1997

RORTY, RICHARD: *Der Spiegel der Natur.* Frankfurt am Main 2008

PERLER, DOMINIK: *René Descartes.* München 1998

SEARLE, JOHN: *Mind. A Brief Introduction.* Oxford 2004

Immanuel Kant

HÖFFE, OTFRIED: *Immanuel Kant.* München 2007

KANT, IMMANUEL: *Kritik der reinen Vernunft.* Frankfurt am Main 1982

KANT, IMMANUEL: *Schriften zur Metaphysik und Logik.* Frankfurt am Main 1977

Glauben

BERKELEY, GEORGE: *Principles of Human Knowledge.* Oxford 1996

DENNETT, DANIEL C.: *The Intentional Stance.* Cambridge 1989

DEWEY, JOHN: *How We Think.* Mineola 1997

FRITH, CHRIS: *Making Up the Mind.* Chichester 2007

HUME, DAVID: *Eine Untersuchung über den menschlichen Verstand.* Stuttgart 1967

JAMES, WILLIAM: *The Principles of Psychology.* Chichester 1957

PEIRCE, CHARLES SANDERS: *The Fixation of Belief.* In: The Essential Peirce. Bloomington 1992

Quine, W. V. / Ullian, J. S.: *The Web of Belief*. New York 1970
Sagan, Carl: *Der Drache in meiner Garage*. München 2000
Schacter, Daniel / Scarry, Elaine: *Memory, Brain and Belief*. Cambridge 2001

Denkfehler

Gigerenzer, Gerd: *Einmaleins der Skepsis*. Berlin 2002
Gilovich, Thomas: *How We Know What Isn't So*. New York 1991
Sutherland, Stuart: *Irrationality*. London 2007

Argumentieren

Butterworth, John / Thwaites, Geoff: *Thinking Skills*. Cambridge 2008
Fisher, Alec: *Critical Thinking. An Introduction*. Cambridge 2008
Goodman, Nelson: *Tatsache, Fiktion, Voraussage*. Frankfurt am Main 1988
Quine, W. V. / Ullian, J. S.: *The Web of Belief*. New York 1970
Scriven, Michael: *Reasoning*. New York 1976
Sternberg, Robert / Kaufman, James C. / Grigorenko, Elena L.: *Applied Intelligence*. Cambridge 2008
Weston, Anthony: *A Rulebook for Arguments*. Indianapolis 2000

Probleme lösen

Dewey, John: *How We Think*. Mineola 1997
Polya, George: *How to Solve it*. London 1990
Sternberg, Robert / Kaufman, James C. / Grigorenko, Elena L.: *Applied Intelligence*. Cambridge 2008
Vos Savant, Marilyn: *Brainbuilding*. Reinbek 1994

Entscheidungen treffen

GIGERENZER, GERD: *Bauchentscheidungen.* München 2008

KLEIN, GARY: *The Power of Intuition.* New York 2004

LEHRER, JONAH: *How We Decide.* New York 2009

SCHWARTZ, BARRY: *The Paradox of Choice.* New York 2005

STERNBERG, ROBERT / KAUFMAN, JAMES C. / GRIGORENKO, ELENA L.: *Applied Intelligence.* Cambridge 2008

STERNBERG, ROBERT: *Wisdom, Intelligence and Creativity Synthesized.* Cambridge 2003

Blaise Pascal

ATTALI, JACQUES: *Blaise Pascal. Biografie eines Genies.* Stuttgart 2007

PASCAL, BLAISE: *Gedanken über die Religion und einige andere Themen.* Stuttgart 1997

Die unbewusste Intelligenz

ARIELY, DAN: *Denken hilft zwar, nützt aber nichts.* München 2008

DAMASIO, ANTONIO: *Descartes' Irrtum. Fühlen, Denken und das menschliche Gehirn.* München 1998

EKMAN, PAUL: *Gefühle lesen.* Heidelberg 2007

HASSIN, R. / BARGH, JOHN / ULEMAN, JAMES: *The New Unconscious.* Oxford 2004

LEHRER, JONAH: *Wie wir entscheiden.* München 2009

MYERS, DAVID G.: *Intuition.* New Haven 2002

PLATON: *Phaidros.* In: Sämtliche Werke, Band 2. Reinbek 2004

WILSON, TIMOTHY: *Gestatten, mein Name ist Ich.* München 2007

Gedächtnis – Reisen in die Zeit

DRAAISMA, DOUWE: *Die Metaphernmaschine.* Darmstadt 1999

KANDEL, ERIC: *Auf der Suche nach dem Gedächtnis.* München 2007

MARKOWITSCH, HANS J.: *Das Gedächtnis.* München 2009

MYERS, DAVID G.: *Intuition.* New Haven 2002

PLATON: *Menon.* In: Sämtliche Werke, Band 1. Reinbek 2004

Schacter, Daniel L.: *Aussetzer. Wie wir vergessen und erinnern.* Bergisch Gladbach 2006

Schacter, Daniel L.: *Wir sind Erinnerung.* Reinbek 2001

Proust, Marcel: *Auf der Suche nach der verlorenen Zeit.* München 1999

Sternberg, Robert / Kaufman, James C. / Grigorenko, Elena L.: *Applied Intelligence.* Cambridge 2008

Moral – Ist Denken gut oder böse?

Cialdini, Robert: *Die Psychologie des Überzeugens.* Bern 2008

Haidt, Jonathan: *Die Glückshypothese.* Kirchzarten 2007

Hauser, Marc: *Moral Minds.* London 2007

Hume, David: *Traktat über die Menschliche Natur.* Buch II/III. Hamburg 1978

Kant, Immanuel: *Grundlegung zur Metaphysik der Sitten.* Stuttgart 1998

John Dewey

Dewey, John: *Die Suche nach Gewissheit.* Frankfurt am Main 2001

Netzwerk

Blackmore, Susan: *Die Macht der Meme.* Heidelberg 2005

de Bono, Edward: *De Bonos neue Denkschule.* München 2005

Iacoboni, Marco: *Mirroring People.* New York 2008

Isaacs, William: *Dialog als Kunst, gemeinsam zu denken.* Köln 2002

Richerson, Peter / Boyd, Richard: *Not By Genes Alone.* Chicago 2006

Patterson, Kerry et al.: *Heikle Gespräche.* Wien 2006

Rizzolatti, Giacomo / Sinigaglia, Corrado: *Empathie und Spiegelneurone.* Frankfurt am Main 2008

Surowiecky, James: *Die Weisheit der Vielen.* München 2005

Sunstein, Cass R.: *Infotopia. Wie viele Köpfe Wissen produzieren.* Frankfurt am Main 2009

Tapscott, Don: *Wikinomics. Die Revolution im Netz.* München 2007

TOMASELLO, MICHAEL: *Die kulturelle Entwicklung des menschlichen Denkens.* Frankfurt am Main 2009

Spielen

DIXIT, AVINASH / NALEBUFF, BARRY J.: *Thinking Strategically.* New York 1991

DIXIT, AVINASH / NALEBUFF, BARRY J.: *The Art of Strategy.* New York 2008

EIGEN, MANFRED: *Das Spiel.* München 1985

GEE, JAMES PAUL: *What Video Games have to teach us about learning and Literacy.* New York 2008

HUIZINGA, JOHAN: *Homo Ludens.* Reinbek 2004

JOHNSON, STEVEN: *Die neue Intelligenz.* Köln 2006

SCHILLER, FRIEDRICH: *Die ästhetische Erziehung des Menschen.* Stuttgart 2000.

SIGMUND, KARL: *Games of Life.* London 1995

Geschichten erzählen

ARMSTRONG, KAREN: *Eine kurze Geschichte des Mythos.* Berlin 2005

BRUNER, JEROME: *Making Stories: Law, Literature, Life.* Cambridge 2003

CAMPBELL, JOSEPH: *Der Heros in tausend Gestalten.* Frankfurt am Main 2009

LAKOFF, GEORGE / JOHNSON, MARK: *Leben in Metaphern.* Heidelberg 2007

WILSON, TIMOTHY: *Gestatten, mein Name ist Ich.* München 2007

WITTGENSTEIN, LUDWIG: *Philosophische Untersuchungen.* Frankfurt am Main 2008

Kreativität

Csikszentmihalyi, Mihaly: *Kreativität.* Stuttgart 2007

Florida, Richard: *The Rise of the Creative Class.* New York 2003

Graham-Dixon, Andrew: *Michelangelo and the Sistine Chapel.* London 2009

Holm-Hadulla, Rainer M.: *Kreativität – Konzept und Lebensstil.* Göttingen 2007

Michalko, Michael: *Thinkertoys.* Berkeley 2006

Sternberg, Robert/Lubart, Todd I.: *Defying the Crowd.* New York 2002

de Bono, Edward: *De Bonos neue Denkschule.* München 2005

Baruch de Spinoza

de Spinoza, Baruch: *Die Ethik.* Stuttgart 1986

Stewart, Matthew: *The Courtier and the Heretic.* New York 2007

Buddha – Die Macht des Denkens

Begley, Sharon: *Neue Gedanken – neues Gehirn.* München 2007

Doidge, Norman: *Neustart im Kopf.* Frankfurt am Main 2008

Singer, Wolf / Ricard, Mathieu: *Hirnforschung und Meditation.* Frankfurt am Main 2008

Fokus

Baumeister, Roy / Vohs, Kathleen D.: *Handbook of Self-Regulation.* New York 2007

Langer, Ellen: *Mindfulness.* New York 1990

Csikszentmihalyi, Mihaly: *Flow: Das Geheimnis des Glücks.* Stuttgart 2007

Wallace, B. / Goleman, Daniel: *The Attention Revolution.* Somerville 2006

Prinzip

BIERI, PETER: *Das Handwerk der Freiheit*. Frankfurt am Main 2006

COVEY, STEPHEN R.: *Die 7 Wege zur Effektivität*. Frankfurt am Main 2005

FRANKFURT, HARRY: *The Importance of What We Care About*. Cambridge 1988

FRANKFURT, HARRY: *Gründe der Liebe*. Frankfurt am Main 2006

FRANKFURT, HARRY: *Sich selbst ernst nehmen*. Frankfurt am Main 2007

KANE, ROBERT: *A Contemporary Introduction to Free Will*. Oxford 2005

SEARLE, JOHN: *Mind. A Brief Introduction*. Oxford 2004

WEGNER, DANIEL: *Illusion of Conscious Will*. Cambridge 2003

Der Weg zum Glück

ARISTOTELES: *Nikomachische Ethik*. Reinbek 2006

FREUD, SIGMUND: *Das Unbehagen in der Kultur*. Frankfurt am Main 1994

HAIDT, JONATHAN: *Die Glückshypothese*. Kirchzarten 2007

MCMAHON, DARRIN: *Pursuit of Happiness: A History from the Greeks to the Present*. London 2007

NETTLE, DANIEL: *Happiness. The Science Behind Your Smile*. Oxford 2006

LYKKEN, DAVID T.: *Happiness*. New York 1999

NIETZSCHE, FRIEDRICH: *Die Geburt der Tragödie*. München 1999

NOZICK, ROBERT: *Anarchy, State & Utopia:* Chichester 2001

PLATON: *Symposium*. In: Sämtliche Werke, Band 2. Reinbek 2004

SELIGMAN, MARTIN: *Der Glücks-Faktor*. Bergisch Gladbach 2005

SELIGMAN, MARTIN: *Pessimisten küsst man nicht*. München 2001